本书系全国教育科学"十三五"规划
2020年度教育部重点课题
"生活教育理论视域下推进'五育融合'的区域实践研究"
（DHA200384）研究成果

联结与碰撞

生活教育理论视域下的"五育融合"区域实践推进

唐秋明／著

上海社会科学院出版社
SHANGHAI ACADEMY OF SOCIAL SCIENCES PRESS

图书在版编目(CIP)数据

联结与碰撞：生活教育理论视域下的"五育融合"区域实践推进 / 唐秋明著 .— 上海：上海社会科学院出版社，2025
ISBN 978 - 7 - 5520 - 4382 - 2

Ⅰ.①联… Ⅱ.①唐… Ⅲ.①中小学教育—教育研究 Ⅳ.①G632.0

中国国家版本馆 CIP 数据核字(2024)第 086442 号

联结与碰撞：生活教育理论视域下的"五育融合"区域实践推进

著　　者：唐秋明
责任编辑：王　芳
封面设计：萧　萧
出版发行：上海社会科学院出版社
　　　　　上海顺昌路 622 号　邮编 200025
　　　　　电话总机 021 - 63315947　销售热线 021 - 53063735
　　　　　https://cbs.sass.org.cn　E-mail：sassp@sassp.cn
排　　版：南京展望文化发展有限公司
印　　刷：上海颛辉印刷厂有限公司
开　　本：787 毫米×1092 毫米　1/16
印　　张：19.25
插　　页：2
字　　数：312 千
版　　次：2025 年 5 月第 1 版　2025 年 5 月第 1 次印刷

ISBN 978 - 7 - 5520 - 4382 - 2/G • 1315　　　　　　　　定价：98.00 元

版权所有　翻印必究

序

习近平总书记指出,培养什么人、怎样培养人、为谁培养人是教育的根本问题,也是建设教育强国的核心课题。随着全球化的深入发展、科技革命的日新月异以及社会文化的多元化,人类世界正面临"百年未有之大变局",这必然会对 21 世纪的教育工作者带来前所未有的机遇和挑战。在这一时代背景下,"五育融合"已经成为新时代中国教育变革与发展的基本趋势。

直面"五育"实践现状,我们发现,"长于智、疏于德、弱于体美、缺于劳",是对五育失衡状况的总结和概括,这一观点也在教育界内外引起不少共鸣。为了扭转五育失衡的局面,研究者们开展了持续的探索,力图构建五育并举的教育体系。

陶行知先生的**生活教育理论**倡导的"生活即教育,社会即学校,教学做合一",强调教育与生活的紧密相连,主张在真实的生活场景中培养学生的全面发展,这一理念在当今时代依然具有深远的现实意义和强大的生命力。具体来看,**"生活即教育"**能够引领人们思考"教育的本质为何""学生的核心素养发展是不可分割的,如何根据学生的发展需要确定教育内容、开发具体课程"等问题,从而避免将教育窄化为学校知识教学,割裂五育联系等弊病;**"社会即学校"**能够为打破学校、家庭与社会壁垒,充分挖掘各方资源,实现真正的开门办学提供理论依据和方法指引;**"教学做合一"**立足学生未来生活和终身发展所需,关注学生的自主学习能力,着力发现和唤醒每一位学生的学习动力,提升每一位学生在学习中的参与度和体验度,对于克服"长于智",即只关注知识的传授与获得,忽视学生的动手能力和创造能力培养有重要价值。因此,陶行知先生的生活教育理论,有助于解决"五育融合"实施中存在的"缺失"或"简单拼凑"等问题,实现"五育"之间"你中有我、我中有你",培养和发展学生的创新精神和实践能力。

作为中国近代伟大的人民教育家,陶行知先生毕生秉持"捧着一颗心来,不带半根草去"的赤子之心和"千教万教教人求真,千学万学学做真人"的务实精神,力图以教育的变革与振兴来"拯救"积贫积弱的近代中国。上海市宝山区,被誉为"陶行知先生的第二故乡",是先生创办山海工学团、实践教育思想的所在地,他在这里留下了"生活即教育、社会即学校、教学做合一"的宝贵生活教育理论体系。宝山区的教育工作者们也从 20 世纪 80 年代初就开始系统研究、学习、运用陶行知教育理论,在教育综合改革的进程中,又确立了打造"**陶行知教育创新发展区**"的教育发展目标,在长期实践中积累了丰富的学陶师陶经验与经典案例。这也成为宝山区申报教育部重点课题"生活教育理论视域下推进'五育融合'的区域实践研究"的背景缘由所在。

我想,这一课题最终能被全国教育科学规划领导小组办公室立项,一定也是看到了本研究对"五育融合"时代价值与现实瓶颈的深刻洞察,以及对宝山区力图通过生活教育理论这一研究视角来解决"五育融合"现实问题的高度认可。经过近五年的研究与实践,课题组将核心研究成果凝结为《联结与碰撞:生活教育理论视域下的"五育融合"区域实践推进》一书,即将付梓,它是对宝山区这一教育创新实践的全面记录与深入总结。本书不仅系统地阐述了生活教育理论与"五育融合"理念的内在联系,还详细介绍了宝山区在推进"五育融合"区域实践过程中的具体举措、创新经验和显著成效,为教育领域的研究者和实践者提供了一份极具价值的参考范本。

本书充分体现了上海市宝山区教育局、教育学院、各级各类学校、校外教育等不同层面的教育工作者,以及宝山区各界人士努力以陶行知先生的生活教育理论为研究视角,扎实推进"五育融合",致力于培养德智体美劳全面发展的社会主义建设者和接班人的**理性思考**、**系统设计**、**扎实行动**与**迭代优化**。

本书逻辑体系严密,主体脉络清晰,研究价值彰显,研究成果丰厚,围绕"理论建构:生活教育理论与'五育融合'的和合共生""实践推进:生活教育理论视域下的'五育融合'区校行动""成效展望:生活教育理论视域下推进'五育融合'的实践成效与未来愿景"三大篇章,向广大读者揭示了生活教育理论如何在当前的时代背景下熠熠生辉、为教育改革提供理论视角,呈现了新时代"五育融合"区校推进的实践路径,为教育改革提供创新突破。

其一，本书系统揭示了生活教育理论与"五育融合"的强内在关联。"生活教育理论"起步于20世纪20年代，实践和发展于南京晓庄师范时期，成熟于上海山海工学团时期。从陶行知生活教育理论孕育的背景中可以看出，在当时的历史时空下，其价值追求是教育救国、通过教育的改进来改造社会，使得"教育与整个社会和生活血脉相通"。从理论内涵来看，生活教育理论由"生活即教育""社会即学校"和"教学做合一"三个观点构成，分别从**本体论**（即"什么是教育"）、**关系论**（即如何看待"社会"与"学校"的关系）、**方法论**（即如何开展教育实践）的角度全方位阐述了生活教育的本质和内涵。更重要的是，这一理论是陶行知先生在投身教育实践、证悟"知行难题"的过程中不断深化、不断迭代、不断发展而来的。

本书在对不同时代背景下"生活教育理论"和"五育融合"的内涵外延与价值追求追根溯源的基础上，系统揭示了两者的内在联系，主要体现在：**第一，两者在教育目标追求上趋于一致**，都倡导教育的全面性和实践性，都追求培养"整全的人"，都致力于培养学生的综合素质和实践能力，即发展核心素养。**第二，两者对教育场域特质的要求相近**，都要求打破学校、家庭与社会的边界，突破校园与社会的藩篱，充分整合社会资源以发展教育，不断拓展丰富学生的学习场域，使学习能够随时随地发生。**第三，两者对学习方式变革的价值追求不谋而合**，都强调正确处理"活动"与"学习"、"生活"与"系统的知识学习"之间的矛盾，让学生在体验探究中学习，在经历真实情境的复杂问题解决过程中习得知识、提高能力、发展素养。**第四，两者对师生角色定位的认识也高度一致**。学生不再是被动接受知识的容器，而是学习过程中的主体，他们的积极性、主动性和创造性得到了前所未有的重视和激发。相应地，教师的角色也随之转变，他们不再是单向度的知识传递者，而是成为学生学习旅程中的指导者、支持者和陪伴者。

概言之，"生活教育理论"和"五育融合"的内在关联不仅体现在教育理念的一致性上，更体现在教育实践的互补性上。生活教育理论为"五育融合"的实现提供坚实的理论支撑，而"五育融合"则是新时代践行生活教育理论的创新探索。通过这种历史还原法的学理探讨，本书为教育工作者理解和推动"五育融合"在实践中走深走实提供了"生活教育理论"的全新视角，也为后续区校行动实践奠定坚实的理论支撑。

**其二，本书深刻擘画了生活教育理论视域下区校推进"五育融合"的行动图谱与

创新路径。在理论分析的基础上,本书围绕融合课程建设、融合主体培养、融合评价设计、融合机制创新等多个维度,进一步擘画了生活教育理论视域下"五育融合"的实践路径和操作策略。这些研究成果不仅为区域层面的教育改革提供了分析框架与思考方向,也为学校层面教师的教育实践提供了可操作的路径方法与工具支持。个人感觉有三个方面值得重点关注。

一是研究始于对核心概念操作性定义的厘清。从内涵界定来看,"五育融合"是指向"五育并举"育人目标达成的路径和方式,它强调的是"五育"之间的交融、转化和创新生成关系。"五育"既内在统一又各有侧重,"五育融合"不是叠加与拼凑,而是以人为中心、相互渗透、综合发展的育人观念与方法。从价值追求来看,本研究致力于发挥区域作为"中观系统"的桥梁作用,让国家层面体现"五育融合"的教育方针等真正落实落细,转化为学校层面切实可行的课程方案、实施办法与管理机制等,作用于区域和学校教育实践的改进,提升区域整体的教育质量,并为中国五育融合研究与实践提供可参照、可移植的区域推进教育改革经验。

二是研究强调对真实问题的发现与解决。一方面,课题组全面回顾了宝山区与陶行知先生的教育实验渊源,深刻揭示了宝山区教育工作者在漫长的研究与实践过程中所形成的学陶、师陶与研陶特色,客观剖析了生活教育理论视域下推进"五育融合"区域实践过程中存在的诸多挑战。另一方面,课题组通过开发《区域"五育融合"开展与实践情况调查问卷》,对区内100所学校(71所项目实验校+29所非项目实验校)的67名学校管理者、63名教师进行问卷调查,并结合个别访谈,以期全方位、多角度地了解学校管理者和教师对于"五育融合"理念的认识、学校"五育"的课程教学以及学校管理方面和评价方面的详细情况,从而了解当前区域推进"五育融合"的实践基础,在此基础上探讨区域实施"五育融合"的具体困境与未来期望,从而找准本课题研究所要解决的更具体的现实问题所在。

三是研究关注挖掘核心要素及要素间的关系。**融合课程建设**是生活教育理论视域下推进"五育融合"区校创新实践的内容载体。它要求教育者秉持学科融合取向、学生兴趣和发展取向以及社会问题解决取向等多元化的课程组织取向,倡导突破传统的学科界限,为学生提供丰富多样的课程选择,鼓励学生运用所学知识解决实际问题。**融合主体培养**,关注的是教师、学生以及其他教育参与者的能力提升。

在"五育融合"的背景下,教师需要具备跨学科教学的能力,以适应不断变化的教育需求;学生需要发展批判性思维和问题解决能力,以应对未来社会的更多挑战;家长和社区成员因被视为教育的合作者,而在"五育融合"的实践推进中发挥重要作用。**融合评价设计**是保证"五育融合"实践质量的关键环节。它要求教育者开发多元化的评价工具和方法,以全面评估学生在德、智、体、美、劳各方面的发展,在关注结果的基础上更关注过程,从而为教育实践提供及时的反馈和指导。**融合机制创新**则涉及教育实践中的各种制度和流程的创新,包括学校管理、课程实施、教师评价和学生评估等各个方面。通过机制创新,教育实践能够更加灵活地适应变化,更好地满足学生的需求,促进"五育融合"的有效实施,从而在日积月累与潜移默化中形成"五育融合"教育生态。

其三,本书全面彰显了生活教育理论视域下区校推进"五育融合"的扎实实践与丰厚成果。本书的研究成果不仅停留在理论层面的逻辑论述,更注重实践层面的行动探索和成效检验。在第四章中就详细介绍了宝山区域和学校层面在生活教育理论指导下开展的一系列"五育融合"的具体实践,从融合课程设计到融合教学实施,从学校教师、校外导师的素养培育到学生的主体意识激发,从多向联动、长效保障的融合机制创新到数字画像的融合评价探索等系列行动,还有"中国系列课程"、"行知行"劳动教育课程、研究性创智课程、跨学科美育课程、体育专项化课程等区域课程的建构与典型案例剖析,用学理分析辅以实践案例的方式,为教育工作者生动展示了"五育融合"的具体做法与成果成效,从而为其他地区和学校提供宝贵的经验和启示。

在融合评价方面,本研究不仅关注生活教育理论视域下"五育融合"实践的即时效果,更重视其长远影响,依托学生数字画像实现对学生素养的长期跟踪和过程评估,强调开展打通学生与生活场域的自然评价,将学生的学习评价从传统的课堂环境扩展到更广阔的生活场景中,重视指向"完整的人"发展的融合评价,涵盖学生认知、情感、社会、道德和身体等各个方面的成长。在此基础上,从区域、学校、教师、学生等各个维度综合性地呈现研究的实践成效。这些成果的展示,不仅证明了"五育融合"实践的有效性,更激励了更多教育工作者投身于"五育融合"的探索和实践之中,努力回应时代转型对教育提出的挑战,致力于培养德智体美劳全面发展的社会主义建设者和接班人。

总而言之,本书是一部深入探讨生活教育理论与"五育融合"实践相结合的力作,不仅理论上有深度,实践上有创新,而且对推动我国教育改革和发展具有重要的指导意义。我相信,本书的出版将会对教育领域的研究者和实践者产生深远的影响,为"五育融合"的实践提供全新的思考视角和操作路径。

宝山区的"五育融合"区域实践取得了显著的成效。学生在"五育融合"的教育环境中,综合素质得到了全面提升,创新精神和实践能力显著增强。学校在"五育融合"课程的实施过程中,形成了各具特色的教育模式和文化氛围,教育质量和社会声誉不断提高。区域教育生态得到了有效改善,家校社协同育人的机制更加完善,全社会对教育的关注度和支持度进一步提高,为"五育融合"实践的深入推进创造了良好的外部环境。

本书的出版,不仅是对宝山区"五育融合"区域实践成果的一次集中展示,更是对生活教育理论在新时代教育实践中应用价值的一次深刻诠释。它为教育工作者们提供了一个生动的实践案例,展示了如何将先进的教育理念转化为具体的教育行动,为培养德智体美劳全面发展的社会主义建设者和接班人提供了有益的借鉴和启示。

在阅读本书的过程中,我们可以深切感受到宝山区教育实践者们对教育事业的热爱和执着追求。他们在实践中不断探索、勇于创新,以高度的责任感和使命感,为孩子们的成长和发展倾注了大量的心血和智慧。他们的实践经验和成功案例,将激励更多的教育工作者投身于教育改革的浪潮中,共同为实现教育现代化、办好人民满意的教育而努力奋斗。

路漫漫其修远兮,吾将上下而求索。此书即将出版面世,我衷心地将这本书推荐给广大的教育工作者,相信这些宝贵的理论思考和具体实践能够为一线的教育工作者带来启发,点燃智慧的火花,照亮教育实践的前行之路。同时,我满怀期待,也深信不疑,宝山区将继续秉承陶行知先生的生活教育理论,将其时代价值在教育改革的浪潮中不断发扬光大。在"五育融合"区校实践探索中,在引领学生发展成为"完整的人"的征途上,宝山区定能步伐坚定、行动果敢、视野前瞻、突破创新。

2025 年 2 月

目　　录

第一篇章　理论建构：生活教育理论与"五育融合"的和合共生

第一章　历史之辙与时代之趋：生活教育理论的内涵与"五育融合"的价值追求 …… 003

第一节　生活教育理论溯源 …… 003

一、追根：于历史的罅隙中端看生活教育理论 …… 004

（一）孕育生活教育理论的背景 …… 004

（二）生活教育理论的价值追求 …… 007

二、溯源：生活教育理论的内涵、演变及力图破解的问题 …… 007

（一）生活教育理论的内涵及演变 …… 007

（二）生活教育理论力图破解的问题 …… 010

第二节　"五育融合"的内涵、价值与实践瓶颈 …… 011

一、不同时代背景下的"五育融合" …… 012

（一）民国时期的"五育并举" …… 012

（二）新时期的"五育融合" …… 014

二、理想与现实冲突中的"五育融合" …… 018

（一）理想中的"五育融合"：价值追求 …… 018

（二）现实中的"五育融合"：实践挑战 …… 018

第二章　跨越历史洪流的携手：生活教育理论视域下的"五育融合" …… 021

第一节　生活教育理论对"五育融合"实践瓶颈的回应 …… 021

一、生活教育理论与"五育融合"的契合之处 ·············· 021
　（一）教育目标追求趋于一致 ·············· 022
　（二）对教育场域特质的要求相近 ·············· 022
　（三）对教育方式变革的追求有异曲同工之处 ·············· 023
　（四）对教师角色定位的思考有共通之处 ·············· 023
　（五）思考方式既有相通之处又可互为补充 ·············· 023
二、生活教育理论对"五育融合"实践瓶颈的回应 ·············· 024

第二节　生活教育理论视域下推进"五育融合"区域实践的背景与挑战 ·············· 025
一、生活教育理论视域下推进"五育融合"区域实践的背景 ·············· 025
　（一）宝山区与陶行知先生的教育实验渊源 ·············· 025
　（二）宝山区以生活教育理论为指引推进"五育融合"区域实践的基础 ·············· 026
二、生活教育理论视域下推进"五育融合"区域实践的挑战 ·············· 027

第三节　生活教育理论视域下推进"五育融合"区域实践的总体架构 ·············· 028
一、生活教育理论视域下推进"五育融合"区域实践的内涵与价值追求 ·············· 029
　（一）生活教育理论视域下推进"五育融合"区域实践的内涵 ·············· 029
　（二）生活教育理论视域下推进"五育融合"区域实践的价值追求 ·············· 030
二、生活教育理论视域下推进"五育融合"区域实践的总体框架 ·············· 030

第二篇章　实践推进：生活教育理论视域下的"五育融合"区校行动

第三章　基础分析：基于区域文化特质的"五育融合"实施基础与未来期望 ·············· 035

第一节　基于区域文化特质的"五育融合"实践调研 ·············· 035
一、调研目的 ·············· 035
二、调研工具 ·············· 036
三、调研对象 ·············· 036
四、基于区域文化特质的"五育融合"实施分析 ·············· 037
　（一）"五育融合"提出的背景与目的 ·············· 037

（二）"五育融合"的核心内涵 ………………………………………………… 038
　　（三）"五育融合"的关注重点 ………………………………………………… 038
第二节　基于区域文化特质的"五育融合"实施困境与未来期望 ……………… 039
　一、实施困境 ……………………………………………………………………… 039
　　（一）缺乏推进"五育融合"的经验 …………………………………………… 039
　　（二）对学科内融合与跨育融合的重视程度稍显薄弱 ……………………… 040
　　（三）实践推进面临多方挑战 ………………………………………………… 042
　二、未来期望 ……………………………………………………………………… 044
　　（一）区域教育行政部门提供针对性支持 …………………………………… 044
　　（二）推进"五育融合"产生理想成果 ………………………………………… 046
　　（三）立足陶研底色，抓好素养核心 ………………………………………… 048
　　（四）以活动为载体，以交流促发展 ………………………………………… 050
　三、调研总结 ……………………………………………………………………… 052
　　（一）加强教师培训和指导 …………………………………………………… 052
　　（二）深化与家长的沟通和合作 ……………………………………………… 053
　　（三）优化资源配置 …………………………………………………………… 053
　　（四）建立完善的评价机制 …………………………………………………… 053
　　（五）积极争取社会力量的支持 ……………………………………………… 053

第四章　区校行动：生活教育理论视域下推进"五育融合"区域创新实践的探索 ……………………………………………………………………………………… 054
第一节　生活教育理论视域下推进"五育融合"区域创新实践的融合课程开发 ……………………………………………………………………………… 054
　一、融合课程构建探索 …………………………………………………………… 054
　　（一）具有生活教育特质的融合课程理论溯源与开发原则 ………………… 054
　　（二）区域行动："五育融合"区域课程的整体规划 ………………………… 060
　　（三）百家争鸣："五育融合"校本课程的实践探索 ………………………… 108
　二、融合课程实施探索 …………………………………………………………… 121
　　（一）"五育融合"课程的实施取向 …………………………………………… 122

（二）"五育融合"课程的实施原则 ………………………………………… 123
　　（三）"五育融合"课程的实施样态与案例剖析 …………………………… 124

第二节　生活教育理论视域下推进"五育融合"区域创新实践的融合主体
　　　　培养探索 …………………………………………………………………… 159
　一、生活教育理论视域下推进"五育融合"区域创新实践的教师素养
　　　探索 ……………………………………………………………………………… 159
　　（一）生活教育理论视域下推进"五育融合"区域创新实践的教师素养
　　　　　要求 ……………………………………………………………………… 159
　　（二）生活教育理论视域下推进"五育融合"区域创新实践的教师素养
　　　　　培育 ……………………………………………………………………… 167
　二、生活教育理论视域下推进"五育融合"区域创新实践的学生主体意识
　　　培养 ……………………………………………………………………………… 187
　　（一）学生主体意识培养的学理分析 …………………………………………… 187
　　（二）学生主体意识培养的关注要点、实施样态与案例剖析 ………………… 190

第三节　生活教育理论视域下推进"五育融合"区域创新实践的融合机制
　　　　创新研究 …………………………………………………………………… 218
　一、多向联动机制 ……………………………………………………………………… 219
　　（一）内涵和目的 …………………………………………………………………… 219
　　（二）要点和原则 …………………………………………………………………… 220
　二、共享应用机制 ……………………………………………………………………… 235
　　（一）"五育融合"课程开发与实施管理办法 ……………………………………… 235
　　（二）区域"五育融合"课程资源共建共享机制 …………………………………… 236
　　（三）"五育融合"课程教师培训与激励机制 ……………………………………… 237
　三、长效保障机制 ……………………………………………………………………… 238
　　（一）内涵和目的 …………………………………………………………………… 238
　　（二）要点和原则 …………………………………………………………………… 238

第四节　生活教育理论视域下推进"五育融合"区域创新实践的发展评价
　　　　实践 …………………………………………………………………………… 247
　一、生活教育理论视域下彰显"五育融合"特质的学生评价机制创新 …………… 247

（一）顶层设计，擘画区域学生数字画像改革蓝图 ······ 248
　　（二）分步实施，探索区域学生数字画像推进路径 ······ 249
　　（三）结果运用，强化区域学生数字画像数据赋能 ······ 251
　二、生活教育理论视域下彰显"五育融合"特质的学生评价方式探索 ······ 252
　　（一）打通学习与生活场域的综合评价 ······ 252
　　（二）指向"完整的人"发展的融合评价 ······ 265

第五章　路径探索：生活教育理论视域下推进"五育融合"区域创新实践的支持系统和行动路径构建 ······ 268
　第一节　生活教育理论视域下推进"五育融合"区域创新实践的支持系统构建 ······ 268
　　一、"五育融合"生态培育系统 ······ 269
　　二、"五育融合"组织保障系统 ······ 270
　　三、"五育融合"制度保障系统 ······ 271
　　四、"五育融合"队伍建设"蓄电池"系统 ······ 271
　　五、"五育融合"区域教育资源支持系统 ······ 273
　　六、"五育融合"科学评价能量续航系统 ······ 273
　第二节　生活教育理论视域下推进"五育融合"区域创新实践的行动路径探索 ······ 275
　　一、行动路径 ······ 275
　　二、实现路径 ······ 277

第三篇章　成效展望：生活教育理论视域下推进"五育融合"的实践成效与未来愿景

第六章　成效展望：生活教育理论视域下推进"五育融合"区域创新实践的收获与愿景 ······ 281
　第一节　生活教育理论视域下推进"五育融合"区域创新实践的成效 ······ 281

一、区域层面：生活教育理论视域下推进"五育融合"的变革生态初见雏形 ……………………………………………………………………… 281

二、学校层面：践行"生活教育理论"成为共识，"五育融合"成为育人的共同追求 …………………………………………………………… 283

三、教师层面：不断更新教育观念，积极开展指向"五育融合"实现的实践探索 ……………………………………………………………… 284

四、学生层面：学生的核心素养得到全面发展，真正成为学习和生活的主人 …………………………………………………………………… 285

第二节 生活教育理论视域下推进"五育融合"区域创新实践的长期愿景 ……………………………………………………………………… 286

一、进一步挖掘生活教育理论的内生价值 …………………………… 286

二、进一步激发学校的办学活力和变革动力 ………………………… 286

三、进一步强化教师作为专业研究人员的能力建设 ………………… 287

参考文献 …………………………………………………………………… 288

第一篇章

理论建构：生活教育理论与"五育融合"的和合共生

陶行知先生是中国近代伟大的人民教育家、思想家。先生毕生致力于教育事业，力图以教育的变革与振兴来"拯救"积贫积弱的近代中国。在长期的实践中，先生践行"爱满天下"的大爱精神和"捧着一颗心来，不带半根草去"的奉献精神，构建了以生活教育理论为核心的、系统的教育理论体系。在实践中形成并经过长期检验的陶行知生活教育理论直击当时教育中的顽疾，即使在大半个世纪后的今天，依然闪耀着真知灼见的光辉。

长期以来，"陶行知教育理论"始终广受国内外教育者关注。作为先生的第二故乡，上海市宝山区于20世纪80年代初开始系统研究、学习、运用陶行知教育理论，于宝山教育"十三五"规划中确立了打造"陶行知教育创新发展区"的目标，并在长期实践中积累了丰富的学陶师陶经验与经典案例。

在学习、剖析"生活教育"理论精髓的基础上，本课题立足教育改革的前沿，确立了在"生活教育"理论视域下推进区域"五育融合"实践的目标，旨在回应时代转型对教育的挑战，构建五育并举的教育体系，培养德智体美劳全面发展的社会主义建设者和接班人。

本篇章通过追溯生活教育理论诞生的背景、剖析生活教育理论的内涵与价值，挖掘其与"五育融合"实践的契合点；同时，分析新时期"五育融合"提出的背景和动因，探索"五育融合"在实践中面临的瓶颈，探究"生活教育"理论视域下区域推进"五育融合"实践面临的挑战，寻求实践与研究的突破口，在此基础上，形成生活教育理论视域下推进"五育融合"区域实践的总体架构。

> 第一章

历史之辙与时代之趋：生活教育理论的内涵与"五育融合"的价值追求

要深刻理解并把握生活教育理论的内核，就要回到这一理论孕育、诞生及发展的历史长河中去。因此，在本章中，笔者将通过追根溯源厘清生活教育理论的时代背景、内涵及力图破解的问题；同时，探讨"五育融合"在不同历史时空下的内涵与价值追求，在此基础上，剖析推进"五育融合"实践所面临的挑战。

第一节 生活教育理论溯源

生活教育理论是陶行知先生教育理论的核心。生活教育理论起步于20世纪20年代，实践和发展于南京晓庄师范时期，成熟于上海山海工学团时期。在数十年的发展历程中，陶行知先生不断地根据时代的需求和实践的要求审视生活教育理论，赋予了生活教育理论更丰富的内涵和顺应时代需求、不断实现自身发展、迭代演变的特质，这正是生活教育理论在百年后的今天依然熠熠生辉的原因之一。对于后世的我们来说，唯有走入历史的长河中，运用历史还原法，分析孕育生活教育理论的时代背景，剖析其诞生之初的价值追求，追溯其演变的历史轨迹，才能真正了解这一理论的内核，并寻找到其与"五育融合"的契合点。

一、追根：于历史的罅隙中端看生活教育理论

生活教育理论是陶行知基于对传统教育的批判，在杜威教育思想的启发下提出，并在持续的教育实验中形成的。

（一）孕育生活教育理论的背景

陶行知先生生活在一个新旧交替的时代。在这个时代里，政权更迭、社会动荡、列强环伺，这使得陶行知的成长环境、求学经历都打上了新旧交替、新旧冲突的时代烙印。这一背景成为孕育陶行知生活教育理论的现实土壤，在这一背景下诞生的生活教育理论，体现了对当时国情的深度分析，对旧时代社会和教育的深度反思与批判，对西方教育思想的学习、接纳与融合，对教育救国信念的一以贯之。

1. 积贫积弱的国家和教育救国的理想

生活教育理论的萌发离不开当时的时代背景。陶行知先生生于清末，在其求学和生活的时代，中国正处于剧烈动荡时期。从清末到民初，国家落后，列强横行，军阀混战，民不聊生，可以说，青年陶行知身处和面对的，是一个积贫积弱的国家。

在这一背景下，他萌生了教育救国的主张。1916 年，在致罗素的信中，他对自己的教育救国理想有了完整的表述："余今生之唯一目的在于经由教育而非经由军事革命创造一民主国家。鉴于我中华民国突然诞生所带来之种种严重缺陷，余乃身心，如无真正之公众教育，真正之民国即不能存在……余将回国与其他教育工作者合作，为我国人民组织一高效率之公众教育体系，以使他们能步美国人之后尘，发展和保持一真正之民主国家，因此乃唯一能够实现的正义与自由的理想之国。"[①]

怀抱教育救国的理想，陶行知先生投身中国的教育改造事业，致力于通过教育造就真正的共和国民。但陶行知先生当时所指的"教育"并不是指清末民初偏向于"上流社会"子弟才能接受的以考据"经史子集"、坐而论道为特征的"旧教育"，而是指"打通层层叠叠的横阶级"和"打通深沟坚垒的纵阶级"的平民教育，即"用四通八

[①] 陶行知.我的学历及终生志愿[M]//胡晓风等.陶行知教育文集.成都：四川教育出版社，2017：1-2.

第一章 历史之辙与时代之趋：生活教育理论的内涵与"五育融合"的价值追求

达的教育，来创造一个四通八达的社会"，以及与生活紧密相连的"新教育"。①

怀着教育救国的理想，在推进平民教育、创办晓庄师范学院和山海工学团的过程中，生活教育理论逐渐发凡、发展、成熟。

2. 沉疴日深的"旧教育"和对"旧教育"的批判与反思

生活教育理论是陶行知先生在批判"旧教育"的基础上产生的。陶行知先生曾指出："唯勇者乃能承认事实之真相，唯智者乃能从事实中求出路。"这是一种深度批判的精神。

秉承批判精神，陶行知先生对以死读书为特征的封建教育思想进行了批判，他认为，重视记诵与考据的教育导致了学生死读书、读死书，是死教育、老八股。究其原因，是传统教育将书本当成了学生学习的全部，漠视教育与生活的联系，不但形成了"不是从经验里发生出来的伪知识、伪文字"，害人不浅，而且无法为国家、为社会培养有用的人才。② 从陶行知先生的书稿文字中，不难看出其对老八股、旧教育的"怒其不争"，及对"从生活经验中学习、发生知识"的"大声疾呼"。

对于维新运动后三十年间照抄照搬他国教育的"新教育"，陶行知先生也并不认同。他认为彼时的教育脱离中国的社会实践，只是"穿洋装的老八股"，无非是穿新鞋走老路而已，形式的改变并未解决当时中国教育的根本问题。在1931年的《今后教育上基本问题之讨论》中，陶行知先生剖析了当时教育中的三大问题：一是对教育的重要性缺乏充分的重视；二是由于阶级观念森严，教育不能普及；三是教育的方针与目的，与当时的社会情况割裂，而从教者一味照搬照抄东西洋教育制度，造成了"今日之教育，为拉青年出社会，与实际生活分离，而非引青年入社会，以解决其本身及社会一切问题；为提高青年生活之欲望，走入奢靡无能无用之绝境，而非导青年走入生产与建设之坦途"。据此，他提出了三个改进之策：一是教育家体念对于民族社会前途所负之重责；二是教育平等；三是使教育"合于我国之国民经济力，合于我国之社会状况，合于我民族与社会之切实要求"。③ 从中不难看出，"生活目的即教育目

---

① 陶行知.创造一个四通八达的社会[M]//胡晓风等.陶行知教育文集.成都：四川教育出版社，2017：3-4.
② 陶行知."伪知识"阶级[M]//胡晓风等.陶行知教育文集.成都：四川教育出版社，2017：192-198.
③ 陶行知.今后教育上基本问题之讨论[M]//胡晓风等.陶行知教育文集.成都：四川教育出版社，2017：266-269.

的"的生活教育萌芽。

3. 西学东渐的浪潮和学贯中西的求学历程

陶行知先生的青年时期正处于民生凋敝的清末民初,也正是在这一时期,第二次西学东渐的浪潮席卷了全中国。在西学东渐的过程中,欧美和日本等的数学、物理、化学、社会学、政治学和教育学等理论传入了中国,引发了国人的学习与思考。正是在这个过程中,戊戌变法、辛亥革命和五四新文化运动等民主启蒙运动先后爆发,又进一步引发了国人对中国传统教育方式的思考,对中西文化的思辨。作为"民主战士",陶行知先生亲历了这些民主启蒙运动,且在辛亥革命和新文化运动中,更是站在了运动的前列和时代的前沿,而亲历中西方文化碰撞的过程,也必定会对陶行知先生的教育理念产生影响,如实用主义教育理论等的传入,也会成为生活教育理论孕育和诞生的催化剂。

在西学东渐过程中,留学生是重要的"传播媒介"之一,而陶行知先生正是当时的赴美留学生之一。在孩童时期,陶行知接受的是中国传统的私塾教育,1914年,他从南京金陵大学毕业后赴美留学,先后在伊利诺伊大学和哥伦比亚大学师范学院攻读政治学和教育学,师从杜威和孟禄。丰富的求学经历使得陶行知先生学贯中西,而教育救国的理想、扎实推进的平民教育实践,使得传统与现代、"旧教育"与"新理念"在陶行知先生的身上碰撞、激荡出新的思想火花——对东西方教育的批判性学习、对东西方文化精髓的兼收并蓄,这些都为生活教育理论的诞生提供了条件。

具体来说,杜威的"教育即生活"和"学校即社会"等对陶行知的影响最大。但在推行杜威教育思想的过程中,陶行知清楚地认识到了其与当时中国社会、教育状况的现实冲突。在一腔热血被泼灭之际,陶行知基于对当时社会教育不发达、学校匮乏、平民百姓无法接触对生活对社会有益的教育的状况剖析,在吸纳、扬弃中国传统文化中王阳明"行是知之始,知是行之成"等的行知观的基础上,对杜威的教育思想进行了批判性的改造,保留了其中的积极部分,包括对科学和实验方法的重视以及教育应与社会相联系的观点,提出了"生活即教育""社会即学校""教学做合一"。

综上所述,陶行知教育理论的孕育和诞生,有复杂的历史背景,受多方面因素的影响,而剖析这些因素,则能够帮助我们理解生活教育理论的内涵和价值追求,使得我们能够从"还原历史"的角度去把握其演变的历程,并能够立足当前时代发展的特点与需求挖掘其时代价值。

(二) 生活教育理论的价值追求

从陶行知生活教育理论孕育的背景中可以看出,在当时的历史时空下,其**价值追求是教育救国、通过教育的改进来改造社会,使得"教育与整个社会和生活血脉相通"**,①同时,让社会民众不分阶级、身份、性别、老幼,都能在整个社会这个生活场所里接受教育,破解当时社会经济薄弱、学校不能普及的难题,最终达到"自立立人""自卫卫国"的目的,也就是说教育培养的人要满足社会生活的需求,满足社会发展的需求。

二、溯源:生活教育理论的内涵、演变及力图破解的问题

陶行知先生指出"生活教育是以生活为中心之教育","生活与教育是一个东西,不是两个东西","没有生活做中心的教育是死教育。没有生活做中心的学校是死学校。没有生活做中心的书本是死书本"。② 具体来说,生活教育理论由"生活即教育""社会即学校"和"教学做合一"三个观点构成,分别从本体论、关系论和方法论的角度阐述了生活教育的本质和内涵。生活教育理论的形成不是一蹴而就的,而是随着陶行知教育实践的推进不断演变发展的,在投身教育实践、证悟"知行难题"的过程中,陶行知先生不断地深化着生活教育理论的内涵。

(一) 生活教育理论的内涵及演变

生活教育理论包括"生活即教育""社会即学校""教学做合一"相辅相成的三个方面,其中,"教学做合一"在不同的时间段中内涵并不相同,经历了演变的过程。

1. 本体论:生活即教育

"生活即教育"是本体论,即对"什么是教育"下了自己的定义。"生活即教育"强

---

① 白韬.陶行知的生平及其学说[M].北京:生活·读书·新知三联书店,2014.
② 陶行知.教学做合一下之教科书[M]//胡晓风等.陶行知教育文集.成都:四川教育出版社,2017:279-290.

调教育"是供给人生需要的教育,不是作假的教育。人生需要什么,我们就教什么","是生活就是教育,不是生活,就不是教育"。①

从陶行知先生的论述中可知,"生活即教育"的内涵应包括如下方面:一是教育由生活决定,教育的内容和方式都受社会和生活环境的制约,都应该以满足人生需要、社会需要为目的;二是应通过教育改造生活,即教育有改造生活的价值,"教育的根本意义是生活之变化,生活无时不变,即生活无时不含有教育的意义","过某种生活时,能受某种影响,而此种影响不会轻易消灭,教育者能因势利导,便是极佳的成绩",②这便是教育的目的。

2. 关系论:社会即学校

"社会即学校"是关系论,即如何看待"社会"与"学校"的关系。"社会即学校"强调"整个的社会活动,就是我们的教育范围""我们的学校就是社会""要把学校的一切伸张到大自然界里去"。③

在陶行知先生的《生活教育论发凡》中讲到"社会"为何为"学校"的四点理由,概括来讲,就是:一是社会的机构是整个的,不能将一部分的社会组织应用到学校里,让儿童以偏概全;二是儿童有不同的社会背景和成长环境,这些都是教育的重要资源,教育不能舍本逐末;三是儿童的社会与世界有其独特性,不能用成人的世界代替儿童的世界;四是社会的展开应该是全部的,要让儿童先了解整个社会,再去就各自感兴趣的内容进行实验。④

从陶行知先生的论述中可以看到,"社会即学校"至少应包括如下内涵:一是完整的社会具有学校的功能;二是学校不能与社会脱节,要按照社会的需要办教育;三是要将教育与儿童的生活经验紧密相连,同时,尊重儿童的年龄特点,从儿童了解的、需要的社会视角去开展教育;四是要让儿童在全面、充分了解社会的基础上去聚焦,进行深度的学习。

从上述剖析来看,"学校即社会"既是关系论,同时也是对"学校即社会"这一关系下,如何开展对社会有用的教育进行的阐述和探索,也就是说,已涉及"方法论"领

---

① 陶行知.生活即教育[M]//胡晓风等.陶行知教育文集.成都:四川教育出版社,2017:225-229.
② 陶行知.生活教育论发凡[M]//胡晓风等.陶行知教育文集.成都:四川教育出版社,2017:246-252.
③ 陶行知.生活即教育[M]//胡晓风等.陶行知教育文集.成都:四川教育出版社,2017:225-229.
④ 陶行知.生活教育论发凡[M]//胡晓风等.陶行知教育文集.成都:四川教育出版社,2017:246-252.

第一章 历史之辙与时代之趋：生活教育理论的内涵与"五育融合"的价值追求

域,而这些探索即使在今天依然是有价值的。

3. 方法论：教学做合一

"教学做合一"是方法论,即在界定"生活即教育""社会即学校"的前提下,如何开展教育、实践教育。对于"教学做合一"这一方法论的内涵,陶行知先生在不同的时期有不同的解读,呈现了一个不断厘清三者关系的过程。

归国初期,陶行知先生热衷于推行留学所得的实验法。所以,尽管当时他已有"教的法子必须根据于学的法子"的认识,但还是认为好的教学是"教学生学",即"对于一个问题,不是要先生拿现成的解决方法来传授学生,乃是要把这个解决方法如何找来的手续程序,安排停当,指导他,使他以最短的时间,经过相类经验,发生相类的理想,自己将这个方法找出来,并且能够利用这种经验理想来找别的方法,解决别的问题。得了这种经验理想,然后学生才能探知识的本源,求知识的归宿。对于世间一切真理,不难取之无尽,用之无穷了"。① 可见,这一时期的"教学做合一"方法论尚未形成,尚未关注到"做"的价值。

晓庄师范时期,陶行知先生对"教学做合一"之间关系的理解逐渐明朗,1927年,他提出"教学做是一件事","事怎样做就怎样学,怎样学就怎样教;教的法子要根据学的法子,学的法子要根据做的法子"。② 1931年,他进一步指出"教学做只是一种生活之三方面,而不是三个各不相谋的过程","在生活里,对事说是做,对己之长进说是学,对人之影响说是教",并进一步阐释了"做"的内涵,即"在劳力上劳心",且"做"包含"行动""思想""新价值之产生"。③ 从这一论述中可知,这一时期的"做"已不是简单的动手,而是在做的过程中进行思考,产生新认识和新价值。而且在这一时期,陶行知也讨论了"教学做合一"这一方法论之下教科书的取舍或择取问题,即"以生活为中心的教学做指导,不要以文字为中心的教科书",并将"现代生活"所需要的能力与教科书一一对应,这意味着陶行知已开始思考系统的知识学习与学生的"动手做",或者用当下的话语来说,就是"活动课程"之间的关系。

育才时期,陶行知对"教学做合一"有了更深入的阐述："'教学做合一'是生活法

---

① 陶行知.教学合一[M]//胡晓风等.陶行知教育文集.成都：四川教育出版社,2017：42-43.
② 陶行知.生活即教育[M]//胡晓风等.陶行知教育文集.成都：四川教育出版社,2017：225-229.
③ 陶行知.教学做合一下之教科书[M]//胡晓风等.陶行知教育文集.成都：四川教育出版社,2017：279-288.

亦即教育法。为要避去瞎做、瞎学、瞎教，所以提出'在劳力上劳心'，以期理论与实践之统一。"① 在《育才学校教育纲要草案》中，他提出"育才学校办的是知情意合一的教育……知情意的教育是整个的、统一的。知的教育不是灌输儿童死的知识，而是同时引起儿童的社会兴趣与行动的意志。感情教育不是培养儿童脆弱的感情，而是调节并启发儿童的感情，主要是追求真理的感情；在感情之调节欲启发中使儿童了解其意义与丰富，便同时是知的教育；使养成追求真理的感情并能努力奉行，便同时是意志教育。意志教育不是发扬个人盲目的意志，而是培养合于社会及历史的意志。合理的意志之培养和正确的知识教育不能分开，坚强的意志之获得和一定情况下的情绪激发与冷淡无从割裂，现在我们要求在统一的教育中培养儿童的知情意，启发其自觉，使其人格获得完备的发展"。② 可见，**在育才时期，陶行知对"教学做"之间的关系思考更为深入，不再过度强调"做"而排斥系统知识的学习，不断试图弥合"教"与"学"、"学"与"做"之间的鸿沟。**

从"教学做合一"的内涵演变中可知，生活教育理论的内涵是不断演变和发展的，而演变的动因是陶行知教育实践的不断推进，在实践过程中不断碰壁。基于问题的解决不断深化对内涵的认识，这也就是生活教育理论本身的发展性特质——动态的而非僵化的，这一特质也使得当下将生活教育理论运用于区域的五育融合实践推进成为可能。

（二）生活教育理论力图破解的问题

生活教育理论的孕育与提出源于当时的时代背景，源于当时社会与教育中无法以"常法"解决的种种问题。百年后的教育者，也难免被种种问题所困扰，分析百年前后问题的共通之处，可以为正确评价、剖析生活教育理论的时代价值提供视角。

从对"生活教育"理论孕育的历史背景及内涵的剖析中可知，"生活教育"理论的诞生、发展过程，甚至陶行知先生从教一生都在力图回应或破解如下问题：

一是如何通过教育救国，如何通过教育改造社会，如何培养社会和国家需要的

---

① 陶行知.谈生活教育——答复一位朋友的信[M]//胡晓风等.陶行知教育文集.成都：四川教育出版社，2017：468-469.
② 陶行知.育才学校教育纲要草案[M]//胡晓风等.陶行知教育文集.成都：四川教育出版社，2017：480-485.

第一章　历史之辙与时代之趋：生活教育理论的内涵与"五育融合"的价值追求

人才？

二是如何让当时的教育突破几千年尊孔读经、死读书读死书的困境，让学生的学习与生活联系起来？

三是如何避免不考虑自身的实际情况和国家的发展需求，生搬硬套他国教育模式的问题？

四是在传统的私塾教育方式难以适应班级的大规模授课的时代背景下，如何看待、处理学生活动与系统的知识学习之间的关系？

不难看出，在实践中形成并经过长期检验的陶行知生活教育理论直击当时教育中的"顽疾"。时值当下，这些问题依然是教育者需要关注并思考的问题。因此，即使在大半个世纪后的今天，生活教育理论依然闪耀着真知灼见的光辉。"培养什么人、怎样培养人、为谁培养人"是教育的根本问题；一次次教育教学改革正是力图破解"死读书读死书"之困局，也是如何正确处理"活动"与"学习"、"生活"与"系统的知识学习"之间的矛盾，力求使二者达到和谐统一，共同服务于学生的成长与发展的不断探索的过程。由此可见，跨越了将近一个世纪的时空，当下的我们与陶行知先生所面临的教育问题有共通之处，这也是本课题引入、应用生活教育理论的前提。

从对生活教育理论孕育的历史背景及内涵的剖析中可见，生活教育理论的时代价值毋庸置疑，那就是为当下教育问题的破解提供了可参考的思考路径。除此之外，生活教育理论的时代价值有哪些呢？其与"五育融合"的契合点在哪里？这些问题笔者将在下一章进行回应。

第二节　"五育融合"的内涵、价值与实践瓶颈

2018年9月，习近平总书记在全国教育大会上指出"要努力构建德智体美劳全面培养的教育体系，形成更高水平的人才培养体系"；2019年2月，《中国教育现代化2035》强调"更加注重全面发展。大力发展素质教育，促进德育、智育、体育、美育和劳动教育有机融合，全面提升学生意志品质、思维能力、创新精神等综合素质，提高

身心健康发展水平,培育担当民族复兴大任的时代新人";2019年6月,中共中央、国务院印发了《关于深化教育教学改革全面提高义务教育质量的意见》,提出"坚持'五育'并举,全面发展素质教育"。可见,构建五育并举的教育体系,实现"五育融合",培养德智体美劳全面发展的社会主义建设者和接班人既是政策导向也是教育诉求。在这一诉求下,如何正确理解与把握"五育并举""五育融合"的内涵与价值?五育融合的实践瓶颈如何?本节将一一剖析。

一、不同时代背景下的"五育融合"

追根溯源,"五育融合"尤其是"五育并举"并非是新创的名词,早在民国时期,其时的教育部总长蔡元培就有相应的论述,但百年前后关于"五育并举"的背景既有共通之处,也有迥异之处,内涵、本质也是既有联系也有区别。

(一)民国时期的"五育并举"

辛亥革命之后,民国成立,1912年初,顺应"共和时代"对教育的要求,蔡元培发表《对于教育方针之意见》一文,从"养成共和国民健全之人格"的目的出发,提出了"军国民教育、实利主义教育、公民道德教育、世界观教育和美感教育皆不可偏废"的观点,在教育史上称为"五育并重"或"五育并举"。1913年,蔡元培出任民国首任教育总长并确立"注重道德教育,以实利教育、军国民教育辅之,更以美感教育完成其道德"的教育宗旨,"五育并举"嬗变为"四育并提"。

1. 民国初年提出"五育并举"的背景和动因

民国初年提出"五育并举"的背景和动因可以从以下几个方面分析:

一是政治体制的变革急需培养具有健全人格的人才,以满足政治体制从封建社会转变为"共和"政体的要求——百废待兴的"共和国"需要大量的"五育并重"的人才,但封建社会沉溺于"老八股"的士子们显然难以满足这一要求。这也折射出当时以蔡元培、陶行知等为代表的教育家们的主流思想——教育救国——想要国富民强,摆脱"落后就要挨打"的被动局面,唯有从教育层面着手去思考、去改革。

二是受中国传统文化对理想人格的追求影响。尽管不久之后的新文化运动和五四运动对封建教育推崇的"尊孔读经"多有批判,但1912—1913年的蔡元培还是基于其求学与成长的背景,从中国优秀传统文化中淬炼出对"理想人格"的追求。其中,对蔡元培影响至深的是儒家和墨家。"他认为孔子的'匹夫不可夺志也'等同于自由;'己所不欲,勿施于人'类似于平等;'己欲立而立人,己欲达而达人'符合博爱的内涵。他欣赏孔子及其儒家所倡导的中庸之道,称它代表着中华民族的精神。他推崇墨家的科学精神,认为'墨子,科学家也,实利家也。其所言名数质力诸理,多合于近世科学'。"①

三是对西方教育理论的扬弃。如对康德美学思想的吸纳和对美国实利主义思想的学习等。

从民国初年提出"五育并举"的背景中可以看出,契机和动因中,外因占主要地位——更多的是从国家的进步和社会的发展出发而非从人的发展出发来进行思考的,尽管其追求的是"健全人格""理想人格",但"人"在这里,更多的还是被当作"工具"。

2.民国初年"五育并举"的内涵

蔡元培的"五育并举"追求的是以公民道德教育为中心的德智体美诸育和谐发展,追求的是健全人格的培养。

具体来说,军国民教育即体育,倡导军国民教育的目的是抵御外侮和保家卫国——这与当时中国所处的列强环伺的困境是紧密联系在一起的;实利主义教育指智育,但这里的"智育"是有别于中国封建社会中的"文字学习"的,具体是指"以人民生计为普通教育之中坚",旨在促进学校的知识教学与社会实践相结合,发挥教育改善国计民生的价值;公民道德教育即德育,以自由、平等、博爱为公民道德教育的主要内容,旨在规约军国民教育和实利主义教育的目的,使之合乎"国家道德"和"公民道德";世界观教育是哲学教育,旨在以哲学教育引导学生追求思想自由,打破封建桎梏,偏重于人的理想信念和价值观形成;美感教育是施行世界观教育的主要途径,以避免世界观教育进入说教的歧途,以绘画、音乐等陶冶人的心灵。

蔡元培指出:"五者,皆今日之教育所不可偏废者也。""军国民主义,实利主义,

---

① 吴洪成,樊凯.简论民国初年教育宗旨的嬗变:由"五育并举"到"四育并提"[J].河北师范大学学报(教育科学版),2011(9):23-29.

德育主义三者，为隶属于政治之教育。（吾国古代之道德教育，则间有兼涉世界观者，当分别论之。）世界观、美育主义二者，为超轶政治之教育。""以心理学各方面衡之，军国民主义毗于意志；实利主义毗于知识；德育兼意志情感二方面；美育毗于情感；而世界观则统三者而一之。""以教育家之方法衡之，军国民主义，世界观，美育，皆为形式主义；实利主义为实质主义；德育则二者兼之。"① 这是蔡元培从政治、心理学和教育学视角对"五育"关系的论述，可以看出，无论从哪个视角切入，五育之间都是缺一不可的。

1913年，在制定教育方针时，"世界观教育"被删除，"五育"演变为"四育"，德育占据了核心地位，实利教育、军国民教育和美育转变为"完成道德"的手段和途径。这与民国初年，封建社会忠君尊孔、三纲五常的思想仍然根深蒂固不无关系。

从民国时期的"五育并举"和"四育并提"中可以看出，对于"五育"的内涵，尽管在演变过程中有不同的解读，但对于"各育"之间相互交融、相互影响的关系，从民国至今都是一以贯之的。可以说，"五育并举"和"四育并提"不啻为近代教育史上的一座里程碑，是基于社会背景对"为什么培养人""培养什么人"的深度探索和回应。

（二）新时期的"五育融合"

2019年6月，中共中央、国务院印发了《关于深化教育教学改革全面提高义务教育质量的意见》，提出"坚持'五育'并举，全面发展素质教育"，把"五育并举"与"全面发展素质教育"联系起来，使得长期推行的"素质教育"有了落实的抓手和明确的目标指向。2019年2月，《中国教育现代化2035》强调"促进德育、智育、体育、美育和劳动教育有机融合"，强调"五育融合"，则可以视作是达到"五育并举"这一目标的路径。从上面的分析中可知，"五育并举"并不是一个新名词，那么，为什么在这一时期提出"五育并举""五育融合"？"五育融合"的内涵如何？对这些问题的思考与回应有助于理解"五育融合"的现实瓶颈，也有助于把握生活教育理论与"五育融合"的深层次契合点。

---

① 蔡元培.对于新教育之意见[M]//中国蔡元培研究会.蔡元培全集(第2卷).杭州：浙江教育出版社，1997：14-15.

1. 新时期提出"五育并举""五育融合"的背景和动因

新时期提出"五育并举"的背景和动因可以从以下几个方面分析:

一是人类与世界面临"百年未有之大变局"。这一实践背景也必定会给"培养什么人""如何培养人"带来挑战。蔡元培时期面临的局势是政体改变,是封建教育向"共和"教育的转变;而新时期面临的局势则更为复杂——世界一体化的快速发展、厚积薄发的"中国崛起"和科技革命的"蓬勃力量",[①]都对既往的教育提出了新的挑战。"人类命运共同体""全球化"话语体系之下,"智能时代"席卷全球的前夜和今天,需要培养具有什么特质的人、如何培养这样的人,都是新时期教育需要回应的问题。

二是如何破解"五育分离"或"五育割裂"的深层次问题。"表现为'疏德''偏智''弱体''抑美''缺劳',导致'片面发展''片面育人',远离了'全面发展''全面育人'这一教育宗旨。"[②] 尽管全面发展强调了多年,但对"智育"的过度偏重,导致五育之间的不平等、不平衡现象普遍存在。过度强调"智育"而忽略其他四育,很容易培养出"高分低能"或"有才无德"等不符合社会主义核心价值观、不能满足社会主义建设需要的"人才"。

三是为素质教育的落实落地落细寻找抓手或路径。为了贯彻和落实《中国教育改革和发展纲要》,中共中央于1994年召开的全国教育工作会议上提出:"基础教育必须从'应试教育'转到素质教育的轨道上来,全面贯彻教育方针,全面提高教育质量。"此后几年,在全国掀起了"素质教育实验"的浪潮。1999年,颁布了《中共中央国务院关于深化教育改革全面推进素质教育的决定》,提出:"实施素质教育,必须把德育、智育、体育、美育等有机地统一在教育活动的各个环节中。学校教育不仅要抓好智育,更要重视德育,还要加强体育、美育、劳动技术教育和社会实践,使诸方面教育相互渗透、协调发展,促进学生的全面发展和健康成长。"[③] 可见这一时期尽管还没有明确提出"五育并举"和"五育融合",但重视德育、体育、美育、劳育和智育,促进诸育的相互渗透已经被视作落实素质教育的抓手之一。2019年6月,《关于深化教

[①] 孙宝华."百年未有之大变局"的背景、内涵与因应[J].党政论坛,2021(2):44-48.
[②] 李政涛,文娟."五育融合"与新时代教育新体系的构建[J].中国电化教育,2020(3).
[③] 中共中央国务院.中共中央国务院关于深化教育改革全面推进素质教育的决定[EB/OL].(1999-6-13)[2025-3-15].https://www.gmw.cn/lgmrb/1999-06/17/GB/18090%5EGM1-1706.HTM.

育教学改革全面提高义务教育质量的意见》印发,提出"坚持'五育'并举,全面发展素质教育",是真正"把'五育'并举的方针全面融入了发展素质教育的框架","同时也是为了破解长期以来素质教育仅停留于口头而分数主义却久盛不衰的难题"。①尽管对"素质教育仅停留于口头"这一判断笔者持谨慎态度,但《意见》的颁行使得素质教育有了更具体、更明确的抓手,笔者深以为然。

2. 新时期"五育融合"的本质

对于"五育并举"和"五育融合"的本质,研究者们的解读并不完全一致。笔者基于文献研究和实践探索,尝试做出以下分析:

(1) "五育融合"是从课程逻辑到教学实践逻辑的转向

"并举"在《现代汉语词典》中解释为"不分先后同时举办","融合"一词,在《现代汉语词典》中被界定为"几种不同的事物合成一体",也作"融和"。②据此,有的研究者认为"'五育融合'是对'五育并举'的进一步深化和发展",③也有的研究者认为"五育融合"与"五育并举"是手段与目的的关系,④笔者更认同后者,也就是说,"五育融合"是达成培养五育并举的人的手段或方式,"五育并举"是实践中融合"五育"的目的和追求。但刘远杰等人提出:"五育融合的本质是从一种基于课程或学科并举的课程逻辑,转向一种动态的、生成性的教学实践逻辑。课程可以并举,融合则只能在教学实践中发生;只有从课程转向教学,五育才能落到实处,从教学实践层面提升学生综合素质、促进学生全面发展。"⑤

从这一点上来说,在原有的"分科"课程之外构建一定的"融合"课程,来弥补原有的分科课程的不足有一定的必要性;但如果不关注教学实践的改进和突破,如果不能在依然占据学生绝大多数的分科学习中关注教学方式的改进和教学策略的突破,仅仅依靠有限的"融合"课程叠加实施是不可取的。

(2) "五育融合"体现了对儿童立场的尊重

儿童立场是指站在儿童的视角看问题,遵从儿童的兴趣,感受儿童的内心,尊重

---

① 吴遵民,蒋贵友.从松散联结到制度耦合:"五育融合"理念落实的困境与突破[J].中国德育,2021(1):31-35.
② 中国社会科学院语言研究所词典编辑室.现代汉语词典(第5版)[M].北京:商务印书馆,2007.
③ 刘远杰,苏敏静.五育融合的本质澄清与教学实践转向[J].教育科学研究,2023(7):33-39.
④ 李政涛."五育融合",提升育人质量[N].中国教师报,2020-1-1(3).
⑤ 刘远杰,苏敏静.五育融合的本质澄清与教学实践转向[J].教育科学研究,2023(7):33-39.

儿童发展的年龄特点。在儿童立场下,"五育融合"指向教育内容与儿童经验、知识逻辑与心理逻辑、教育过程与儿童认知的融合,通过"融合"涵养个体生命发展历程的整全性。① 这就要求教育应从儿童的完整经验发展视角出发去实施,教育应顺应儿童发展的心理逻辑和年龄特点,而儿童的经验是整体的,我们的教育就不应以"分科"教学中的厚此薄彼来人为割裂儿童的经验,而应该实施融合教育,支持儿童经验的发展。这就要求"五育融合"教育的实施者应具备一定的素养,能识别儿童的需求,把握儿童的认知发展规律。

(3)"五育融合"体现了对学科立场的发展和超越

学科立场是学科本位论的体现,一切以完成学科教学任务为出发点和归宿。"五育融合"是对学科立场的超越。"学科融合"指向学科缺乏联通、知识碎片化、内容滞后、理论与实践脱节等问题,通过"融合"教育帮助儿童形成完整的认知结构,提升儿童问题解决和实践创新能力。② 这就要求教育在坚守学科立场的前提下,要实现超越,要打通知识或者说学科之间的隔阂,通过"融合课程",更重要的是"课程的融合实施",来支持儿童形成完整的认知结构,并能够将"知识"转化为"能力",适应社会快速发展的挑战。也就是遵循"生活逻辑",通过学科间的联通与融合来顺应"人"生活的完整性,而不是以学科的分裂或割裂将完整的生活切割为碎片。

(4)"五育融合"体现了对社会融合的追求

教育不是"理想国",不能孤立于社会存在。所以,"社会融合"一方面关注教育生活与社会问题的割裂,另一方面指向教育当中阶层、文化、种族、性别"位差"带来的不平等,强调为"公正"而融合。③ 这一点正与陶行知生活教育理论所倡导的打破学校与社会的围墙,及倡导"四通八达的教育"追求相一致。这也意味着"五育融合"的推进必须关注教育与社会的衔接、教育对社会资源的运用以及全社会"五育融合"生态的形成。

综上所述,百年前后的"五育并举"和"五育融合"尽管面临的时代背景不同,但对"以教育的变革来培养适应社会变革的人才"这一目的追求是相同的。尽管表述

---

① 刘登辉,李华.五育融合的内涵、框架与实现[J].中国教育科学(中英文),2020(5):85-91.
② 同上。
③ 同上。

上有区别，但都包含了"德智体美劳"五育。不同的是，不同的社会背景所要求培养的人才有不同的特质，所面临的需破解的主要问题也不同，这也就造就了百年前后对"五育"的内涵和关系的解读不尽相同。

二、理想与现实冲突中的"五育融合"

探索"五育融合"提出的背景、动因和本质，可以帮助我们厘清"五育融合"的价值追求。在此基础上，分析现实中实现"五育融合"的实践瓶颈，进而确立本课题研究的突破口。

（一）理想中的"五育融合"：价值追求

从上述对新时期"五育融合"提出的背景和本质中可以看出，"五育融合"的价值追求体现在以下几个层面：

一是对"培养什么人"的目标界定，指向的是培养德智体美劳全面发展的人。这样的人既体现了本身全面而自由的发展的理想状态，也体现了其社会价值——只有这样的人才能成为担当民族复兴大任的社会主义建设者和接班人。

二是对五育均衡、平等、融合的价值追求。这就要求在教育过程中，对于德育领域、劳动教育领域等五育的内容，既不能厚此薄彼，也不能相互割裂。这其实是对教育中教师教什么和学生学什么的规定。

三是对融合教育过程的价值追求。要求在教育过程中不能割裂各育之间的联系，教育的方式和策略要有助于各育之间的融合。

（二）现实中的"五育融合"：实践挑战

要在实践中推进"五育融合"，进而实现"五育并举"，会面临诸多挑战。

1. 包容"五育融合"的社会生态营造

教育是社会的教育，教育的问题往往是社会问题的折射。尽管素质教育提出至今已经有20余年的时间，且在2019年又提出了"双减"，但受中国传统科举取士的影响，长期以来，"万般皆下品，唯有读书高"的观念从未远去，在诸多社会人士、家长和

第一章 历史之辙与时代之趋：生活教育理论的内涵与"五育融合"的价值追求

教师心目中，"智育""考分"永远是超越各育的存在。不良的社会生态无法包容"五育融合"，在这种生态下，五育融合只会成为昙花一现的教育实验。同时，社会生态的形成又受多方面因素的影响，且非一朝一夕之功。据此，笔者认为，包容"五育融合"的社会生态营造应是当下推进"五育融合"遇到的最大的挑战。

2. 支持"五育融合"的管理机制架构

要推进和保障"五育融合"实践的常规化、长期实施，除了有良好的、包容的社会生态之外，还要构建相应的保障机制，以确保"五育融合"资源的获得、课程的构建与实施以及教师的培养。缺乏"融合机制"的保驾护航，"五育融合"实践将会寸步难行。

3. 引领"五育融合"的教育评价体系形成

评价是教育的指挥棒，因此，要持续推进"五育融合"实践，还需构建形成配套的评价体系，从评价指标、评价方式和评价内容等方面系统架构。但评价变革一直是教育改革中的难题，在"五育融合"的话语体系下，更是如此。一方面，受科举取士传统评价方式影响，唯分是举的评价取向至今在实践中依然屡见不鲜，如何扭转这种取向是难点之一；另一方面，"融合评价"评什么、怎么评，也缺乏可参照的"范本"，需要实践者进行长期的、开创式的探索。因此，"五育融合"的教育评价体系形成必定是影响"五育融合"实践推进的难点之一。

4. 支撑"五育融合"的课程实施

如何基于区域、校本资源，开发具有"五育融合"特质的课程，同时避免让课程的单维度叠加带给学生不必要的负担，以及如何通过教育方式的改进与教育策略的创新实现各育的综合育人功能，应该是推进"五育融合"实践的核心问题。这一问题处理失当，则会造成所谓"融合课程"的过度开发，增加教师和学生的负担，或者是"穿新鞋走老路"，给课程实施冠以"五育融合"的帽子，但依旧关注不到各门学科在综合育人方面的价值，还只是传统意义上的教学。

5. 匹配"五育融合"的教师与学生素养培育

在"五育融合"视域下，学生、校内教师和校外资源中的教师资源都是教育的主体。因此，教师具有开发、整合资源，综合育人的能力，学生具有自主学习、融会贯通的能力就非常重要。但是"长期以单科知识传授为主导的学科课堂教学实践模式，既阻碍了知识的融合性建构与生成,也不利于对知识本身蕴藏的五育价值进行充分挖掘与释放。学生以接受性学习、被动听课、机械记忆为主的学习方式阻碍了其知识想象和意义建构"。[①] 可见,教育主体素养的提升是"五育融合"实施的先决条件,而提升主体的素养则是实施"五育融合"的重要挑战。

---

① 刘远杰,苏敏静.五育融合的本质澄清与教学实践转向[J].教育科学研究,2023(7):33-39.

第二章

跨越历史洪流的携手：生活教育理论视域下的"五育融合"

如何破解推进"五育融合"实践中面临的瓶颈问题？基于对这一问题的思考，笔者所引领的课题组结合区域教育基础和可及资源，引入了"生活教育理论"这一观照实践与研究的"视域"，旨在以生活教育理论的精髓指引"五育融合"实践问题的破解。本章将着力挖掘生活教育理论与"五育融合"的契合点，并在此基础上尝试架构"生活教育理论视域下推进'五育融合'区域实践研究"的理论基础。

第一节 生活教育理论对"五育融合"实践瓶颈的回应

从上一章对生活教育理论所要破解问题的分析与对"五育融合"价值的剖析中可知，生活教育理论与作为理念的"五育融合"存在内在契合点，这也正是本研究要在推进"五育融合"的区域实践中引入"生活教育理论"的原因。

一、生活教育理论与"五育融合"的契合之处

从对"生活教育理论"和"五育融合"的内涵、特质剖析中可以发现，此二者在精神内核和思考方式上有相互契合之处。

（一）教育目标追求趋于一致

1. 生活教育理论体现了对"全面发展的人"的目标追求

陶行知认为生活教育理论第一条重要原则即是"身心的同时生长"，教育要"依了生长的程序，给予优良的环境，施行适当的'教''育'"，"教育者不该用'揠苗助长'的手段，使儿童不能按身心的发展程序进展；也不该用抑压的方策，使儿童对于某一方面感兴趣，而对某一方面感到枯燥"。"生活即教育"理念认为教育是为了满足社会生活、个人生活的需要，具体来说包括"康健生活、劳动生活、科学生活、艺术生活和社会改造生活"，这五种生活及对应的五种教育对于人的发展来说是缺一不可的，这与"五育融合"的目标追求相一致。此外，在这里，生活教育理论追求的不仅是"全面发展的人"，①而且是遵循学生的成长规律进行适切的教育，这与当下的"五育并举""五育融合"有共通之处。

2. 生活教育理论体现了对学生发展的核心素养的关注

生活教育理论的第二条重要原则是"培养活能力"。陶行知先生指出："活能力就是对死智识和旧经验的运用与改造。""所以'生活教育'下不问儿童有学问没有，只要问儿童有能力没有。有能力，便是一个受教育的完全儿童。"② 从这里可以看出，生活教育理论力图将"知识"与"能力"区分开来，着力培养学生改造环境、社会的能力，这与当下我们所倡导的"核心素养"培养有共通之处；同时，这一原则也为当下我们开展学生评价提供了指引——不能唯分数，而要看到学生多种能力的获得并将之运用于实际问题的解决的情况。

（二）对教育场域特质的要求相近

生活教育理论体现了对于突破校园和社会围墙藩篱的追求。在打通学校与社会隔阂方面，生活教育主张学校不能脱离社会的需要，同时关注社会与学校之间的相互影响和共同作用。从"生活即教育""社会即学校"到"扩大活动环境"的原则，都

---

① 陶行知.生活教育论发凡[M]//胡晓风等.陶行知教育文集.成都：四川教育出版社，2017：246-252.
② 同上。

强调"生活教育即以社会为学校,自然教室的范围,不是在房子里,而是在天地间"。①这与"五育融合"目标追求下,也需要打破学校、家庭与社会的边界,突破校园与社会的藩篱,充分整合社会资源发展教育,不断拓展学生的学习场域,使"泛在学习"广泛发生,进而促进人的全面发展的思考方向是一致的。

(三) 对教育方式变革的追求有异曲同工之处

生活教育理论关注对学习方式变革的指引。从"教学做合一"到生活教育理论的原则之一——"由具体的经验到融会贯通的智识——儿童应该从实际生活里取得具体的经验;具体的经验丰富了,便自然而然地产生出抽象的智识,这种智识是融会贯通起来的。"② "五育融合"的目标追求之下,我们的教育方式如何变革,如何让学生开展有效学习,如何进一步破除重"教"轻"学"的问题,也可以从生活教育理论中获得启示。

(四) 对教师角色定位的思考有共通之处

生活教育理论对教师角色的定位进行了重新思考。生活教育理论的实施原则指出教师"决不是一个教书匠,也不是一个旁观者。教师是……这许多儿童中的一个辅导者"。③ 教师在教育中的角色定位如何,教育中教师与学生的关系如何,这是当下教育改革中每一位教育者都需要思考的问题,而这也是本课题对于"融合主体"的培养探索,对于培养"五育融合"学生的教师素养的探索中无法回避的问题。

可见,生活教育理论与"五育融合"的精神内核是契合的,都体现了对人的全面发展的追求和对打通学校与社会隔阂的需求,都有对教育方式变革的迫切要求,都有对教师角色定位的重新思考等。

(五) 思考方式既有相通之处又可互为补充

从较为宏观的角度思考,生活教育理论是方法论,是对"如何培养人"的思考;

---

① 陶行知.生活教育论发凡[M]//胡晓风等.陶行知教育文集.成都:四川教育出版社,2017:246-252.
② 同上.
③ 同上.

"五育并举"是目的,是对"培养什么人"和"构建什么样的教育体系去培养人"的思考;"五育融合"亦是对"如何培养五育并举的人"的思考。可见,它们的思考方式既有相通之处,又是互补的。"五育融合"作为"育人实践",既需要理念指引、目标导向,也需要方法落实、策略支撑,还需要机制保障。从这一点上来看,从生活教育理论视域切入思考"五育融合"的区域实践是可行的。

二、生活教育理论对"五育融合"实践瓶颈的回应

"'长于智、疏于德、弱于体美、缺于劳',是对五育失衡状况的总结和概括,在教育界内外引起不少共鸣",这是当前五育的实践现状,造成五育失衡的原因,有对教育本质认识的偏离和教育评价的失衡等。为了扭转五育失衡的局面,研究者们开展了持续的探索,力图构建"五育并举"的教育体系。"五育并举"作为人的培养目标和教育体系构建目标是科学的,但在实践中,如果缺乏整体思维,则容易割裂五育的关系,难以让五育形成合力,或一味"做加法",徒增学生与教师的负担。

生活教育理论是对培养学生的创新精神和实践能力的先行探索,其精髓有助于解决"五育融合"中的现实问题。具体来说,"生活即教育"能够引领人们思考"教育的本质为何""学生的核心素养发展是不可分割的,如何根据学生的发展需要确定教育内容、设置课程"等问题,从而避免将教育窄化为学校教学、割裂五育联系等弊病;"社会即学校"能够为挖掘社会资源、实现真正的开门办学提供理论依据和方法指引;"教学做合一"立足学生未来生活和终身发展所需,关注学生的自主学习能力,着力发现和唤醒每一位学生的学习动力,提升每一位学生在学习中的参与度和体验度,对于克服"长于智",即只关注知识的传授与获得、忽视学生的动手能力和创造能力培养,以及扭转"唯分是瞻"的评价理念与方式也有极大的参考价值。

简而言之,生活教育理论对于"五育融合"具有独特的启发意义,开发围绕社会生活、个人生活的综合课程,打破学校与社会的隔阂,以"教学做合一"为主要方式促进人的全面发展。这为"五育"的日常融合、主体融合、生态融合提供了理论基础与实践思路,有助于形成具有区域特色的"五育融合"难题破解路径。

第二节　生活教育理论视域下推进"五育融合"区域实践的背景与挑战

上海市宝山区与陶行知先生的教育实践有很深的渊源,这是宝山区在生活教育理论视域下推进"五育融合"区域实践的背景和基础。尽管如此,"五育融合"区域教育模式的创新依然面临诸多挑战。

一、生活教育理论视域下推进"五育融合"区域实践的背景

上海宝山是伟大的人民教育家陶行知先生的第二故乡,是先生孕育践行教育思想与改革理念的沃土。在这片沃土上,我们继承先生之志,在生活教育理论指引下开展了多年的教育改革实践。

(一) 宝山区与陶行知先生的教育实验渊源

1932年9月,陶行知先生在上海宝山创建了"山海工学团",从此开展了数年的"工学团"教育实验。陶行知指出乡村工学团拟开展"六大训练"——普遍的军事训练、普遍的生产训练、普遍的科学训练、普遍的识字训练、普遍的民权训练、普遍的人种改造训练,以培养健全人格,并"造成一个伟大的,令人敬爱的中华民国"。[①] 从这一论述上来看,尽管其时"五育并重"的教育方针已被"三民主义的教育"宗旨所代替,但"五育并重"的追求依然在陶行知的教育实践中得以流传。

这一时期,随着山海工学团实践的推进,陶行知不断地深化着对生活教育理论的认识,从"小先生制"教学理论中生发,到倡导教育与工作、与劳动相结合,为"生活教育理论"的实践应用找到了适切的路径和方式。有学者评价,"陶行知倡行的'工学团'办学组织及其'小先生制'进一步推动了中国乡村教育和普及教育的深度变

---

① 陶行知.乡村工学团试验初步计划说明书[C]//方与严.陶行知教育论文选辑.2版.重庆:民联书局,1947:202.

革,使其'生活教育'理论与基层民众生活需求结合得更加紧密"。①

可见,通过"山海工学团"的创建,陶行知不但与上海宝山结下了不解之缘,而且在宝山大地上播下了"生活教育"的种子。

(二) 宝山区以生活教育理论为指引推进"五育融合"区域实践的基础

早在20世纪80年代,宝山就搭乘教育改革的风帆,着力挖掘宝山教育的精神瑰宝,酝酿在新时期推进宝山教育改革的愿景。因着陶行知先生与宝山的深厚渊源,更因着陶行知生活教育理论本身对于破解教育改革中诸多实践问题的价值,"学陶师陶"逐步成为宝山教育人共同的追求。从20世纪80年代至今,历经四十余载教育变革发展之路,宝山教育人始终践行着陶行知生活教育理论,并力图以研究的方式不断深入挖掘陶行知生活教育理论的精神内核,寻找陶行知生活教育理论与新时期教育改革的契合点,实现陶行知生活教育理论在新时期的新解读,为新时期宝山教育注入新活力。

经过四十余载的不懈努力和砥砺前行,陶行知生活教育理论作为陶行知最核心的教育思想,在区内多所学校得到了实践落实。生活教育理论逐步成为宝山教育的精神底色和文化根脉,学陶、师陶、研陶不仅成为宝山教育的优良传统,也成为当前教育综合改革背景下宝山区在课堂教学、课程建设、教师培养、学生发展等领域攻坚克难的宝贵财富,更成为宝山教育追求优质、均衡、特色发展的题中之义。在漫长的研究与实践中,宝山区的学陶、师陶与研陶形成了如下特色:

一是紧密联系宝山区在每个阶段教育教学改革中的热点问题,实事求是地分析陶行知教育理论与这些问题的关联性。陶行知生活教育理论博大精深、体系完备,宝山区在不断学习陶行知生活教育理论、挖掘其精神内核的同时,着力寻找上述理论与当前教育改革发展新理念、新思想的契合点,围绕教育改革中重大问题、热点问题和瓶颈问题的破解展开研究。坚持在当前基础教育改革的总趋势下丰富陶行知生活教育理论的探索研究,切实做到在实践中求发展,在传承中谋创新,在以陶行知

---

① 黄书光.陶行知的学校变革探索与"生活教育"理论构建[J].四川师范大学学报(社会科学版),2022(3):106-113.

生活教育理论指导实践的同时，实现了其在新时期的深度运用。

二是切实回归学校情境中真实发生的问题，鼓励最广大一线教师加入学陶、师陶、研陶的队伍，倡导教师借助陶行知生活教育理论，从小切口、微视角深入研究课堂教学中的具体问题。 以陶行知生活教育理论为指引，研究好课堂、研究好学生，增进了对微观问题的认识，凸显了陶行知生活教育理论的实践价值，同时，实现了区域内对学陶、师陶、研陶的整体卷入，对深化陶行知生活教育理论的研究具有重要的意义。

三是建立了宝山区学陶、师陶、研陶的长效机制，为一线教师学陶、师陶、研陶寻找合适的载体。 宝山区在长期的实践中，持续探索，逐步构建了包括陶行知教育理论专项研究课题申报、推广在内的学陶、师陶、研陶长效机制，让教师能基于自身教育实践形成对陶行知教育理论的系统性认识和反思性解读，让陶行知教育理论的研究真正内化为宝山每一位教育人的自觉行动，让陶行知教育理论对于教师来说不仅是一面高举的旗帜，更能够真正落地生根于实践并指导实践，让宝山的学陶、师陶、研陶具有更广泛的"群众基础"，更能够焕发持久的活力。

在此背景下，宝山区涌现出一批潜心研究、践行陶行知教育理论的学校和教师，培育出丰硕的实践、研究成果。这些成果既是对宝山学陶、师陶、研陶积淀的回顾与梳理，为本课题的实践与推进提供了丰富的实践案例和经验积累，同时，也彰显着宝山以习近平新时代中国特色社会主义思想为指导，全面贯彻党的教育方针，落实立德树人根本任务，投身新时期教育改革，创新实践陶行知生活教育理论的决心。

二、生活教育理论视域下推进"五育融合"区域实践的挑战

迈进新时期的宝山教育，在取得辉煌成绩的同时，依然面临着诸多挑战。如何用我们的整体思考、区域行动、校本实践和深入研究去回应"培养什么人、怎样培养人、为谁培养人"这一根本问题；如何因时而进、因势而新、因地而创，打造高质量的教育体系，营造"五育融合"的区域教育新生态；如何以教育的变革助推宝山区打造"上海科创中心主阵地"，实现建设"以'陶行知教育创新发展区'为特色标志的教育强区"的目标，是下一阶段宝山教育必须回答的问题。从这一点上来说，"五育融合"为区域特色的深化提供了新的内容指向与方式创新，生活教育理论又可以为"五育

融合"的区域推进提供理论支持和思维方式的借鉴。

生活教育理论视域下推进"五育融合"区域实践过程中,存在诸多挑战:

一是如何结合区域已有教育特色和区域教育资源,构建区域"大教育"格局,创建社会协同实施教育的平台、形成更具区域特色的破解"五育融合"难题的方式和路径。

二是如何通过社会各界的协同共进,通过文化、宣传和教育等各个行业的携手,在潜移默化中破解家长内心对"分数至上"的固化认识,在全社会形成认同"五育并举",支持"五育融合"的区域教育生态和教育治理方式,发挥区域作为"中观系统"的桥梁作用,让国家层面体现"五育并举"的教育方针等真正落实落细,转化为学校层面切实可行的管理体系、教学体系和课程体系等。

三是如何进行顶层架构,设计与生活教育理论视域下推进"五育融合"区域行动相匹配的教育评价体系;如何支持并引领学校基于地域和校本特色整合资源,形成彰显"五育融合"特色的校本课程项目,更为重要的是,通过教学方式的变革,形成支持"五育融合"的教学策略;如何提升教师素养,使教育群体具有培育"五育并举"学生的潜能,同时,让学生形成具有成为"五育并举"的社会主义建设者和接班人的内部动因等。

四是如何通过深化研究与实践进一步挖掘陶行知生活教育理论的价值,让生活教育理论焕发新的光彩,实现理论与实践的双发展。

基于上述思考,本研究着力在区域已有的生活教育理论研究与实践的基础上探索破解"五育融合"难题的方式、路径或要素。一方面是基于对既有实践与研究基础和未来发展"对接"的假设;另一方面是以生活教育为理论引领,突破学校与家庭、社会的藩篱,形成真正的"开门办教育"区域生态,为学生发展营造更为开放的环境,提供更为多元的资源,构建更为开放的课程,形成更为开放的机制。

第三节 生活教育理论视域下推进"五育融合" 区域实践的总体架构

基于前述分析,笔者尝试剖析生活教育理论视域下推进"五育融合"区域实践的内涵和价值追求,并架构推进区域实践的总体框架。

一、生活教育理论视域下推进"五育融合"区域实践的内涵与价值追求

"内涵"是指一个概念所反映的事物的本质属性的总和。那么,我们力图实现的"五育融合"区域实践的本质属性是什么?生活教育理论与"五育融合"区域实践的关系如何?推进"五育融合"区域实践的价值追求是什么?这些都是在研究之初我们着力厘清的问题。

(一)生活教育理论视域下推进"五育融合"区域实践的内涵

1. 本研究对"五育融合"的界定

本研究认同"人的发展中的各项素质不是分割孤立的;五育是一个整体,既内在统一,又各有侧重;应将培育学生的德智体美劳有机融合,使诸育相互渗透、协调发展"的观点。在此基础上,形成对"五育融合"操作性概念的界定。

在本研究的话语体系中,"五育融合"是指向"五育并举"育人目标达成的路径和方式。它强调的是"五育"之间的交融、转化和创新生成关系,既是课程逻辑,也是教学逻辑。在课程逻辑上,追求不同课程、学科之间的交叉融合,进而实现课程价值整合与创新;在教学逻辑上,突破千篇一律的分科教学状态,追求不同学科教学之间的有机统合与互动生成,转变为基于学生德智体美劳全面发展的、直面人的生命完整性的多学科融合性的、动态性的、生成性的教学状态,这种状态的实质是知识与价值的双重整合。① 简而言之,"五育融合"不是叠加与拼凑,而是以人为中心、相互渗透、综合发展的育人观念与方法。

2. 本研究对"五育融合"区域实践的界定

本课题旨在通过实践与研究实现区域教育模式的创新,从这一点上来说,"五育融合"区域实践是指从教育管理的角度整体设计彰显"五育融合"课程逻辑和教学逻辑的区域教育创新模式,架构完善的支持系统,从教育评价、主体培养、资源挖掘和

---

① 刘远杰,苏敏静.五育融合的本质澄清与教学实践转向[J].教育科学研究,2023(7):33-39.

教育管理机制创新等角度保障创新模式的运行。

3. 本研究对"生活教育理论"与"五育融合"区域实践的关系的界定

侯怀银等指出"将生活教育理论的概念和观点内化为一种研究的视角,进而生发出新的研究成果",[①]将成为当前及今后一段时间的研究趋势。本研究正是将生活教育理论作为研究视角,基于生活教育与五育的内在关联,为"五育融合"的区域实践提供理论框架。

在实践过程中,"生活教育理论"是推进"五育融合"区域实践的理论依据之一,也是我区所力图形成的"五育融合"区域实践模式的特质,而"五育融合"区域实践模式则是"生活教育理论"在新时期应用、转化的实践形态。

(二)生活教育理论视域下推进"五育融合"区域实践的价值追求

本研究是教育改革前沿领域与区域教育模式创新的深度结合。

"五育融合"是时代转型对教育的挑战,构建"五育并举"的教育体系,培养德智体美劳全面发展的人是新时代的诉求。生活教育理论视域下推进"五育融合"区域实践研究的价值追求是:**发挥区域作为"中观系统"的桥梁作用,让国家层面体现"五育并举"的教育方针等真正落实落细,转化为学校层面切实可行的课程方案、实施办法与管理机制等,作用于本区教育实践的改进,提升区域整体的教育质量,并为中国"五育融合"研究与实践提供可参照、可移植的区域推进教育改革经验。**

二、生活教育理论视域下推进"五育融合"区域实践的总体框架

本研究基于对陶行知生活教育理论的深度剖析,探讨生活教育理论与"五育融合"区域实践的深层结合点,并在生活教育理论的三大理念"生活即教育,社会即学校,教学做合一"引领下构建多方参与的协同平台,在区委教育工作领导小组的牵头下,教育局、各委办局、乡镇街道社区形成"一体两翼"的推进主体,以健全组织、建构制度、建设队伍、融合运行和管理评估五大行动支持协同平台的运行,调动学生、教

---

① 许丽丽,侯怀银.改革开放以来生活教育理论研究的回顾与展望[J].南京晓庄学院学报,2019(2):1-5.

第二章 跨越历史洪流的携手：生活教育理论视域下的"五育融合"

师及系统外导师等多主体参与"五育融合"课程的架构与教学实施（见图 2-1），进行贯通学程试验，在"知行合一"中实现学生德智体美劳全面发展，即"五育并举"。

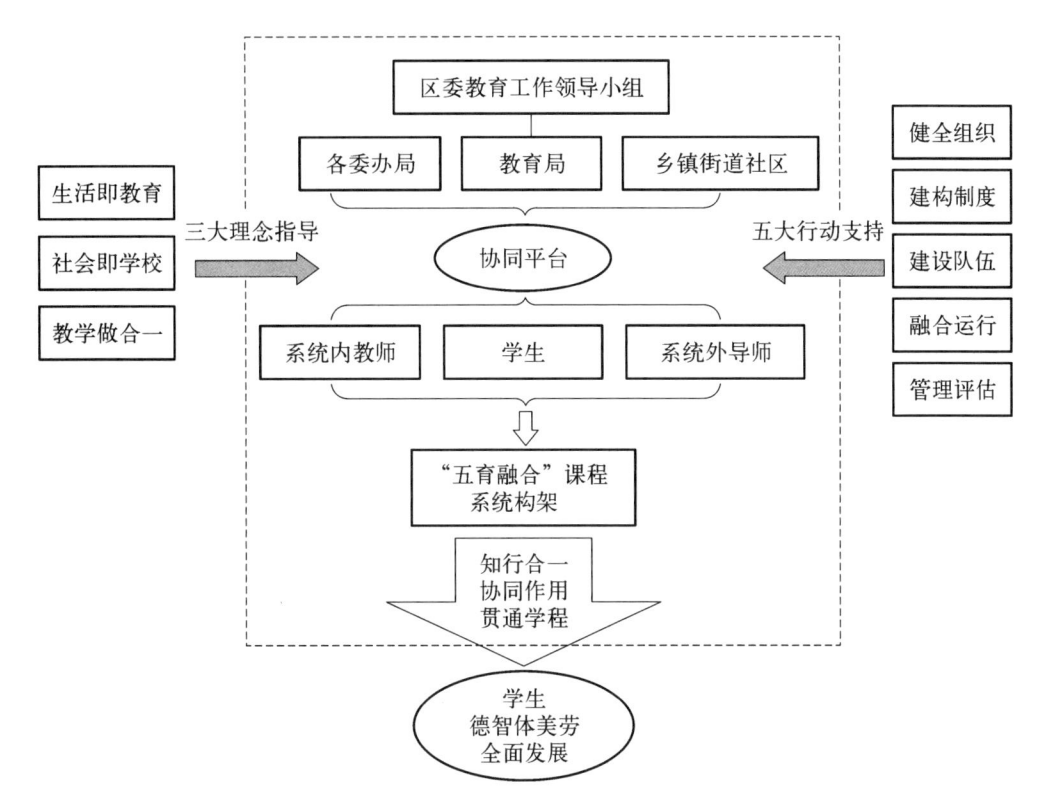

图 2-1 生活教育理论视域下推进"五育融合"区域实践的总体框架

基于此，项目组在生活教育理论视域下，围绕融合课程开发、融合主体培养、融合评价设计、融合机制创新等实践要素（见图 2-2），推进"五育融合"的区域创新实

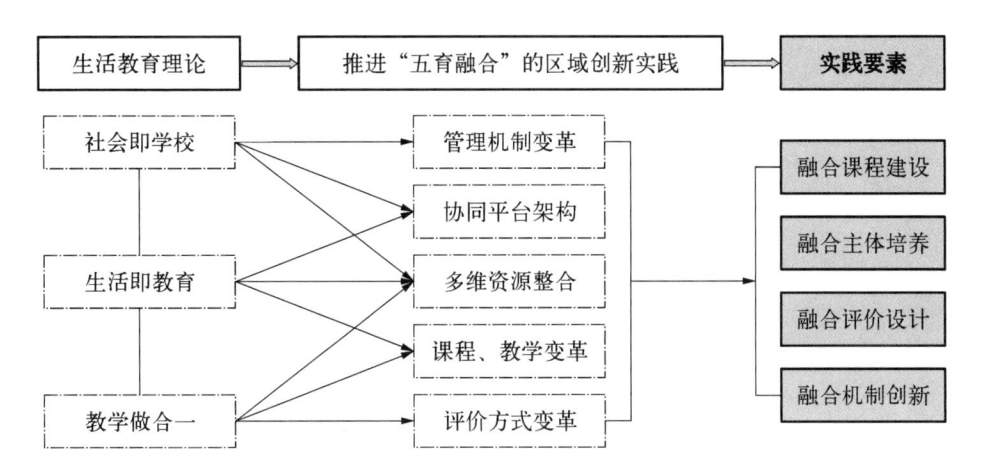

图 2-2 生活教育理论视域下推进"五育融合"区域创新实践的要素构成

践探索。具体包括：通过区域及项目学校的方案设计与实施开展"五育融合"的课程建设；激发社会、学生和教师等的主体意识，形成"五育融合"的实践主体；探究突破"融合评价"的瓶颈，发挥评价的引领作用，助推"五育融合"的区域推进实践；构建多向联动机制，保障开放办学的可行性，在日积月累与潜移默化中形成"五育融合"教育生态。如此一来，归纳"五育融合"区域实践经验，丰富"五育融合"的理论体系，形成有利于推进"五育融合"真正落地并成为常态的区域教育生态。

第二篇章

实践推进：生活教育理论视域下的"五育融合"区校行动

上一篇章中,我们通过追溯生活教育理论提出的背景、剖析生活教育理论的内涵外延与价值追求,挖掘其与"五育融合"实践的契合点所在;同时,分析新时期"五育融合"提出的背景、动因和本质,探寻"五育融合"在实践中面临的瓶颈,探究"生活教育"理论视域下区域推进"五育融合"实践面临的挑战,寻求实践与研究的突破口。在此基础上,形成生活教育理论视域下推进"五育融合"区域实践的总体架构。

这一篇章,我们将研究视角从学理剖析转向实践推进。为了让研究与实践始于对真实问题的发现与解决,课题组通过对区域内部分学校管理者和教师进行问卷调查和个别访谈相结合的方式,全面了解当前宝山区区域推进"五育融合"的实践基础。通过对数据结果的分析研判,探讨区域实施"五育融合"的具体困境与未来期望。

在此基础上,从陶行知生活教育理论的核心——社会即学校、生活即教育、教学做合一出发,围绕融合课程开发、融合主体培养、融合评价设计、融合机制创新等实践要素,开展"五育融合"的区域推进创新实践探索,归纳"五育融合"区域实践经验,丰富"五育融合"的理论体系,形成有利于推进"五育融合"真正落地并成为常态的区域教育生态。

第三章

基础分析：基于区域文化特质的"五育融合"实施基础与未来期望

如何掌握区域"五育融合"开展与实践情况的现状并了解问题所在？基于前述思考，课题组通过开发《区域"五育融合"开展与实践情况调查问卷》，对区内100所学校（71所项目实验校＋29所非项目实验校）的67名学校管理者、63名教师进行问卷调查，以期了解学校管理者和教师对于"五育融合"理念的认识、学校"五育"的课程教学以及学校管理方面和评价方面的详细情况，从而了解当前区域推进"五育融合"的实践基础，在此基础上探讨区域实施"五育融合"的具体困境与未来期望，从而锚定本课题研究开展的实践起点。

第一节 基于区域文化特质的"五育融合"实践调研

一、调研目的

本调研目的在于具体地把握受访者对于"五育融合"理念的认识，了解学校"五育"的课程教学以及学校管理方面和评价方面的详细情况，从而了解当前区域推进"五育融合"的实践基础。调研旨在剖析区域推进"五育融合"的实践基础，探讨实施"五育融合"的困境与未来预期，也为验证研究效果提供可对比的资料。

二、调研工具

调研采用自编问卷《区域"五育融合"开展与实践情况调查问卷》。调研内容结合李政涛提出的"五育融合"是一种"育人假设",一种"育人实践",一种"育人理念",一种"育人思维",一种"育人能力",[①]对受访者对"五育融合"理念认识、受访者对学校(幼儿园)推进"五育融合"的困境与挑战的理解、对未来区域推进"五育融合"的期望与建议进行调研。

问卷共有 15 个问题,其中包含 3 项单选题,9 项多选题和 3 项简答题,问卷结构如表 3-1 所示。

表 3-1 问卷结构

调研内容	问卷题号
受访者身份	Q1、Q2、Q3
对"五育融合"的理念认识	Q4、Q5、Q6、Q7
推进"五育融合"的困境与挑战	Q8、Q9、Q10、Q11、Q12
对未来区域推进"五育融合"的期望与建议	Q13、Q14、Q15

三、调研对象

调研对象为宝山区内 100 所学校(71 所项目实验校 + 29 所非项目实验校)的学校管理者 67 名、教师 63 名,在一定程度上能够反映区域内当前中小学"五育并举"融合育人的大致情况。

---

① 李政涛,文娟."五育融合"与新时代"教育新体系"的构建[J].中国电化教育,2020(3):7-16.

第三章　基础分析：基于区域文化特质的"五育融合"实施基础与未来期望

四、基于区域文化特质的"五育融合"实施分析

（一）"五育融合"提出的背景与目的

90%及以上的受访者都意识到"五育融合"的提出是基于建设新时代中国特色社会主义的要求、构建人类命运共同体的挑战、进入"智能时代"对人的素养提出新的要求与全面发展素质教育的要求。其中学校管理者更认同前二者，相对而言，学校教师则更认同"五育融合"的提出是基于全面发展素质教育的要求。可参见下图。

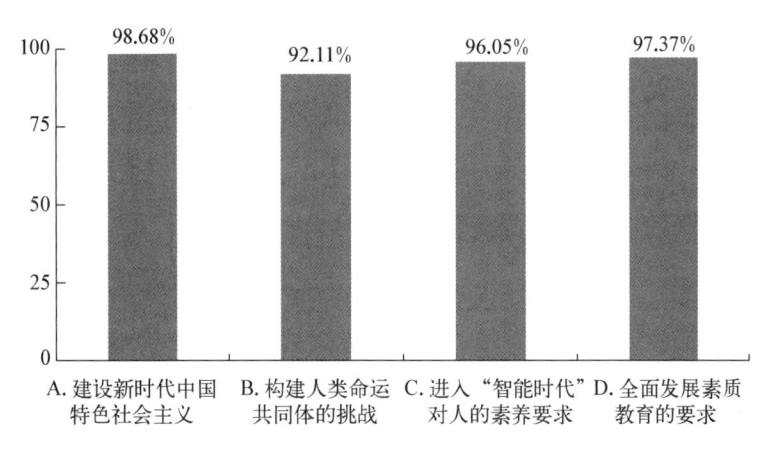

图 3-1　"五育融合"提出的背景

- A. 建设新时代中国特色社会主义：98.68%
- B. 构建人类命运共同体的挑战：92.11%
- C. 进入"智能时代"对人的素养要求：96.05%
- D. 全面发展素质教育的要求：97.37%

95%及以上的受访者认同区域推进"五育融合"旨在加强学生（幼儿）发展的整体性，提升学科知识、经验的相通性以及体现学校（幼儿园）与社会的不可分割性（见图3-2）。

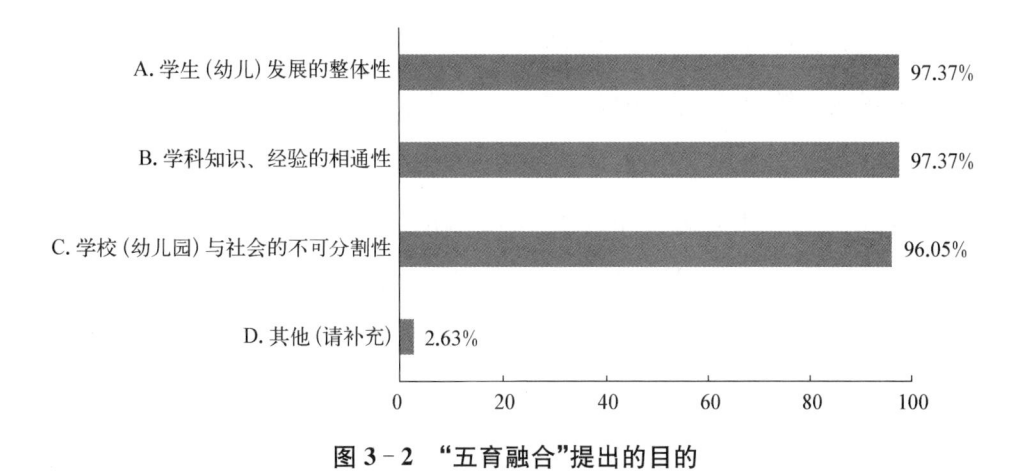

- A. 学生（幼儿）发展的整体性：97.37%
- B. 学科知识、经验的相通性：97.37%
- C. 学校（幼儿园）与社会的不可分割性：96.05%
- D. 其他（请补充）：2.63%

图 3-2　"五育融合"提出的目的

(二)"五育融合"的核心内涵

所有的受访者都认可"五育融合"的内涵在于教育目标融合与教育内容融合(如图3-3所示),98.86%的受访者意识到了教育过程融合同样是关键内涵之一,相较前三者,受访者对教育评价融合的关注相对低了一点。

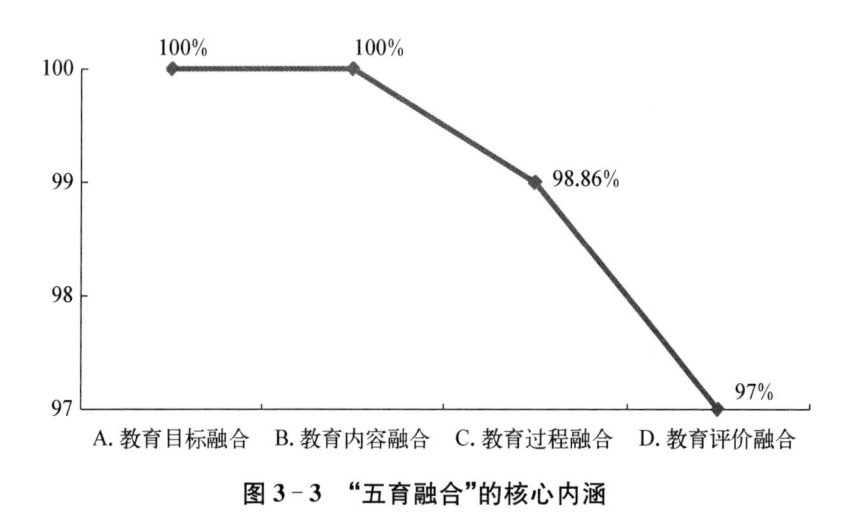

图3-3 "五育融合"的核心内涵

(三)"五育融合"的关注重点

被问及"若要实现'五育融合',哪些是值得关注的方面?",96.05%的受访者的选择是"五育融合"社会生态的营造,其次是彰显"五育融合"特质的课程建构与"五育融合"评价方案的建构。"五育融合"管理机制的架构与凸显"五育融合"特质的教学方式的改进也有超过80%的受访者认同。较少获得关注的是凸显"五育融合"特质的教学策略形成和教师的"五育融合"素养以及学生的学习能力、习惯。

可见,随着"五育融合"理念的深入推进,区域内教师对该理念的认知存在一定基础。大部分教师对"五育融合"的教育理念表示认同,他们认识到五育的平衡发展对学生全面发展的重要性。这种教育理念强调德育、智育、体育、美育和劳育的有机结合,旨在培养具有综合素质的学生。教师们普遍认为,"五育融合"的提出有其时代的适切性和教育的整体性,同时应注重的不只是五育的有机结合,也应关注教学方法的自然融合。同时为推进"五育融合",应从生态营造、课程构建、评价方案构

第三章　基础分析：基于区域文化特质的"五育融合"实施基础与未来期望

图 3‑4　"五育融合"的关注重点

建、管理机制架构等各方面切入。

例如，新版课程方案和课程标准中，明确提出了五育并举、全面发展的育人目标，强调在课程设置、教学内容和方法上注重五育的有机融合。同时，为了提高教师在五育融合方面的专业素养，各级教育部门应积极开展教师培训工作。通过组织专题培训、研讨会、观摩交流等活动，提升教师对"五育融合"的理解和实施能力。

第二节　基于区域文化特质的"五育融合"实施困境与未来期望

一、实施困境

（一）缺乏推进"五育融合"的经验

19.74%的受访者认为自身所在的学校在推进"五育融合"方面缺乏经验。其具体表征分析如图 3‑5 所示。

1. 缺乏相应的评价体系

这类受访者中有 80% 认为缺乏经验的原因在于没有形成对应的评价体系。当前的教育评价体系主要以智育为主，对其他四育的评价相对薄弱。这使得"五育融合"的实施在评价层面上面临困境。如何构建一个科学、合理的评价体系，既能体

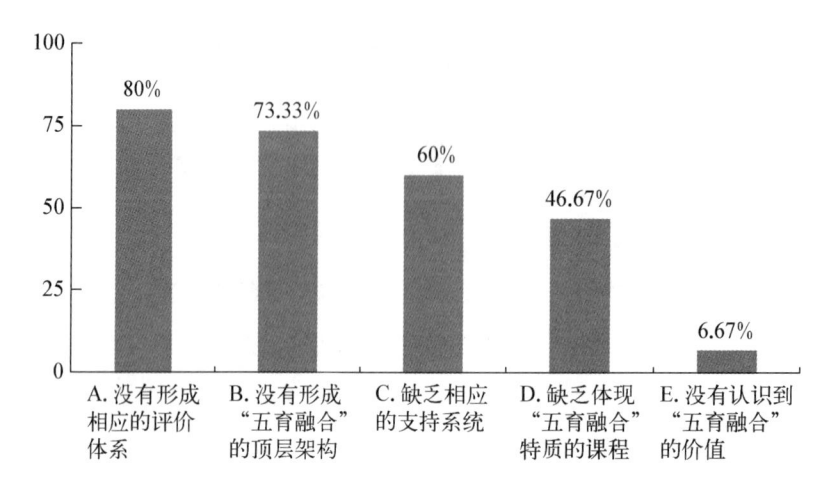

图 3-5 学校缺乏"五育融合"经验的具体表征

现学生的知识掌握程度,又能全面反映学生的综合素质,是实施"五育融合"所面临的重要挑战。

2. 缺乏顶层架构与相应支持系统

73.33%的受访者则认为缺乏推进"五育融合"的顶层架构也是主要原因之一,60%的受访者也提出推进"五育融合"缺乏相应的支持系统。可见,"五育融合"的实施需要统整课程建构、评价方案、教师培养等诸多方面,进行一体化设计架构,同时充分利用各类教育资源,实现资源的优化配置,而这两者对学校而言存在较大的实践困境。

总结而言,大多数学校管理者和教师都已明确"五育融合"的价值,并且也存在相当一部分具有特色的"五育融合"课程。但一方面,由于当前教育评价体系的局限,"五育融合"的实施可能面临来自考试和评价体系的压力;另一方面,部分学校可能缺乏足够的专业支持和管理机制,难以有效地实施"五育融合"。此外,教学资源的不均衡性也可能对"五育融合"的实施造成一定困难。

(二)对学科内融合与跨育融合的重视程度稍显薄弱

值得注意的是,尽管有80.26%的受访者认为自身所在学校在"五育融合"方面积累了一定的经验,但在谈及学校主要使用的融合方式时(见图3-6),结果表明区域内学校虽然对五育间融合颇为强调,但是明显对学科内融合与跨育融合的重视程度稍显薄弱。

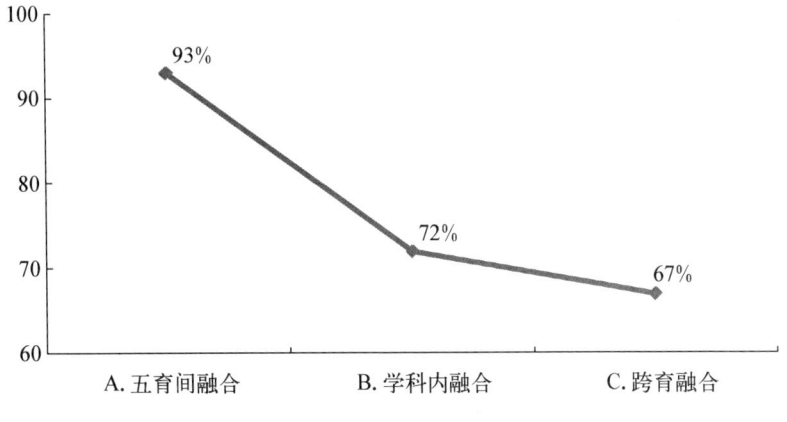

图 3-6　学校使用的融合方式

93%的受访者认为学校已经做到了"五育间融合",可见在教学实践中,许多教师已经开始尝试将"五育融合"的方法融入课堂中。然而,在实际操作中,学科内整合的困境比较突出。不同学科的教师往往只关注本学科的教学内容,缺乏与其他学科的交流与合作,导致"五育融合"难以真正落地生根。

而在学科内融合五育也具有一定难度,在实际操作中,一些教师对于五育的认知存在片面性,认为它们是相互独立的领域,缺乏对五育内在联系的深入理解。这种理念认知的困境,导致学科内融合五育在实际操作中难以得到有效的实施。同时需要教师在课程设计上进行整合,将五育有机地融入课程体系中。然而,在实际操作中,由于不同学科之间的课程设置存在差异,导致课程整合难度较大。一些教师可能缺乏跨学科教学的能力,无法将五育有机地融入课程中。

跨育融合则需要更多的教学资源支持,包括教材、设备、场地、师资等。然而,在实际操作中,由于不同学科之间的资源分配存在差异,导致跨育融合所需的资源难以得到保障。一些学校可能缺乏足够的资金和设备支持,无法为跨育融合提供必要的教学条件;而另一些学校则可能存在师资力量不足的问题,难以满足跨育融合的教学需求。

教师的综合素养和能力也是学科内融合五育和跨育融合的关键因素之一。然而,在实际操作中,教师的素养和能力参差不齐,为其实施带来了一定的挑战。一些教师可能缺乏跨学科教学的能力,难以将五育有机地融入教学中;而另一些教师则可能存在对新兴教育模式的不适应等问题。因此,如何提高教师的素养和能力是一个需要解决的难题。

(三) 实践推进面临多方挑战

1. 课程的构建与实施

75%的受访者认为宝山区区域推进"五育融合"面临"融合课程"构建的挑战，65.79%的受访者则同步提出了"融合课程"实施的问题，包括教育方法的变革与教学策略的创新。如图3-7所示。

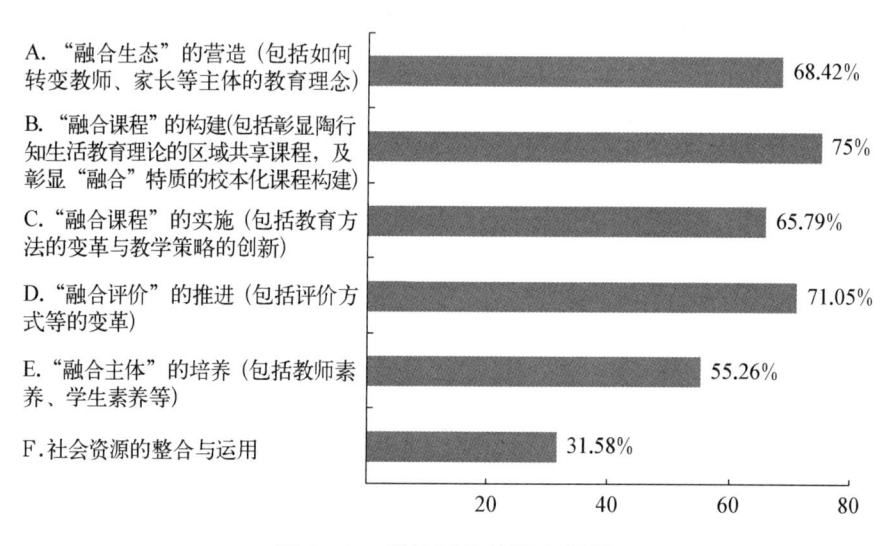

选项	比例
A."融合生态"的营造（包括如何转变教师、家长等主体的教育理念）	68.42%
B."融合课程"的构建（包括彰显陶行知生活教育理论的区域共享课程，及彰显"融合"特质的校本化课程构建）	75%
C."融合课程"的实施（包括教育方法的变革与教学策略的创新）	65.79%
D."融合评价"的推进（包括评价方式等的变革）	71.05%
E."融合主体"的培养（包括教师素养、学生素养等）	55.26%
F.社会资源的整合与运用	31.58%

图3-7 学校面临的诸多挑战

首先是资源整合难度大。区域共享课程需要整合各方面的资源，包括人力、物力、财力等方面的资源。如何有效地整合这些资源是一个巨大的挑战。其次是课程质量保证难。由于区域共享课程涉及多个学校、多个教师，如何保证课程的质量和统一性是一个难题。需要建立有效的质量监控机制，确保课程的有效实施。最后是学生参与度问题。由于区域共享课程涉及不同学校的学生，学生的背景和基础参差不齐，因此，如何提高课程的吸引力和学生的参与度值得深思。需要采取有效的措施，如设计有趣的教学活动、提供个性化的学习支持等，激发学生的学习兴趣和动力。

2. 评价标准的建立与应用

71.05%的受访者提出了对"融合评价"推进的困扰。首先是评价标准的统一性。由于区域内各个学校情况不同，需要综合考虑，制定具有弹性和适应性的评价标准。

其次是评价方法的科学性。评价方法的科学性和有效性是影响"融合评价"实施效果的关键因素。如何结合实际情况选择合适的评价方法,确保评价结果的客观性和准确性,都是需要追问的难题。最重要的是评价结果的应用价值。评价结果的应用价值是推动"融合评价"持续改进的内生动力。如何将评价结果有效地应用于教学实践和课程开发中,提高教育教学的质量和效益,仍需深入探索。

3. 生态营造

68.42%的受访者认为"融合生态"的营造将会是推进过程中的重要挑战。首先是教师观念的转变。教师是教育生态中的重要主体之一,他们的教育理念和教学方法直接影响着学生的学习和发展。在"融合生态"的营造中,需要教师转变传统的教育观念,接受并实践新的教育理念和方法。然而,一些教师可能对新的教育理念持怀疑态度,或者在实践中遇到困难,难以适应新的教学方式。这就导致他们在实施"融合生态"时缺乏积极性和主动性,从而影响实施的效果。其次是家长的理解和支持。家长是学生学习和发展的重要伙伴,他们的态度和行为对学生的学习和发展有着重要的影响。在营造"融合生态"的过程中,需要家长理解并支持新的教育理念和方法。然而,一些家长可能对新的教育理念持怀疑态度,或者担心实施新的教育方法会对学生的学习成绩产生负面影响。这就导致家长对"融合生态"的营造持消极态度,从而影响其实施的效果。

4. 主体培养与资源支持

55.26%与31.58%的受访者分别认为推进"五育融合"会面临"融合主体"培养和社会资源支持的困难。"融合主体"包括教师素养与学生素养的提升。在教育实践中,教师的素养是影响"融合主体"培养的重要因素之一。一些教师缺乏足够的专业知识和技能,这可能导致教师在教学过程中无法有效地引导学生进行知识整合和实践应用,影响学生的学习效果。而学生作为"融合主体"培养的对象,其自身素养也是影响培养效果的重要因素。然而,学生的素养参差不齐,一些学生缺乏必要的知识储备和技能基础,难以适应"融合主体"培养的要求。这可能导致学生在学习过程中面临困难,影响其学习积极性和效果。同时传统的教育观念可能对"融合主体"的培养产生制约,一些教师更注重传统的学科知识学习,而忽视跨学科的整合和实践应用。这可能导致"融合主体"的培养难以得到有效的实施和推广。

而培养"融合主体"可能也面临缺乏充足的教学资源支持,也就是之前提及的"社会资源支持"这一困境。一些学校由于资源有限,难以提供足够的教学资源,这将导致教师在教学过程中面临资源不足的困境,影响其教学效果和学生的学习体验。这就需要社会资源的支持,包括人力、物力和财力等。然而,在实际操作中,资源配置的困境常常成为阻碍"五育融合"实施的难题。一方面,学校和教育部门在资源分配上往往更倾向于传统的智育,导致其他四育的资源投入不足;另一方面,不同地区、不同学校之间的资源配置差异较大,影响了"五育融合"的均衡发展。

二、未来期望

"五育并举,五育融合"是新时代教育发展的重要方针,也是区域教育未来发展的关键所在,这是一个长期的过程。在此期间,可能会遇到各种困难和挑战,需要全区域教育人的共同努力和支持。

(一)区域教育行政部门提供针对性支持

1. 加大资源支持

通过调研,89.47%的受访者认为所在学校需要资源支持(见图3-8),包括社会、社区资源的整合与运用。随着"五育融合"重要性的日益凸显,区域教育行政机构将逐步加大对"五育融合"的投入,包括制定更具体的实施方案、增加专项资金支持。在政策支持下,教育资源逐渐向"五育融合"类课程与实践学校倾斜。这包括教师资源的优化配置,如培训更多具备跨学科教学能力的教师;设施资源的建设与更新,如建设更多适应"五育融合"需求的综合教育场所。同时将吸引更多社会力量的参与,实现教育资源的整合。企业、公益组织、家庭等将与学校紧密合作,共同为"五育融合"提供支持。这将为学校提供更多的资金、设施、实践机会等资源,促进"五育融合"的顺利实施。随着科技的发展,技术手段将为"五育融合"提供有力支持。例如,利用信息技术手段开发数字化教学资源、在线学习平台和智能评价系统等,提高"五育融合"的教学效果和评价水平。同时,科技手段还可以为学校提供更加丰富和多样化的教育资源和设施,满足"五育融合"的需求。

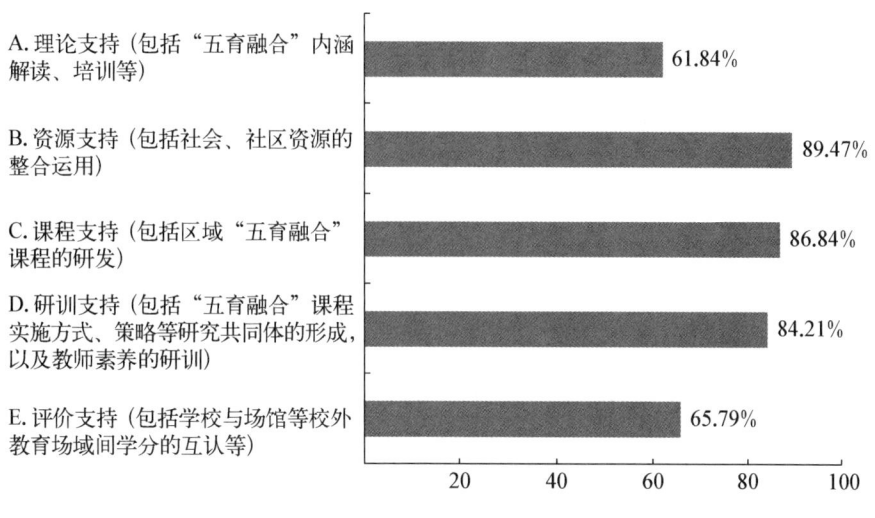

第三章　基础分析：基于区域文化特质的"五育融合"实施基础与未来期望

- A. 理论支持（包括"五育融合"内涵解读、培训等） 61.84%
- B. 资源支持（包括社会、社区资源的整合运用） 89.47%
- C. 课程支持（包括区域"五育融合"课程的研发） 86.84%
- D. 研训支持（包括"五育融合"课程实施方式、策略等研究共同体的形成，以及教师素养的研训） 84.21%
- E. 评价支持（包括学校与场馆等校外教育场域间学分的互认等） 65.79%

图 3-8　学校期望的区域支持

2. 搭建课程支持

86.84%的受访者期待得到课程支持（见图3-8），包括区域"五育融合"课程的研发。随着"五育融合"的推进，课程结构将更加多元化，以满足学生全面发展的需求。学校将设置更多跨学科的课程，整合德育、智育、体育、美育和劳动教育的内容，形成综合性的课程体系。课程内容将更加注重综合性，强调不同学科之间的联系和整合。例如，将德育与社会科学、自然科学等学科相结合，使学生在学习知识的同时，培养良好的道德品质。课程实施将更加灵活多样。教师将采用更多创新的教学方法，如项目式学习、合作学习等，引导学生主动参与、探究和合作学习。同时，学校将提供更加灵活的课程安排，满足学生个性化发展的需求。课程评价将更加注重全面性，不仅关注学生的知识掌握程度，还关注学生的能力、情感、态度等方面的表现。评价方式将更加多样化，如采用作品展示、口头表达、自我评价等方式，客观全面地反映学生的学习成果。随着信息技术的发展，课程资源将实现共享化。学校将建立数字化教学资源库，共享课程资料、教学视频、课件等资源。这将为教师提供更多教学素材，方便教师进行教学设计和创新。

3. 优化研训支持

84.21%的受访者认为研训支持也是未来推进"五育融合"的关键（见图3-8），为了提高教师实施"五育融合"的能力，将有更多专业化、针对性的教师培训项目。

这些培训将涵盖"五育融合"的理论基础、教学方法、评价策略等方面,帮助教师掌握实施"五育融合"所需的知识和技能。传统的教师培训模式将得到创新和改进,以适应"五育融合"的需求。例如,采用线上与线下相结合的培训模式,方便教师随时随地学习;引入实践案例分析、工作坊等形式,提高教师实际操作能力;鼓励教师参与课题研究、经验分享等活动,促进教师之间的交流与合作。学校将与高校建立更加紧密的合作关系,共同开展"五育融合"的研究与实践。高校将为学校提供学术支持、专业指导、教学资源等方面的帮助,促进"五育融合"在学校层面的实施。通过建立研训资源共享平台,学校之间可以实现研训资源的互利共享。平台将提供在线课程、教学视频、案例分析等资源,方便教师进行自主学习和交流。这将提高研训资源的利用效率,降低学校的研训成本。针对"五育融合"的实践和理论问题,将有更多的教师和学校进行深入研究,不断深化对"五育融合"的理解和认识。研究成果将通过学术期刊、专著、论坛等方式进行广泛传播和交流,为"五育融合"的推进提供理论支持和实践指引。

(二)推进"五育融合"产生理想成果

1. 形成系统化课程实施范式

受访者对区域推进"五育融合"的期望中最关注的是区域形成系统的"五育融合"课程实施范式(见图3-9),包括架构"五育融合"课程实施的途径、方式和策略体系,各校可按照实际情况参考或运用,其次是形成彰显区域特色的"五育融合"课程,且学校可及,包括区域"五育融合"课程方案及资源包的形成,且能供各校按需选择。

这需要区域教育行政部门对"五育融合"课程实施进行系统规划和设计,制定具体的实施方案和指导原则,确保五育之间的有机融合。同时,需要明确各育的目标、内容、实施方式和评价标准,为学校提供清晰的操作路径。并且整合各校的课程资源,建立"五育融合"课程资源库,实现资源共享。这包括德育、智育、体育、美育和劳动教育等方面的教学素材、案例、活动等,方便教师进行教学设计和选用。为达成以上二者,应为教师提供"五育融合"的培训和指导,帮助教师更新教育观念、提高教学技能。同时,需要为教师提供跨学科的教学资源和教学支持,鼓励教师进行合作教学和交流分享。

第三章 基础分析：基于区域文化特质的"五育融合"实施基础与未来期望

柱状图数据：
- A. 区域形成良好的"育人"生态（与过分关注"育分"相对）：82.89%
- B. 区域整合丰富的社会教育资源，且学校可及（包括各类场馆、校外导师资源，且能满足各校推进"五育融合"的要求）：85.53%
- C. 形成彰显区域特色的"五育融合"课程，且学校可及(包括区域"五育融合"课程方案及资源包的形成，且能供各校按需选择)：81.58%
- D. 区域形成系统的"五育融合"课程实施范式（包括架构"五育融合"课程实施的途径、方式和策略体系，各校可按照实际情况参考或运用)：92.11%
- E. 区域形成包括评价体系在内的支持系统（包括教育管理机制的变革、评价机制的变革等）：71.05%

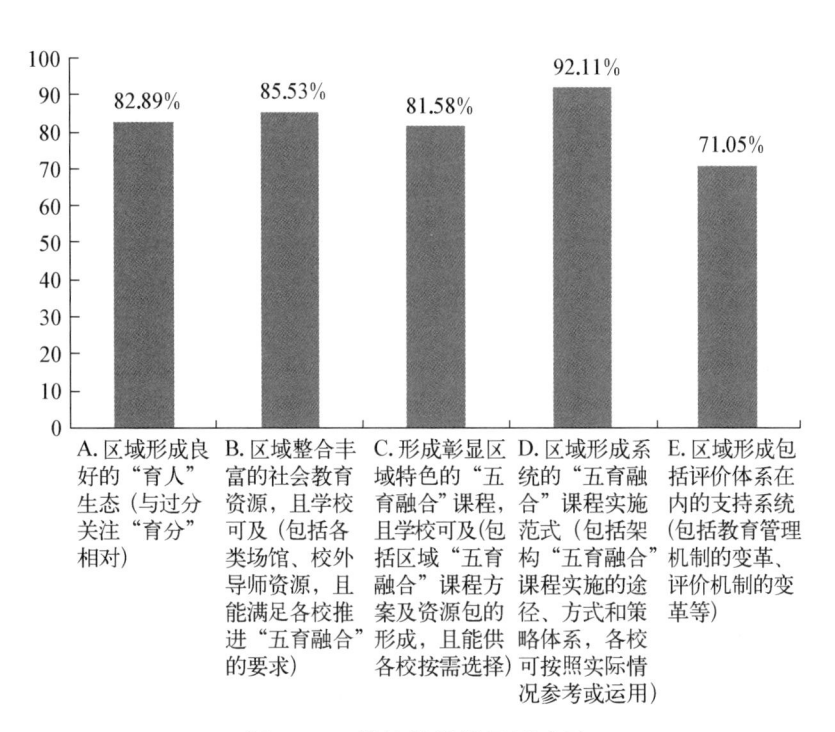

图3-9 学校期望的区域成果

2. 整合学校可及的社会教育资源，打造"育人"生态

85.53%的受访者期待区域整合丰富的社会教育资源，且学校可及，包括各类场馆、校外导师资源，且能满足各校推进"五育融合"的要求，同时82.89%的受访者希望区域形成良好的"育人"生态，与过度关注"育分"相对。良好的"育人"生态意味着提升教育的质量。这包括提高教师队伍的素质，提供丰富的学习资源和教育方法，以及关注学生的个性化需求和发展，提供多元化的学习体验。同时，增强家校之间的合作与沟通，共同参与学生的教育，是良好"育人"生态的重要一环。

形成良好的"育人"生态与整合丰富的社会教育资源是密不可分的，前者应当充分利用后者，为学生创造更多接触社会、实践学习的机会。通过整合优质的社会教育资源，可以为学校提供更丰富的学习材料和教育方法，进一步提升教学质量。同时，社会资源的参与也有助于培养学生的实践能力和创新思维。整合社会资源也意味着更多的教育资源和机会将被释放出来，为更多的学生提供学习和成长的机会。这将有助于缩小教育资源的不均衡分配，使更多学生受益。引入外部的社会教育资源可以带来新的教育理念和方法,促进教育的创新和改革。这种创新可以为学校带来新的活力,激发学生的学习热情和积极性。通过整合社会资源,可以进一步加强学校与家庭、社区之间的合作与联系。这种合作可以增强教育的连贯性和一致性,为学生提供更加全面的教育支持。

3. 形成具有专业性、科学性的支持系统

71.05%的受访者期待区域形成包括评价体系在内的支持系统,包括教育管理机制的变革、评价机制的变革等。通过完善的评价体系,区域能够更好地监测和评估教育质量,及时发现问题并采取改进措施。这有助于形成一个持续优化的教育环境,不断提升教育质量。评价体系能够帮助教育者更好地了解每个学生的学习状况和发展需求。基于评价结果,教育者可以为学生提供更个性化的教育支持和指导,促进学生的个性化发展。通过科学的评价体系,区域能够更准确地评估各类教育资源的使用情况,从而合理配置资源,避免浪费。这有助于提高教育投入的效益,使有限的教育资源发挥更大的作用。基于评价数据的分析可以为区域的教育决策提供有力支持。通过数据分析,可以发现教育中的问题与趋势,为政策制定和教育改革提供科学依据。

(三) 立足陶研底色,抓好素养核心

1. 以陶行知"生活教育理论"促"五育融合"

99%的受访者认同,宝山区区域推进"五育融合"的基础(见图3-10)在于区域数十年践行陶行知"生活教育理论"的经验。

首先,陶行知的"生活教育理论"注重学生的实际体验和实践,这有助于培养学生的动手能力和创新思维。在"五育融合"的教育实践中,学校可以借鉴这一理念,为学生提供多样化的实践活动,如科学实验、社会调查、艺术创作等。通过亲身体验和实践,学生能够更好地理解知识,提高自己的实际操作能力和创新思维,同时也有助于促进五育之间的融合。其次,陶行知的"生活教育理论"强调教育与生活的联系,注重培养学生的社会责任感和公民素质。在"五育融合"的教育实践中,学校可以将德育与日常生活中的情境相结合,引导学生关注社会问题,培养其社会责任感和公民素质。例如,学校可以组织学生参与社区服务、志愿者活动等,让学生在亲身

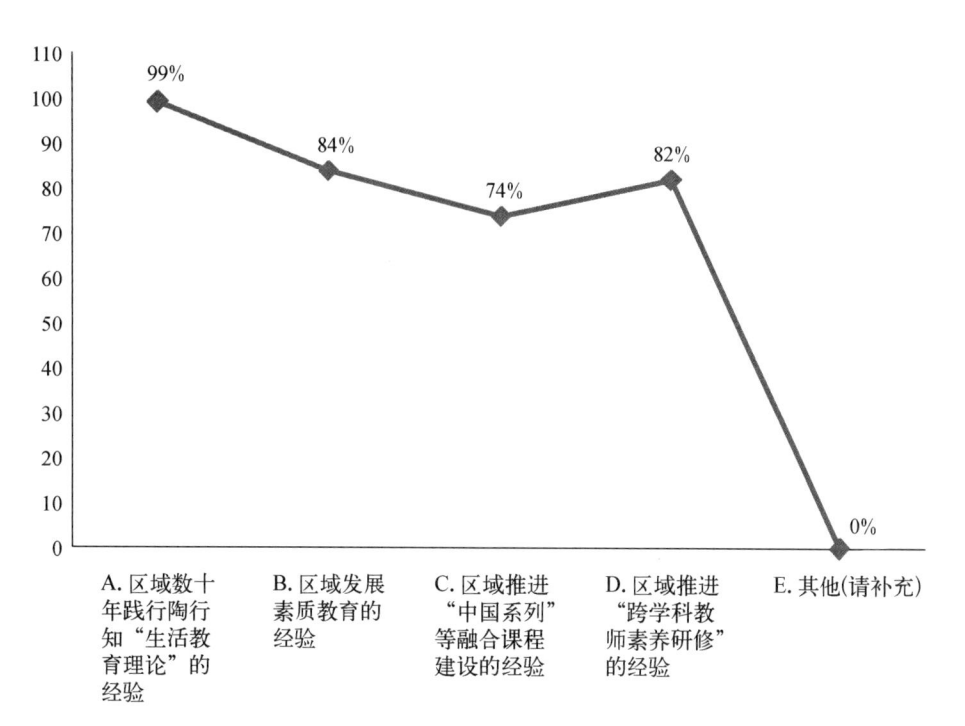

第三章　基础分析：基于区域文化特质的"五育融合"实施基础与未来期望

图 3-10　宝山区区域推进"五育融合"的基础分析

实践中培养社会责任感和公民素质，同时促进德育与其他教育的融合。此外，陶行知的"生活教育理论"还提倡个性化和差异化教育，关注学生的个体差异和特长。在"五育融合"的教育实践中，学校可以借鉴这一理念，针对学生的不同特点和需求，制定个性化的教育方案。例如，学校可以根据学生的兴趣和特长，开设多样化的选修课程和课外活动，满足学生的个性化需求，促进学生的全面发展。最后，陶行知的"生活教育理论"倡导开放和合作的教育态度，鼓励学校与家庭、社区之间的合作。在"五育融合"的教育实践中，学校可以加强与家庭、社区的合作，共同推进"五育融合"。例如，学校可以邀请家长参与教育活动的设计和实施，利用社区资源开展实践活动等。通过合作与交流，学校、家庭和社区能够更好地理解彼此的需求和期望，共同推进"五育融合"的实施。

2. 夯实素质教育基础，讲好宝山故事

分别有 84%、74% 的受访者认为宝山区区域推进"五育融合"的基础包含发展素质教育的经验、推进"中国系列"等融合课程建设的经验。首先，发展素质教育的经验为推进"五育融合"提供了重要的基础。素质教育注重学生的全面发展，强调培养学生的创新精神和实践能力。在推进"五育融合"的过程中,学校可以借鉴素质教育的理念和方法,注重学生的综合素质培养,将德育、智育、体育、美育和劳动教育有机地结合起来,形成相互渗透、相互促进的教育模式。同时,素质教育强调个性化教育,关注学生的个体差异和特长,可以为推进"五育融合"提供个性化的教育方案。其次,推进"中国系列"等融合课程建设的经验可以为"五育融合"提供课程方面的支持。通过开设"中国系列"等融合课程,学校可以将不同学科的知识进行有机整合,形成具有系统性和连贯性的课程体系。这种课程模式可以促进学科之间的交叉融合,加强知识之间的联系和整合,为推进"五育融合"提供有力的课程支持。同时,融合课程的建设也可以促进教师之间的合作与交流,提高教师的跨学科教学能力,为"五育融合"的实施提供更好的师资保障。

3. 深化跨学科教师研修,打造高素养教师队伍

82%的受访者认为推进"跨学科教师素养研修"的经验可以为推进"五育融合"提供人才方面的支持。跨学科教师素养研修注重教师的专业发展和跨学科教学能力的培养,可以帮助教师更好地适应"五育融合"的教育模式。通过跨学科教师素养研修,教师可以深入了解不同学科的知识体系和教学方法,提高自己的跨学科教学能力,更好地将德育、智育、体育、美育和劳动教育有机地融入日常教学中。同时,跨学科教师素养研修也可以促进教师之间的合作与交流,为推进"五育融合"提供更好的教师团队支持。

(四)以活动为载体,以交流促发展

受访教师也针对区域推进"五育融合"提出了自己的建议,通过词云图(图3-11所示)可以发现几个关键词频频出现:

1. 关键词一:"活动"

组织多元活动可以为学生提供丰富的实践机会,促进"五育融合"。学校可以开展文化节、艺术展、运动会等各类活动,让学生在参与中提升综合素质。此外,可以组织社会实践、志愿服务等活动,让学生接触社会、了解社会,培养其社会责任感和公民素质。在设计和实施活动时,应充分考虑到"五育融合"的目标,将德育、智育、体育、美育和劳动教育有机地结合起来,使学生在参与活动的过程中得到全面的发

第三章 基础分析：基于区域文化特质的"五育融合"实施基础与未来期望

图 3-11 区域推进"五育融合"意见建议的词频分析

展。活动的形式和内容应多样化，以满足不同学生的兴趣和需求。同时，通过多样化的活动，也可以让学生更好地理解和体验不同的文化和价值观。在设计和实施活动时，应注重学生的实践和体验，尽可能地让学生参与到活动中来，亲身体验和实践所学知识，提高实际操作能力和解决问题的能力。同时注重培养学生的合作精神和协作能力。通过团队合作、小组讨论等方式，可以让学生在参与活动的过程中提高自己的沟通协作能力。并且通过引导学生发现问题、分析问题和解决问题，可以培养学生的创新思维和实践能力。

2. 关键词二："交流"

通过加强教师间、学生间、家校间以及学生与社会的交流，可以有效促进五育的深度融合。一是促进教师间的交流。教师是"五育融合"的实施者，教师间的交流对于提升"五育融合"的效果至关重要。学校可以组织定期的教师研讨会、教研活动等，让不同学科的教师分享教学心得、交流教学方法，促进跨学科的思维碰撞。此外，可以建立教师合作机制，鼓励教师开展联合教学、课程设计等，以提升教师的团队合作能力，共同推进"五育融合"的实施。二是增加学生互动机会。学生间的互动有助于培养学生的沟通协作能力，促进"五育融合"。学校可以组织各类团队活动、项目合作等，让学生在实践中提升团队协作、沟通表达等能力。此外，可以开展各类学科竞赛、科技活动等，让学生在竞争中提升综合素质，实现五育的有机融合。三是家校合作，家庭是孩子成长的重要环境，家校合作对于推进"五育融合"具有重要意义。学校可以定期组织家长会、亲子活动等，让家长了解学校的"五育融合"工作，并积极参与其中。同时，可以建立家长志愿者机制，鼓励家长参与学校活动组织、课程开发等，共同促进学生的全面发展。

3. 关键词三："评价"

通过评价推进"五育融合"是一个重要的策略：一是建立多元评价体系，在评价学生的学习成果时，应建立多元化的评价体系，综合考虑学生的知识、技能、态度等多个方面。同时，应根据五育的不同的特点，制定相应的评价标准和评价方式，以全面反映学生的综合素质。二是注重过程评价，在评价学生的学习过程时，应注重学生的参与度、合作精神、创新思维等方面。通过观察学生的表现，及时发现学生的优点和不足，并给予相应的指导和帮助。同时，应将过程评价与结果评价相结合，以更全面地反映学生的学习情况。三是引入多方参与的评价方式，在评价学生的学习成果时，应引入多方参与的评价方式，包括教师、学生、家长等。通过多方评价，可以更加客观、全面地反映学生的学习情况，同时也可以促进师生、家校之间的沟通和合作。

三、调研总结

目前区域内学校的管理者与教师对"五育融合"的理念认识较为清晰，能够意识到"五育融合"对教学改革的重要理论价值和实践指引意义。同时学校已经在"五育融合"课程实施中积极发挥主体作用，结合自身实际情况进行自主创新与实践，关注到了立足某一学科，挖掘五育要素与价值并付诸实施。根据自身特点和优势，探索适合本校的"五育融合"实施模式，不断优化课程结构、教学方式和评价方式。在推进过程中，仍然需要关注以下几个重要方面。

（一）加强教师培训和指导

通过开展培训课程、工作坊和研讨会等形式的活动，加强对教师的培训和指导，提高教师对新的教育理念的认识和理解。同时，提供必要的教学资源和支持，帮助教师适应新的教学方式，提高其实践能力。

（二）深化与家长的沟通和合作

通过家长会、座谈会等方式，加强与家长的沟通和合作，向家长介绍新的教育理念和方法，争取家长的理解和支持。同时，积极回应家长的关切和疑虑，建立良好的家校合作关系，共同促进学生的学习和发展。

（三）优化资源配置

根据实施"融合生态"的需要，优化资源配置，合理分配教学设备、学习材料和人力资源等资源。同时，鼓励社会力量的参与和支持，扩大资源的来源和渠道，提高资源的使用效益。

（四）建立完善的评价机制

制定明确的评价标准和方法，建立完善的评价机制，确保评价的客观性和准确性。同时，要加强对评价过程的监督和管理，确保评价的公正性和透明度。

（五）积极争取社会力量的支持

利用社会资源丰富"五育融合"的课程内容和实践形式。待各方对"五育融合"的实施过程进行持续的改进和反思，不断完善实施方案和操作方法。可以通过定期的交流研讨、案例分析、效果评估等方式，及时发现问题和不足之处，采取有效措施进行改进和优化。学校应积极争取政府、企业和社会各界的支持，加强与社区、文化机构等方面的合作，共同推动"五育融合"工作的开展。

总之，区域推进"五育融合"需要各方共同努力，从规划设计、资源整合、教师培训、学校实践、家校合作和持续改进等方面入手，全面推进五育之间的有机融合，促进学生全面发展。

第四章

区校行动：生活教育理论视域下推进"五育融合"区域创新实践的探索

第一节 生活教育理论视域下推进"五育融合"区域创新实践的融合课程开发

一、融合课程构建探索

"五育"并举，融合育人，是新时代基础教育育人方式转型提出的重大命题。但在当下中小学教育内外生态中，"五育"常常被分隔，"五育"过程条块分割，进而导致办学目标远离育人初衷。① 课程是"五育融合"的基础，开足开好课程是走向"五育融合"的关键。学科价值与育人价值融合共生，育人价值是学科价值实现的目的，学科价值是育人价值实现的条件，学科价值与育人价值相互协同、转化、融合共生。通过构建"五育融合"课程，强调各育之间的相互渗透与支持，形成协同育人效应，实现综合育人的目标。

（一）具有生活教育特质的融合课程理论溯源与开发原则

1. 课程组织理论指导下的融合课程价值取向

课程组织即在一定的教育价值观的指导下，将所选择的各种课程要素妥善地组

---

① 宁本涛."五育融合"与中国基础教育生态重建[J].中国电化教育，2020(5)：1-5.

织成课程结构,使各课程要素在动态运行的课程结构中产生合力,以有效地实现课程目标。① 纵观学界关于课程整合设计发展中的不同价值取向,大致可以分为三类,分别以知识、学习者、社会这三大课程组织取向为主要依据,区分出学科融合取向的课程组织、学生兴趣和发展取向的课程组织以及社会问题解决取向的课程组织。

(1) 学科融合取向的课程组织

学科融合取向的课程组织,注重将各学科的知识内容作为教学核心,目标是将人类知识的精华按一定逻辑顺序和结构组织起来,从而以系统化的方式传递给学习者。在这种课程组织方式下,课程整合的目的是解决传统分科教学中存在的知识孤岛问题,通过重新调整、整合更新以及建立学科间的联系等方式,减少课程内容的重复或冗余,努力寻求学科间的内在联系,实现学科间的融合和互动,体现出以学科内容为中心来设计与组织课程的特征。这种取向的课程整合,不是简单的内容叠加,而是一种深入挖掘学科内涵、优化知识结构、促进学科间对话和融合的过程。张华根据学科内容综合程度的不同,将学科本位综合课程分为"相关课程""融合课程""广域课程"三种。② 刘登珲认为这一取向割裂了个人与社会、知识与社会,甚至走向了学科的"精致化",不符合课程整合的社会价值。③

(2) 学生兴趣和发展取向的课程组织

学生兴趣和发展取向的课程组织,强调为了促进儿童的经验成长和人格发展,课程内容和结构必须适应儿童的学习特点和发展需求,并能够跟随教学过程中儿童的变化而适时调整。这一取向下的课程整合将课程组织的重心由传统的学科知识转向学习者的学习兴趣、内在动机、个人需求以及实践经验等,课程内容凸显生活性,反映生活实际,而非仅仅强调学科的独立功能。在课程实施过程中,鼓励儿童通过自我活动和经验去主动探索、内化理解并迁移运用学科知识,而不是被动地接受教师的单向灌输。这种取向的课程整合,注重激发儿童的主动参与性,使课程能够根据儿童的互动和发展不断演变与更新。课程不仅是预先设定的知识点的传授,更是一个动态生成、与儿童实际生活紧密相连的学习过程。在此意义上,张华指出"儿

---

① 张华.课程与教学论[M].上海:上海教育出版社,2000.
② 同上.
③ 刘登珲.詹姆斯·比恩统整思想研究[J].全球教育展望,2017,46(4):30-39.

童本位的综合课程即经验课程",将卢梭的自然主义经验课程、杜威的活动课程、当代人本主义经验课程视作典范。① 董诞黎等批判只以儿童本位来进行课程整合,会囿于儿童兴趣的差异和偶发性而难以形成统一的学习计划,难以保证知识的广度与深度。②

(3) 社会问题解决取向的课程组织

社会问题解决取向的课程组织,着重于培养学生的社会责任和公民意识,而非仅仅将课程整合作为整合学科知识的技术策略,也不只是基于学生的兴趣或个人经验。学校致力于营造一个开放、民主、参与的学习环境,课程内容聚焦当前社会现象、关键社会议题以及学生与现实世界的联系。这一取向下的课程整合,课程的核心在于激发学生对改造社会重要问题的探究意识并提升问题解决能力,学生被鼓励深入了解社会现状,识别和分析社会问题,并参与到寻求解决方案的过程中。课程实施倾向于采用合作学习的方式,让学生在小组内共同探讨、交流想法,并集体寻求问题的解决策略。通过这种互动,学生能够学习如何在多元化的团队中协作,培养解决复杂社会问题的能力,同时也能够增进对民主价值观和集体福祉的认识和尊重。以比恩为代表的先驱者强调课程整合超越科目领域和学科,以民主生活为主题,把现代民主生活需要的信念、态度、技能整合到课程之中,由问题中心、知识的应用和参与来架构课程,促进民主生活的观念,而学科的意义是提供组织中心。③

2. 彰显生活教育特质的融合课程开发原则

通过对学界关于课程整合不同价值取向的梳理与分析,我们认为,不同价值取向的课程组织方式之间不存在截然对立,彼此是相互联系的辩证关系,在教育实践中往往结合其中的合理成分综合设计与实施课程。具有生活教育特质的"五育融合"课程构建时,需要根据需求将上述课程组织方式有机整合、兼收并蓄,确定适当的组织中心,使之成为选择学习内容的依据、搭建课程结构的支撑。我们希望,在学科知识、学习者发展和社会需求之间找到最佳的结合点,为学习者提供一个丰富、有意义和促进其全面发展的教育经历。

---

① 张华.课程与教学论[M].上海:上海教育出版社,2000.
② 董诞黎,等.课程整合:课堂教学新变局[M].杭州:浙江大学出版社,2012.
③ James A Beane.课程统整[M].单文经,等译.上海:华东师范大学出版社,2003.

第四章　区校行动：生活教育理论视域下推进"五育融合"区域创新实践的探索

融合课程的开发整体上遵循以下四条原则：

（1）主体多样、资源融通、差异互补的课程整合

这种综合取向的课程整合，旨在平衡学科知识的系统传授与学习者个性化、社会化需求之间的关系。它强调课程设计应当既反映学科的内在逻辑和结构，又能够贴近学习者的实际生活，满足他们的兴趣、经验和发展需求。同时，这种课程整合还关注学习者在社会中的定位和角色，鼓励学生积极参与社会生活，培养他们的社会责任感和公民意识。通过将学科知识与现实世界的问题和挑战相联系，课程整合能够激发学生的探究兴趣，促进他们的批判性思维和实践能力。此外，这种综合取向的课程整合还重视学习者的安全和健康，关注他们在学习过程中的情感、心理和社会适应等方面的需求，倡导创造一个包容、支持和激励的学习环境，让每个学习者都能够在安全、尊重和关爱中成长和发展。

一是主体多样。具有生活教育特质的"五育融合"课程建构时，首先需要认识到课程建构主体的多样性，区域、学校、学生、教师、家长以及社会各方面的参与者等都是课程建构的主体。每个主体都有其独特的角色和贡献，课程设计要充分发挥不同课程建构主体的主动性和创造性。比如，关照区域层面的地域特色和"十四五"教育发展规划的整体要求，关注学校的校情实际和培养目标，鼓励学生在课程中的主动参与和自我探索，倡导教师作为学生学习过程的引导者和促进者这一角色的发挥，鼓励家长参与孩子的学习过程从而形成家校共育的良好氛围，与社会各界建立合作关系从而为学生提供更广阔的学习和实践平台等。

二是资源融通。具有生活教育特质的"五育融合"课程建构时，要体现资源融通性，强调在课程建构中要充分利用和整合各种教育资源，包括校内资源和校外资源、线下资源和线上资源等，从而丰富学生的学习体验。将不同学科的课程内容进行有效整合，设计跨学科的项目和活动，消除学科间的壁垒，实现知识的交叉与融合；利用信息技术手段，如网络资源、教育软件等，为学生提供更加丰富和便捷的学习资源；积极与家长和社区建立联系，利用家庭和社会的教育资源为学生提供更为丰富多元的实践体验机会。

三是差异互补。各学校发展阶段、特色不同，具有生活教育特质的"五育融合"课程建构时，要允许不同学校以不同的方式构建不同的融合课程。需要强调的是，

具有生活教育特质的"五育融合"课程，不是简单的课程内容相加，而是要实现有益的补充和深度融合。

（2）走向综合性、实践性、个性化的融合课程

以传统国家课程为代表的学校课程多是学科课程，这种课程通常来说存在以下几个弊端：首先，由于学科课程本身过于强调学科知识自身固有的逻辑与体系，课程之间多以分科的形式保持相互独立的存在，这意味着这些课程尽管自身有较为紧密的知识关联却忽视了现实生活中对知识的运用是综合的，削弱了知识的现实应用可能；其次，学科课程的课程实践更注重课堂上间接经验的师生间传递而轻视通过实践来获取直接经验，不利于学生对知识的内化与掌握；再次，学科课程强调学科逻辑的同时也忽视了儿童经验，特别是儿童对知识本身的个性化需求根本无法满足。而融合课程综合性、实践性以及个性化的课程取向恰好对以传统国家课程为代表的学校分科课程的不足之处——做了弥补。

第一，综合性是指一些学校课程跨越或超越了学科之间的界限，以主题或实际问题为导向将课程内容组织起来，重视知识学习与应用的情境。例如，基于创新素养的实验类课程，指向培养品格坚毅、敢于质疑、勇于实践、乐于创造的，具有较强的社会责任感及社会参与意识的现代化小公民。这一融合课程以创新素养为切入点，围绕创新主题将科学、社会、语言以及心理等学科进行了有效整合，体现了课程的综合性，也为创新素养能够有效内化为学生自身素质以在现实情境中得以运用提供了进一步的可能。再如，有些学校的德育活动课程注意到传统德育教育的开展以孤立的活动和单线的课程推进为主，内容单一，模式固定。为此，在融合课程的开发中倡导在小学阶段以综合课程为主，强调不同资源的相互整合，避免各自为战的分隔态势，为提升学生的综合素质、促进学生的终身发展打好基础。

第二，实践性是指融合课程注重实践在课程实施中的地位，重视直接经验在学生发展中的作用。例如，馆校结合类课程强调将教师与学生从传统的文本解读、知识传授中解放出来，以活动为载体，让学生通过亲身体验获得直接经验，这对学生从课堂内走向校外社会实践，充分发挥学生在学习中的主体地位具有重要的作用。

第三，融合课程根据校情和学情个性化地建设，不仅满足了校园文化的建设发展，对长期以来轻视学生个性化发展的学校课程短板更是起到了弥补作用。例如，

第四章　区校行动：生活教育理论视域下推进"五育融合"区域创新实践的探索

在融合课程中突出了生命教育和健康教育的内容，一方面有助于分年段细化和突出各学段教育主题内容，使得主题教育的形式更加活跃，也提升了学校的课程领导力，促进了学校课程与校园文化的发展；而另一方面也为学生提供了一个长期有效的个性化发展平台。

（3）以主题、问题、活动为主要组织方式

融合课程的目标确定以后，即是基于目标确定合适的课程内容和组织方式。课程内容一般是选择满足学生兴趣和培养学生兴趣的课程，而课程组织的方式一般有学科取向的课程组织、学生兴趣和发展取向的课程组织以及社会问题取向的课程组织。部分发展心理学家从人成长过程的角度，对课程内容组织的序列提出了一系列要求：学生生理的、社会的、理智的以及情感的发展，都是按照一定顺序由内而外加以调节的，因此融合课程的内容必须顾及学生发展的阶段，按学生的心理发展的特点组织课程内容，以学习者为中心设计组织课程，即融合课程主要依据学生的兴趣和培养学生核心素养为目的设置。因此，依据这种划分方式，基于融合课程自身的特点，形成以主题、问题、活动为融合课程的主要组织方式。

（4）以实践、探究、体验为主要实施方式

课程实施中涉及多种要素，这些要素之间的良好互动与平衡是一所学校的课程实施必须纳入考虑的范畴。施瓦布（Schwab）认为，课程的实施是学科内容、环境、学生和教师等诸多因素之间的互动与平衡。[1] 而融合课程的编制主要依据学生的需要和兴趣，因此其实施也应当遵循这一特质，注重学生在学习过程中的实践和探究过程，重视学生的体验。

融合课程在学生成长中的作用和当前一些发达国家开设的个性化、多元化的选修课类似，都关照了两部分内容：一方面都把课程作为一种经验，是学生在教师指导下获得的经验或体验，或学生在自发学习中获得的经验或体验；另一方面把课程看成是生成性的内容，不仅仅指"跑道"（racecourse），更是指"在跑道上跑"（to run the racecourse）的过程。通过体验性融合课程的实施，关注学生的实践过程和探究过程，使人、自然和社会的有机体不断演变成人的自然性、社会性、自主性，从而形成新

---

[1] 张华.课程与教学论[M].上海：上海教育出版社，2000.

的主体,并最终促进人的"三性"发展。这类课程一般都是实践性、探索性较强的课程,不仅关注知识的获得和智能的开发,更注重人生阅历的积累和对未知的求索。

(二) 区域行动:"五育融合"区域课程的整体规划

1. "五育融合"区域课程的结构图谱与课程概述

通过多主体参与的"共建""共筹"和"共管",建构区域"五育融合"课程体系、设计课程纲要、整合课程资源,综合设计体现区域教育特色、指向"五育融合"育人目标的区域课程方案,为区域内学校校本课程的构建提供了指引,且提供了可选择的融合课程资源。

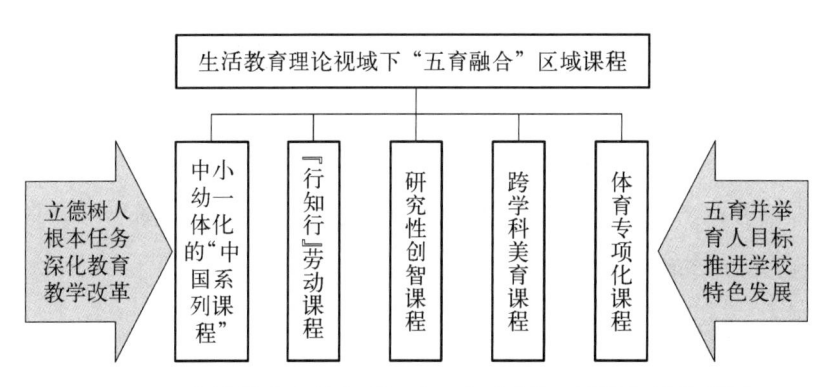

```
                 生活教育理论视域下"五育融合"区域课程
    ┌────────┬───────┬────────┬───────┬────────┐
立德树人  中小幼   "行知行"  研究性   跨学科   体育     五育并举
根本任务  一体化的  劳动课程  创智课程  美育课程  专项化    育人目标
深化教育  "中国系                              课程     推进学校
教学改革  列课程"                                      特色发展
```

图 4-1　生活教育理论视域下"五育融合"区域课程结构图谱

(1) 中小幼一体化的"中国系列课程"概述

中小幼一体化的"中国系列课程"是近年来在落实立德树人根本任务和实现中华民族伟大复兴中国梦的指引下,引发学校与教师诸多关注的一类课程。此类课程着重弘扬中华传统文化、国家发展进程中值得传颂的革命精神、奉献精神等,学生可以通过课程学习,探索这些经典文化与精神在新时代的意义。

此类课程的设计,旨在鼓励学生在理解所处的多元世界的同时,不忘初心、立足根基,深入了解民族和国家的文明与精神,在此基础上形成认同感与自豪感,逐渐建立与丰富自己的世界观、人生观、价值观。此外,课程的设计也让学生一面回溯过往,一面将过往转换成当下与未来,将所学融入个人的发展以及个人与社会、个人与国家关系的思考中,成长为全面发展的人。具有历史感和抽象性的内容需尽可能与学生所处的现代情境建立起联系,并以多样化、趣味性强的活动串联学习内容。此外,课程评价也应更侧重于学生在课程学习中的过程性体验与对课程学习的心得、感悟等。此类课程的开发还在探索阶段,但已经引起了诸多教师的关注,越来越多教师正在尝试设计此类课程,尤其是中小学"大思政课"的开发,是区域共享课程、校本课程中教师努力探索的新方向。

从课程定位来看,"中国系列课程"是"校本课程"基础上的区域共享课程。"十四五"期间,我们将"中国系列课程"作为宝山区中小幼思政课程创新实践的一个重点,主要基于以下三方面的考量:**第一,姓"中国"的课程,**是推进习近平新时代中国特色社会主义思想进教材、进课堂、进学生头脑的有效抓手。我们的祖国日益繁荣昌盛,让我们每一个中国人都为之自豪,这是伟大的中国共产党正确领导的结果,我们要坚决维护党的领导,坚持走中国特色社会主义道路,坚定"四个自信"。这些看似简单但是对于未成年人来说又比较抽象的道理,如何能根植到孩子们的心田?这就需要精心设计的课程作为载体,让教育深入人心。**第二,名"宝山"的课程,**是有效挖掘思想政治教育资源、实现全员全程全方位育人的现实之策。从高校的"中国系列课程"中,我们可以发现,比如东华大学的"锦绣中国"、华东政法大学的"法治中国"、上海中医药大学的"岐黄中国"等等,都是从大学生的本学科、本专业出发,通过对适切的教育资源的开掘,唤醒他们的民族自信和专业追求。那我们的宝山,在"五个百年"的历史传承中,在"科创宝山"的时代步伐里,该有多少生动的思政资源可以挖掘,这是一道永不过时的教育命题。**第三,成"系列"的课程,**是思政课学科课程内容和教学手段的重要补充,是其他学科课程有效开展的重要辅助,更是学校、家庭、社会协同推动思政课建设、形成合力的重要支撑。

从课程目标来看,"中国系列课程"的"系列"代表中小幼的学段系列,课程目标各有侧重。学前阶段重在启蒙幼儿形成爱党、爱国、爱社会主义的天然情感;小学阶段重在培养学生做社会主义建设者和接班人的美好愿望;初中阶段重在打牢学生的思想基础,强化思想意识;而高中阶段重在提升学生的政治素养,引导学生衷心拥护党的领导和坚持对我国社会主义制度的政治认同。这是一个遵循教育规律和学生身心发展规律,循序渐进、螺旋式上升的系列。

从课程内容来看,"中国系列课程"包括红色中国、港口中国、科创中国、教育中国和民俗中国等五大板块(见图4-2),与宝山珍贵的红色历史、百年开埠的文化传承、陶行知第二故乡的丰厚思想、罗店非遗的宝贵财富、科创中心主阵地建设的时代篇章等紧密结合，以亲切乡土之音来厚植家国情怀、红色基因。每个主题之下又有更加细化的课程单元，凸显出课程内容的科学布局和合理配置。

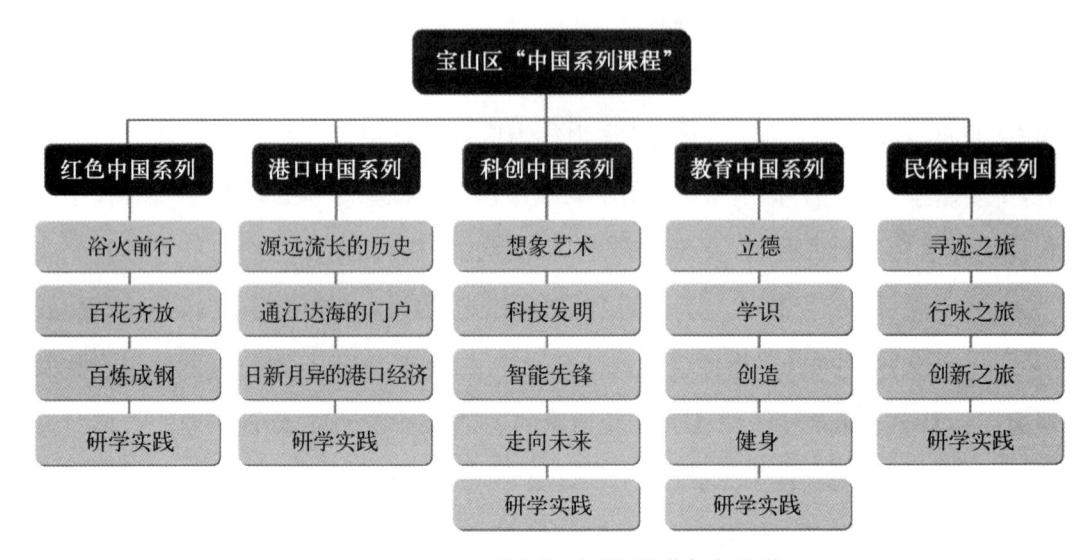

```
                        宝山区"中国系列课程"
    ┌──────────┬──────────┬──────────┬──────────┬──────────┐
  红色中国系列  港口中国系列  科创中国系列  教育中国系列  民俗中国系列
    │            │            │            │            │
  浴火前行    源远流长的历史  想象艺术      立德        寻迹之旅
    │            │            │            │            │
  百花齐放    通江达海的门户  科技发明      学识        行咏之旅
    │            │            │            │            │
  百炼成钢    日新月异的港口经济 智能先锋   创造        创新之旅
    │            │            │            │            │
  研学实践    研学实践      走向未来      健身        研学实践
                              │            │
                           研学实践      研学实践
```

图 4-2　宝山区"中国系列课程"内容图谱

在此基础上，我们又根据时代发展需要**新增"党史中国"相关内容**，由区内 10 所学校开发的校本课程推广为区域层面的共享课程，包括上海市宝山中学"从石库门到江海之滨"、上海市高境第一中学"书信传承百年党史"、上海市共富实验学校"镜头里的红色历史"、上海市宝山区和衷小学"红色家风润心田"、上海市宝山区罗店中心校"沪剧中的党史教育"、上海世外教育附属宝山大华实验学校"伟人的小物件"、上海市宝山区淞滨路小学"隐秘的战线——走进解放前中共上海地下组织"、上海民办行知二中实验学校"红岩魂"、上海市行知中学附属宝山实验学校"革命戏剧看党史"、上海市宝山区行知外国语学校"旭日——重温建党伟业，培育革命精神"。

从课程实施来看，"中国系列课程"的实施方式包括：一是"大咖"讲座面对面。组建由有影响力的学者、专家、各条线党政主要负责同志构成的"大咖讲师团"，融合TED 演讲、互动小游戏等多种方式开展讲解。二是"60 秒"微课连连看。通过"宝山红色档案""古今港口博主群""科创大侠龙门阵""陶行知的朋友圈""民俗 UP 创客云集"等五大系列微视频课程，搭设泛在学习的资源环境，鼓励学生开展自主学习。三是"研学"探访"行知行"，开发研学实践课程。

（2）"行知行"劳动课程概述

宝山区"行知行"劳动课程以培养学生的核心素养为导向，围绕日常生活劳动、生产劳动和服务性劳动展开。日常生活劳动立足学生个人生活事务处理，涉及衣、食、住、行、用等方面，注重培养学生的生活能力和良好卫生习惯，树立自理、自立、自强意识。生产劳动让学生在工农业生产中直接经历物质财富的创造过程，体验从简单劳动向复杂劳动、创造性劳动的发展过程，淬炼生产劳动技能，体会物质产品的来之不易，认识劳动与自然界的基本关系。服务性劳动让学生利用知识、技能等为他人和社会提供服务，在现代服务业劳动、公益劳动与志愿服务中认识社会，树立服务意识，体悟劳动中人与人、人与自然、人与社会的关系，强化社会责任感。

宝山区"行知行"劳动教育课程在结构上以"家庭劳动教育课程群、校园劳动课程群、社会劳动课程群"三类课程群为驱动，构建丰富的课程内容，凸显地域特质与学校特色。区域劳动课程图谱及其说明如下图 4-3 所示：

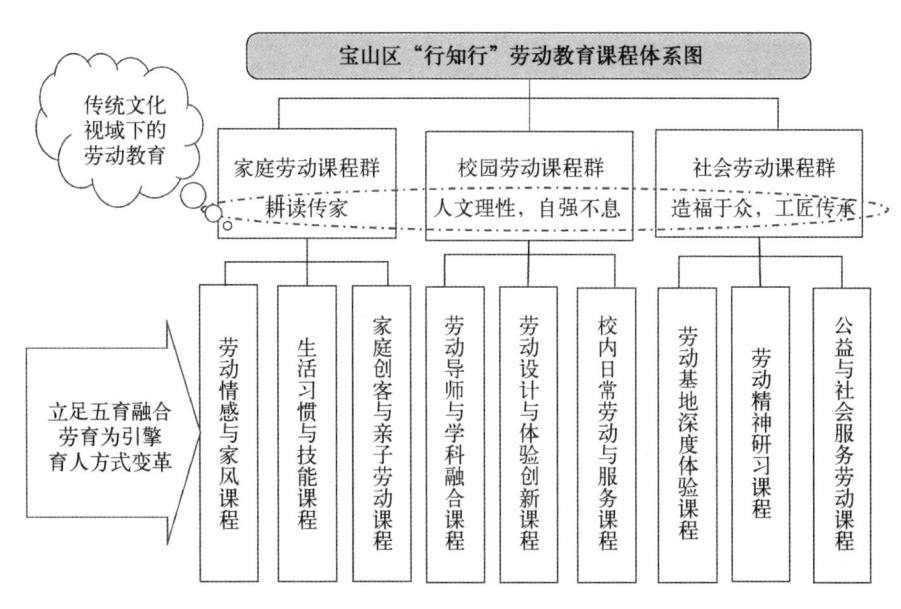

图 4-3 宝山区"行知行"劳动教育课程体系图

部分课程概述如下。

劳动情感与家风课程：培育优良家风，培养孩子生活自理意识和能力，形成家庭劳动故事等；鼓励和引导孩子主动承担适量的清洁、整理、烹饪等家务劳动，参与家庭事务管理，形成劳动日记等。**生活习惯与技能课程：**家长要当好孩子劳动教育的

"第一任教师",注重言传身教,让孩子每年学会 1~2 项生活技能,完成家庭劳动清单。**家庭创客与亲子劳动课程:**设计家庭创客项目,在居家环境中进行劳动体验、探究与创造;家长引导孩子开展孝亲敬老爱幼劳动,与孩子一起参加社会公益劳动。

劳动导师与学科融合课程:劳动模范、大国工匠、科学家等担任劳动导师,开展"先进人物进校园"的主题讲座课程;结合学雷锋纪念日、植树节、劳动节、丰收节、志愿者日等重要节假日的专题活动课程;整合学科教学内容,开展以劳动实践为主题的跨学科课程、班团队活动、劳动成果交流推介活动等。**劳动设计与体验创新课程:**依托学校劳动设计与体验创新实验室,开设种植与养殖、木工、电器维修、花艺设计、3D 打印、服装设计、模型制作等校本特色课程。**校内日常劳动与服务课程:**制定校内劳动公约、每日劳动常规任务单及学期劳动任务单,明确每周校内劳动实践时间;组织开展校园卫生保洁、班务整理、绿化美化、图书整理等集体劳动,深入开展垃圾分类;开辟专门区域种植花草树木或进行农作物养殖等,建立班级农事劳作"责任区";设置校园劳动周、服务周等。

劳动基地深度体验课程:依托宝山区"行知行"户外劳动教育基地,学生走进稻田农场、港口码头、工厂企业、科研院所等基地,进行农业生产、工艺制作、工业生产、新技术应用等深度体验与探究。**劳动精神研习课程:**依托劳模、工匠馆等社会资源,设计研学实践、社会调查、项目探究等研习课程。以问题为驱动,学生走进研习场馆,完成学习任务,涵养劳动精神。**公益与社会服务劳动课程:**依托宝山区劳动教育"三公里出门体验圈"的百余家基地,学生深入农业、工业、现代服务业、特色民俗与工匠传承等行业、城乡社区、公共场所等,开展公益劳动与志愿服务。

(3)研究性创智课程概述

该类课程主要吸纳 21 世纪新兴教育理念,如创客教育、STEM 教育、环境教育等,在这些理念的指导下展开课程设计,以为学生提供了解世界范围内都在关心的科技发展、环境保护等重要议题的学习机会。研究性创智课程的设计旨在支持学生发展通信技术能力、媒介素养、环境保护意识、公民意识等与新时代发展趋势相符合的能力素养。学生可以在学习信息技术、体验科创项目、践行环保行动的过程中逐渐成长为有责任、有担当的未来公民,切实体会到人类命运共同体的时代意义。由于研究性创智课程中涉及实验类、探究类等相关内容,项目的学习与完成对于学生来说具有挑战性,更适合具备一定的学识与技能的学生。

以"宝山南大生态智慧城"研学设计为例,学段定位是高中。背景分析如下:南大,曾是宝山的一个老大难地块,过去那里大大小小的化工厂、皮革厂产生的废气废水,严重污染了当地的环境。在宝山的"十四五"规划中,这是一个需要重点转型建设的板块,正在积极推进南大智慧城建设,而在土地出让再利用之前,必须先做污染土壤和地下水的修复工作。习近平总书记在第二次长江经济带发展座谈会上强调,要坚持将修复生态环境摆在推动经济发展工作的重要位置。南大生态智慧城之污染土壤修复是一个关系宝山生态发展的重大实事工程。

基于此,本课程设置了从寻访、学习、咨询,到调研、讨论、提炼、建议、宣传等八个研学任务,学生实地参观了南大土壤修复中心,切实了解南大地区的污染情况,知道污染土壤修复的技术原理和几种处理方法,联系课本上所学的知识,开展研究性学习。学生在研学过程中,自然而然地体会到党和国家的科学规划和政策对地方发展的重要作用,深刻理解在中国特色社会主义制度下,上海正在实施的生态优先、绿色发展道路,并由此萌生献身祖国建设伟大事业的认同感和责任心,这就是我们想要达到的教育效果。

(4)跨学科美育课程概述

跨学科美育课程着重鼓励学生探索自我、探索世界,学生可以在此类课程的学习过程中体验以剧目创作、舞台表演为代表的艺术形式,也可以走出课堂、投身自然,感知周围的点滴世界。此类课程的设计旨在支持学生发展的感知能力、表达能力、创作能力、合作能力等。一方面,学生通过课程学习如何与他人合作并完成剧目呈现或户外拓展。另一方面,更为重要的是,学生可以在这个过程中收获宝贵的体验,对自己、他人、世界形成全新的认知。此类课程格外强调"体验"与"感知",尤其是以创作为主线贯穿学习过程的课程。在课程内容的切入点选取上贴近学生生活,如身体的构造、生活的地方等。在课程活动的安排上注重学生自身的表达、创作与探索。教师善于通过丰富多样的活动,如情境游戏、剧本改编或创编、剧目排演、新闻采编等,鼓励学生充分释放自我表达的欲望,在这些活动中勇敢表达自己的想法、尽可能地在同伴面前展示自己。最后是在课程评价的设计上强调过程性评价,更关注学生在学习过程中的表现。

从内容构成来看,跨学科美育课程由"海派建筑,红色之旅""海派建筑的艺术再现""红色风暴中的风流人物""石库门里的我"四个主题组成课程单元,每个主题下又有具体的活动内容,详见图4-4。

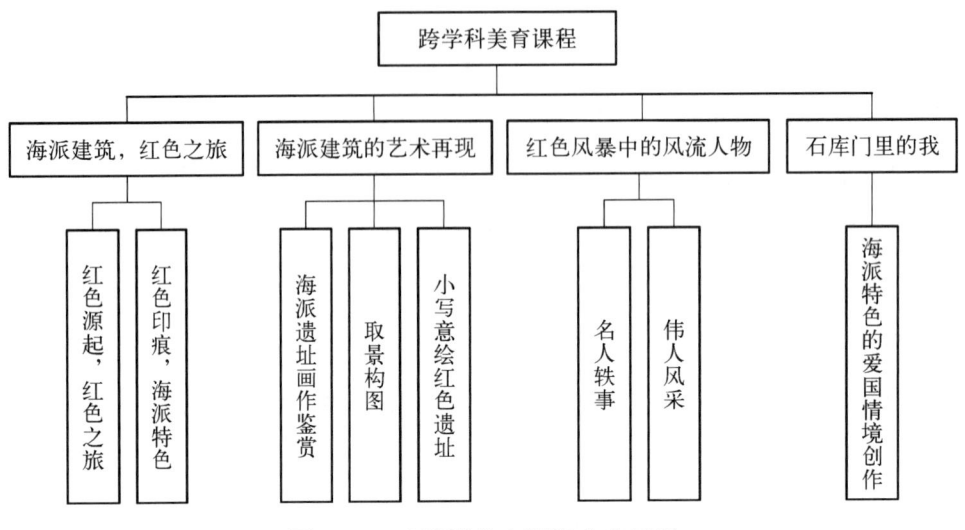

```
                        跨学科美育课程
         ┌──────────────┬──────────────┬──────────────┐
    海派建筑,         海派建筑的         红色风暴中的        石库门里的我
    红色之旅          艺术再现          风流人物
    ┌────┬────┐      ┌────┬────┐      ┌────┬────┐         │
  红色   红色    海派遗址  取景  小写意   名人   伟人      海派特色的
  源起,  印痕,   画作鉴赏  构图  绘红色   轶事   风采      爱国情境
  红色   海派             遗址                          创作
  之旅   特色
```

图4-4 跨学科美育课程内容图谱

以"海派建筑,红色之旅"为例,活动之一是"红色源起,红色之旅",学生分组合作制作红色遗址定格动画,并通过视频剪辑添加旁白、字幕和背景音乐,串联讲述红色遗址尘封已久的红色故事。活动之二是"红色印痕,海派特色"。学生通过查询和寻访海派建筑完成任务单,比如,了解上海名人故居的建筑样式和风格特点,了解海派建筑的多元化和本土化等特点,以此树立文化自信。

(5)体育专项化课程概述

深入贯彻《上海市学校体育发展"十四五"规划》《关于深化体教融合 促进青少年健康发展的意见》等文件精神,遵循均衡发展与特色发展相结合的原则,聚焦"教会、勤练、常赛",以学校"阳光体育活动"为载体,让学生在运动中"享受乐趣、增强体质、健全人格、锤炼意志"。全面落实国家课程方案与课程标准,开展大单元教学设计与实践,提高学校体育课堂教学、阳光体育、课外活动的质量。建设学前"游戏化"、小学"兴趣化"、初中"多样化"、高中"专项化"的体育课程群,促进学校体育特色发展,提高体育教学质量水平。

以体育兴趣化课程建设为例,是以《义务教育体育与健康课程标准(2022年版)》和配套教材为基础内容,以"兴趣化"教学创新设计为基本目标,对教材内容进行教育性、健身性、兴趣性、趣味性的改造。通过对课程资源的开发探究，系统整合国家课程和校本课程的教学内容为主要研究构架。以学校自身的体育传统项目或确定要发展的运动项目进行教学内容的统整，丰富兴趣化教学内容与实施方法的选配，促进学生身体运动能力，发展学生体育运动锻炼的兴趣。

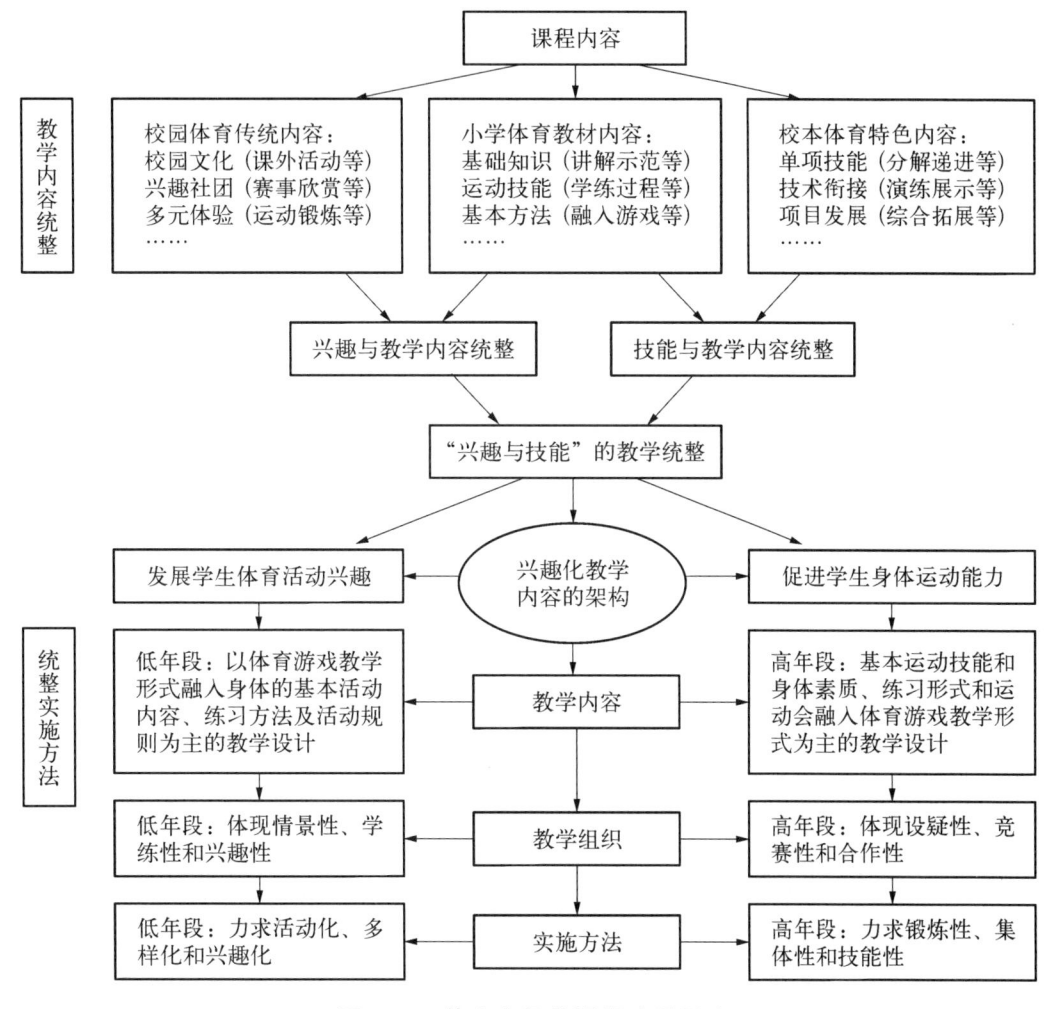

图 4-5 体育兴趣化课程建设思路

体育专项化课程则需要围绕学校体育总体目标，在增强学生体育基本体能素质、保证国家体质测试要求的基础上，以体育优势品牌项目的打造来激发学生参与运动，使学生在高中三年里掌握1~2门体育运动专项技能，以充分挖掘学生体育运动潜能，培养学生乐于体育锻炼、自主参与体育活动的兴趣，让学生真正体验到体育运动带来的自信与快乐，为终身体育打下基础，促进学生的健康全面成长，以此进一步夯实学校体育文化建设。具体目标包括：**一是构建全新的学校体育课程教学模式**，即通过学校体育课程教学改革，改变传统的体育教学内容、组织形式和运行机制，建立起以兴趣培养为导向的高中体育"专项化"学校体育课程教学模式。**二是使学生锻炼成为一名业余体育运动员**，即培养与发展学生的体育兴趣，让每一位学生能熟练掌握1~2项运动技能，掌握体育与健身基本理论，懂得所学项目的竞赛组织与规则，具备较高的体育文化素养和欣赏能力；基本养成自觉参与体育锻炼的习惯及科学文明的生活方式；体育素养明显提高。**三是形成学校体育工作的新局面**，即通过课程改革使"基础课程—专项课程—自主阳光锻炼—体育社团—竞技队"有机整合，促进形成学校体育工作和学生自主锻炼的新局面，使学校真正成为学生活动的乐园、学习的乐苑、生活的家园。

2."五育融合"区域课程的典型案例剖析

(1) 中小幼一体化"中国系列课程"案例剖析——以"藏在木头里的中国智慧"为例

在传统文化日益受到重视的今天，"五育融合"区域课程致力于将中华优秀传统文化融入现代教育体系，以培养学生的文化自信和创新能力。榫卯技艺作为中国传统工艺的重要组成部分，具有悠久的历史和独特的魅力。然而，随着现代科技的发展，许多学生对这一传统工艺了解甚少。在当今教育多元化发展的背景下，如何在现代化教育体系下传承并弘扬中华优秀传统文化，宝山区勇于探索，智慧赋能传统文化，以"藏在木头里的中国智慧"区域课程为学生们搭建了一座连接过去与未来的桥梁，旨在通过榫卯技艺的学习，让学生深入了解中国传统工艺，感受匠人精神，培养创新能力和动手能力。这不仅是一次课程的创新尝试，更是一次深植文化自信、激发民族自豪感的教育实践。

课程开发主要经过了以下历程：本课程开发团队以宝山区实验小学为核心，由德育室、PBL项目组以及具有丰富教学经验的教师组成。团队成员包括语文、道德与法治、心理、数学、英语、美术、劳技、自然、信息科技、木工社团等多学科的优秀骨干教师及班主任等，他们共同负责课程的设计、实施和评价。此外，学校还邀请了上海木文化博物馆的专家作为顾问，为课程提供技术支持和专业指导。

在成功组建团队之后，首次研修活动先对课程进行了简要介绍，教师们通过头脑风暴的方式，深入交流并探讨了项目驱动性问题以及预期的课程成果，进而确定

第四章　区校行动：生活教育理论视域下推进"五育融合"区域创新实践的探索

了可能衍生出的子项目。这一环节有效地促进了团队成员间的思维碰撞，为项目的初步框架注入了丰富的内涵和活力，完成了子项目及其内容的补充表。在第二次研修中，初步确定了项目的核心驱动性问题——"如何在校园内策划并举办一场榫卯工艺展"，并据此细化了项目成果的具体要求。围绕这一核心问题，课程组进一步明确了子项目的内容，并对项目内容进行了初步的探讨和规划。第三次研讨阶段则针对课程内容与各个子项目的匹配性进行了细致的讨论，对项目内容进行了必要的合并、补充，并深入探讨了子项目之间的逻辑顺序，以确保课程内容的连贯性和完整性。经此过程进一步完善了课程内容，并填写了项目课程实施设计表，明确了课程的主题、具体内容、课时目标以及执教老师等信息，为后续的项目实践奠定了基础。

在实践环节，课程开发团队根据前期的课程研修，完善课程实施方案。课程实施需要整体思考项目的节点。节点意味着项目的进展，也意味着反馈和评估。项目化学习实施规划的一个重要原则是"以始为终，评价前置"：设计者从最终可能出现的各种项目成果和出项开始，倒推项目进程。实践环节，课程开发团队的老师需要完成：(1)备课；(2)实践；(3)反思。通过采取双师模式，共同备课、细化目标内容、设计学习单、课堂实践、反思等。在教学实践环节，则要求团队老师一起听课，当场评课。因此，团队所有老师都跟进了整个课程。这样的好处在于，团队老师及时了解课程进程，尤其是更好地做好前后课时的衔接，更具有项目意识。课程的结束不代表项目的结束。作为课程负责人，需要组织团队做好课程复盘，因为前期每个课时都全员跟进，因此，最后的复盘更多的是为课程迭代服务。

围绕课程的四要素，形成了完善的课程设计，核心内容如下：

① **课程目标建构**

● **课程目标确立的依据**

在当今快速变化的时代背景下，传承与弘扬中华优秀传统文化显得尤为重要。通过深入学习和体验，我们旨在培养学生的文化自信，让他们深刻理解并自豪于自己民族的文化根基。"藏在木头里的中国智慧"这一课程，不仅是一次对榫卯技艺等传统工艺的探索之旅，更是一次心灵的洗礼，让学生在动手实践中感受到中华文化的博大精深与独特魅力。

我们注重提升学生的动手能力和创新能力，鼓励他们在实践中发现问题、解决问题,从而培养出一批既具备扎实理论基础,又拥有出色实践能力的复合型人才。通过亲自设计并制作榫卯作品,学生们不仅能够锻炼自己的手工技艺,还能在创新思维的引导下,创造出独一无二的艺术品,实现个人潜能的全面发展。

此外,我们深知激发学生对传统工艺的兴趣和热爱是传承文化的关键。在课程中,我们融入了丰富的历史故事和文化内涵,让学生们在了解榫卯技艺的同时,也能感受到匠人精神的传承与发扬。这种对工艺的执着追求和对品质的精益求精,正是匠人精神的精髓所在,它将激励着学生们在未来的学习和生活中,不断追求卓越,勇于创新,为中华优秀传统文化的传承与发展贡献自己的力量。

- **课程开发的具体目标**

a. 让学生了解榫卯技艺的历史渊源、制作技艺和文化内涵。

b. 通过实践操作,让学生掌握榫卯结构的基本制作方法和技巧。

c. 培养学生的创新思维和解决问题的能力,鼓励他们设计并制作具有创意的榫卯作品。

② 课程设置与内容概述

本课程旨在全方位、深层次地引领学生走进榫卯技艺的奇妙世界。首先,我们从榫卯技艺的历史与文化入手,通过生动的讲解和丰富的史料,让学生追溯榫卯技艺的起源,了解其发展历程,并探讨它在现代社会中的广泛应用,从而激发学生对这一传统工艺的兴趣与尊重。紧接着,课程深入到榫卯结构的基本原理,详细解析榫卯结构的多种基本类型及其独特的连接方式。这一部分不仅涵盖了理论知识,还通过直观的模型展示和互动教学,帮助学生建立起对榫卯结构的直观认知,为后续的实践操作打下坚实基础。

在榫卯作品的制作实践环节,学生们将亲自动手,从选材、设计到切割、组装,全程参与榫卯作品的制作流程。这一环节不仅锻炼了学生的动手能力和空间想象力,更让他们在实践中深刻体会到榫卯技艺的精妙之处。此外,课程鼓励学生发挥创意,设计并制作具有个人特色的榫卯作品,并通过展示与交流环节,分享自己的创作理念和制作过程。这一环节不仅激发了学生的创新思维,还培养了他们的表达能力和团队合作精神,使他们在享受创作乐趣的同时,也收获了成就感和自信心。

- **课程实施方法**

理论与实践相结合:通过课堂讲解、实物展示和实践操作等多种方式,让学生全面了解榫卯技艺。

项目式学习：以"如何策划一场校园榫卯作品展"为驱动性问题，引导学生开展项目式学习，培养他们的团队合作和创新能力。

研学旅行：组织学生参观上海木文化博物馆，实地了解榫卯技艺的历史和文化，感受传统工艺的魅力。

数字化教学：利用智能课桌、AI老师等数字化教学手段，提高学生的学习兴趣和效率。

- **课程的设置**

课程名称：藏在木头里的中国智慧

课程类型：选修课程

开设年级：四、五年级

课程简介：

中华优秀传统文化是中华文明的智慧结晶和精华所在，是中华民族的根和魂。作为一所有着121年历史的百年老校，上海市宝山区实验小学不只要向前看未来，更不能忘记传承历史，学校有责任也有义务为弘扬中华优秀传统文化做出自己的努力。

"藏在木头里的中国智慧"校本课程基于榫卯悠久深厚的文化历史底蕴和独特的工艺美学，精心设计、五育融合了一系列跨学科学习活动。为了让传统工艺焕发新生，学生围绕"如何策划一场校园榫卯作品展"这一驱动性问题，主动探究榫卯的历史、种类、作用和应用领域等内容，学习如何设计、拼搭制作榫卯作品，最后形成的项目成果是举办一场校园榫卯作品展，并向同学们介绍榫卯文化，学生在项目过程中对于传统工艺的传承与创新有了更深的理解。

课程团队选择中国非物质文化遗产榫卯作为学习内容，引导学生提出问题，开展项目化学习，深入了解榫卯工艺，感受其中蕴含的中国智慧，从而激发他们对传统文化的热爱与传承。为了确保课程的专业性和深度，学校还特别邀请了"劳模工匠进校园"志愿者辅导员上海工匠顾惠明老师。

在校本课程的探究过程中，培养学生提出问题、解决问题的能力。同时帮助学生了解榫卯的历史与结构以及发展现状，感受并学习榫卯在现代建筑的应用，亲手制作简单的榫卯以及木质作品，发现家乡的美，激发学生对家乡的热爱，以及对传统文化的保护意识及民族自豪感。

③ **课程内容设置**

本课程共 12 课时,分为四大模块,过程中注重理论与实践的结合。首先,通过"模块一:揭秘'榫卯'工艺"2 课时内容,向学生介绍榫卯的基本原理和构造方法,让他们了解这一技艺的精髓所在。再通过"模块二:木艺研学之旅"2 课时,组织学生前往宝山区木文化博物馆研学活动,学生们共同完成有趣的挑战任务,通过合作与

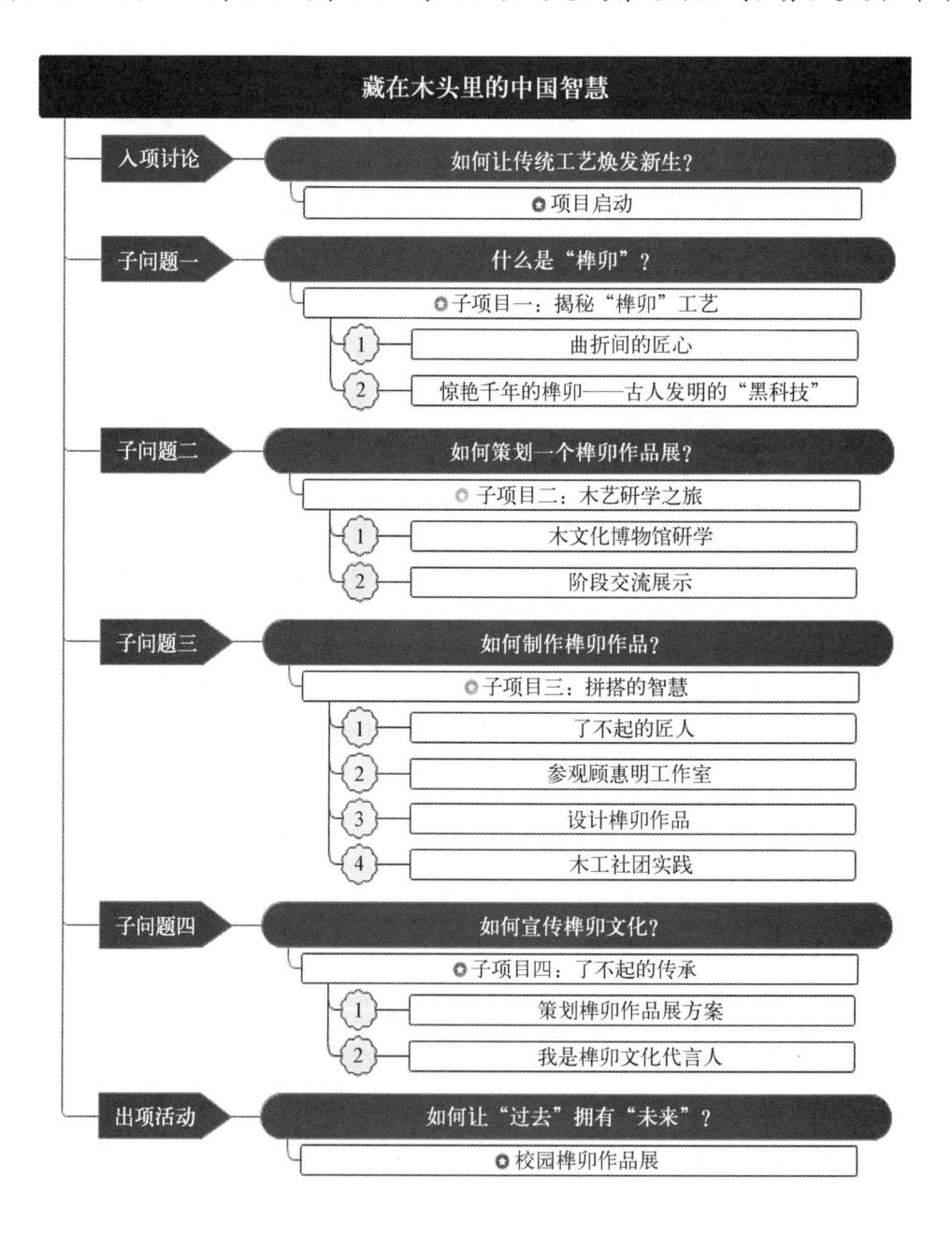

藏在木头里的中国智慧

- **入项讨论**:如何让传统工艺焕发新生?
  - ● 项目启动
- **子问题一**:什么是"榫卯"?
  - ● 子项目一:揭秘"榫卯"工艺
    1. 曲折间的匠心
    2. 惊艳千年的榫卯——古人发明的"黑科技"
- **子问题二**:如何策划一个榫卯作品展?
  - ● 子项目二:木艺研学之旅
    1. 木文化博物馆研学
    2. 阶段交流展示
- **子问题三**:如何制作榫卯作品?
  - ● 子项目三:拼搭的智慧
    1. 了不起的匠人
    2. 参观顾惠明工作室
    3. 设计榫卯作品
    4. 木工社团实践
- **子问题四**:如何宣传榫卯文化?
  - ● 子项目四:了不起的传承
    1. 策划榫卯作品展方案
    2. 我是榫卯文化代言人
- **出项活动**:如何让"过去"拥有"未来"?
  - ● 校园榫卯作品展

竞争的方式激发他们的学习热情。"模块三：拼搭的智慧"则有4课时，邀请上海工匠顾惠明来校进行现场演示和指导，让孩子们更加深入地了解木工技艺的奥秘。同时会提供一系列的工具和材料，让学生亲自动手制作榫卯结构。通过不断的尝试和实践，学生将逐渐掌握榫卯的制作技巧，并在制作过程中感受到成功的喜悦。最后，通过"模块四：了不起的传承"2课时，策划并完成校园榫卯作品展。

	环节	课时	任务	场地	任务实施建议/要求	设置意图
课程内容设置	项目启动	1	项目启动（入项）	教室	头脑风暴：如何让传统工艺焕发新生？	师生集思广益，确定课程项目内容。
	模块一：揭秘"榫卯"工艺	2	曲折间的匠心（项目课）	教室	初步认识中华民族千百年来的木质建筑文化的发源和传承，了解与各类木质和木建筑相关的课外小知识。	认识中国传统木质工艺和木建筑文化。激发学生的创新精神，帮助学生培养人文素养和审美情趣。
			惊艳千年的榫卯（项目课）	教室	将非遗榫卯与现代技术相结合，了解榫卯的文化历史及发展现状，并拼搭实物及虚拟模型，激发学生对传统文化的保护意识及民族自豪感，感受匠人精神。	为学生后续了解榫卯结构的知识打下基础，鼓励学生制作相关小工艺品。
	模块二：木艺研学之旅	2	木文化博物馆研学（研学）	社会基地	通过走访木文化博物馆，初步了解木文化的辉煌过去和发展历史，感受古今木雕大师的大智慧。	走进木文化博物馆，感受古人的大智慧，解锁N种做法，将木头运用于生活的方方面面。
			阶段交流展示（研学）	社会基地	结合木文化场馆研学所见和所得，梳理搜集到的场馆资料，介绍自己眼中的木文化博物馆，图文并茂，展示研学成果。	以小组的形式汇报研学收获，体会巧思与匠艺，知道将木文化融于生活才是最好的传承。
	模块三：拼搭的智慧	4	了不起的匠人（讲座）	教室	参加上海工匠顾惠明老师的讲座，听顾老师分享成长经历、匠人精神，学习榫卯谚语等传承的专业知识。	向身边的劳模工匠顾惠明老师学习，感受劳模精神：无私奉献、精益求精、传承文化。

续　表

环节	课时	任务	场地	任务实施建议/要求	设置意图
课程内容设置 模块三：拼搭的智慧	4	参观顾惠明工作室（研学）	社会基地	在顾老师的木工工作室，近距离观察榫卯的匠心巧思，并通过聆听顾老师的讲解学习木工及榫卯知识。	将所学知识应用于实践，感受榫卯结构实用性与美观性的完美结合，知道保护传承优秀文化是每个人的神圣职责。
		设计榫卯作品（研学）	社会基地	在顾老师的木工工作室，学习使用专业的木工工具设备，设计制作榫卯模型，并在顾老师的指导下优化细节。	在榫卯模型的拼装中感受古老的中国传统文化和前人智慧，强化传承和发扬民族传统文化的使命感。
		木工社团实践（项目课）	教室	邀请木工社团学生帮助指导其他学生制作木工作品，并利用社团时间，对自己的作品优化打磨，提高最终成品的展示质量。	通过拼接、敲打、打磨、上色制作榫卯作品，进一步了解榫卯结构的功能与特点，在动手动脑中感受中国传统工艺之美。
模块四：了不起的传承	2	策划榫卯作品展方案（项目课）	教室	设计榫卯展展区分类需求，准备课程海报及展品等，沟通时间场地，培训讲解员，邀请校电视台采访等。	将前期课程各项学习内容融会贯通，通过团队合作的形式，培养综合实践能力。
		我是榫卯文化代言人（项目课）	教室	宝山人宝山魂，将魅力家乡宝山的榫卯文化历史从不同角度展现在学生面前，真切激发学生对榫卯及宝山的自豪与热爱。	对榫卯有一定了解基础后，收集关于家乡宝山的榫卯文化，从而对学习内容更能产生共鸣，自发产生认同感。
校园榫卯作品展	1	榫卯作品展（出项展示）	校园	学生自主承担并完成榫卯作品展各项工作任务，主动为弘扬非物质文化遗产榫卯于世界做出自己的努力。	吸引更多学生了解中国传统木工技艺，感受国家非物质文化遗产榫卯文化的历史和文化价值。

④ **课程实施评价**

● **过程性评价**

a. 课堂参与度：观察学生在课堂上的表现，包括提问、讨论、实践操作等环节的参与情况,以及与他人合作的态度和能力。评价标准为学生是否积极参与,能否有效表达自己的观点,与同伴协作是否顺畅。

b. 实践操作能力:通过学生在制作榫卯模型、木建筑及创意作品过程中的表现,评价其动手能力和解决问题的能力。评价标准为作品的完成度、创意性和实用性。

c. 研学活动表现:在参观木文化博物馆等研学活动中,观察学生的学习态度、兴趣及收获。评价标准为学生是否认真听讲、记录,能否提出有价值的问题,以及活动后能否将所学知识进行分享和内化。

d. "艺友小先生"互助情况:通过"艺友小先生"制度,观察学生在互助过程中的表现,包括指导他人的能力和接受指导的态度。评价标准为是否能有效传授技艺,是否能虚心接受他人建议并改进自己的作品。

过程性评价结果占学生课程学习成绩的60%,旨在通过持续的反馈和激励,促进学生的学习进步和全面发展。

- **总结性评价**

a. 作品质量:评价学生制作的榫卯作品、木建筑及创意作品的创意性、工艺水平和实用性。评价标准为作品的精美程度、结构合理性、材料运用及整体效果。

b. 展示交流能力:通过学生在榫卯作品展等展示交流活动中的表现,评价其表达能力和自信心。评价标准为是否能清晰、有条理地介绍自己的作品,能否与他人进行有效沟通。

c. 学习成果报告:要求学生撰写学习成果报告,总结自己在课程中的学习经历、收获和反思。评价标准为报告的内容丰富性、条理性和深度。

总结性评价结果占学生课程学习成绩的40%,旨在通过对学生学习成果的全面评估,为学生的学习提供明确的反馈和指导。

- **反思性评价**

反思性评价是课程的重要组成部分,它鼓励学生深入反思自己的学习过程,提炼经验教训,从而促进自我提升和文化自信的培养。通过反思性评价,学生不仅能够更好地掌握课程知识,提升实践操作和创新能力,还能够培养团队合作和沟通能力,增强对中华优秀传统文化的认识和尊重。

反思内容	自我评价	亮点	不足	改进方向
课程知识掌握				
实践操作与创新能力				
团队合作与沟通能力				
文化自信与匠人精神				
学习态度与自我提升				

（该门课程由上海市宝山区实验小学周游及团队教师提供）

【案例剖析】

第一，动手实践悟文化，知行合一展魅力。课程设计遵循"知行合一"的原则，旨在通过理论讲解、实践操作、研学探索等多元教学方式，让学生在动手实践中感受中华文化的魅力，激发对传统技艺的兴趣与尊重，培养创新思维与工匠精神。学生们经过系统的学习与实践，不仅全面掌握了榫卯技艺的基本知识和制作技巧，更能在老师的指导下独立完成基本的榫卯作品。这些作品不仅展示了学生们对榫卯技艺的深刻理解和熟练运用，更体现了他们对传统文化的热爱与尊重。通过亲手制作，学生们深刻感受到了中国传统工艺的博大精深和独特魅力。

第二，创新思维促协作，团队双赢显成效。在课程实施过程中，学生们的创新思维和团队合作能力得到了显著提升。他们不再满足于简单的模仿和复制，而是勇于尝试新的设计理念和制作方法，将现代元素与传统文化巧妙结合，创造出既具有传统韵味又不失现代感的榫卯作品。在团队合作中，学生们学会了相互沟通、协作分工，共同解决制作过程中遇到的各种问题。这种团队协作的精神不仅提升了他们的制作效率，更培养了他们的责任感和集体荣誉感。

第三，文化自信承匠魂，传统技艺焕新颜。为了确保课程的专业性和深度，学校特邀"劳模工匠进校园"志愿者辅导员上海工匠顾惠明老师。顾老师不仅在榫卯工艺上有着深厚的造诣，更以其对传统文化的热爱和传承之心，成为学生心中匠人的典范。通过本课程的学习，学生们对中华优秀传统文化有了更深入的了解和认识，

第四章 区校行动：生活教育理论视域下推进"五育融合"区域创新实践的探索

他们不仅了解了榫卯技艺的历史渊源和文化内涵，更感受到了其中蕴含的匠人精神。这种对工艺的精益求精、对品质的执着追求，让学生们更加自信地面对世界，更加珍惜和传承传统文化。同时，他们也深刻体会到了传统文化的独特价值和现实意义，为传承和弘扬中华优秀传统文化贡献了自己的力量。

第四，数智融合承古韵，革新技艺谱新篇。作为一所百年老校，不只要向前看未来，更不能忘记传承历史、弘扬中华优秀传统文化。课程将现代信息技术与传统榫卯工艺巧妙结合，利用智慧桌椅、数字资源、AI 老师等现代技术手段，让古老文化焕发新的生命力为传统木艺教学带来革新，极具冲击力和反差性。这种古今交融的教学方式，不仅让学生对传统文化有了全新的认识，更激发了他们对中华传统优秀文化的自豪感和保护欲。学生可以"穿越"历史，身临其境学习古代匠人的智慧与技艺，沉浸式的体验极大地增强了学习的趣味性和实效性。同时，利用虚拟技术进行精准模拟和设计，鼓励学生尝试将传统工艺与现代设计理念结合，创造出既保留文化底蕴又符合现代审美与功能需求的创新作品，实现传统与现代的无缝对接。

第五，宝山瑰宝展风华，家乡文化显魅力。"宝山有宝"不只是一句口号，更是对家乡土地深厚文化底蕴的真实写照。宝山区坐拥自然瑰宝与人文精华，从历史悠久的古迹到现代文化的创新，课程有幸揭开宝山榫卯文化的神秘面纱，诸如在木文化博物馆感受到木头背后的故事与温度；劳模工匠面对面传授技艺，分享职业生涯中的酸甜苦辣；宝山寺展示了传统建筑美学和古老智慧，每一块木头都仿佛在诉说着千年的故事；花格榫卯是中国传统装饰艺术的瑰宝，展现匠人对于美的极致追求。独属于宝山的文化自信与魅力，让人感受到家乡文化的独特韵味和无限魅力，流淌着对家乡的无限热爱与自豪，更激发学生探索家乡宝山榫卯文化的热忱，纷纷渴求实地踏访，誓要走遍宝山，亲历这份历史的沉淀与匠心的独运。如何在保护与传承中创新发展，让传统文化在新时代焕发光彩？这不仅是一次对家乡文化的深度挖掘，更是一场爱国爱乡情怀的精神盛宴。

综上所述，"藏在木头里的中国智慧"以木工为载体，让学生切实感受到中国非物质文化遗产榫卯中蕴含的中国智慧和中华美学，震撼于用生命灌注技艺而传承下的匠人精神。学校一直在探索和思考：如何让"过去"拥有"未来"？好在推进课程的过程中，有效提升了学生对中华优秀传统文化的认识和兴趣，并增强了文化自信，让宝山学子了解宝山、认识宝山、热爱宝山，成功激发了学生对传统文化的保护意识及民族自豪感。学生在项目化学习丰富的校本课程中，综合运用多学科知识和经验解决劳动中出现的问题，让宝山学子的协作创新、实干进取能力在本项课程学习中得到最大的发挥。

(2)"行知行"劳动课程案例剖析——以"秋收万颗子——一粒米的诞生"为例

党的二十大报告中 11 次提到"劳动"，习近平总书记提出号召，要"坚持尊重劳动、尊重知识、尊重人才、尊重创造""要在全社会弘扬劳动精神"。在全面深化教育综合改革的背景下，对标国家、教育部、上海市重要文件精神，劳动教育首先回答的是如何充分发挥"引擎"功能，提升树德、增智、强体、育美的综合育人价值，培养担当民族复兴重任的时代新人。同时，宝山的劳动教育需要进一步思考，如何践行陶行知教育思想，建立新时代劳动观。通过深入研究与思考，尝试挖掘出能彰显宝山教育文化底蕴与时代要求的新劳动教育内涵。

宝山区创新实践陶行知教育思想，打造区域"行知行"劳动教育品牌，建构以劳动教育为引擎的"五育融合"素质教育发展新格局。罗泾镇是宝山区"行知行"劳动教育校外实践基地之一，拥有广阔的农田资源和现代化的农业设施设备，在此基础上，宝山区教育局与罗泾镇洋桥村联合开发"行知行"劳动教育试验田，打造"第三空间"劳动教育基地项目，组织学生深入田间，参加力所能及的生产劳动和服务性劳动，与普通劳动者一起经历劳动过程，在出力流汗中体认劳动创造价值。

广阔的农田和林地资源，给课程开发提供了便利的条件。基地课程开发以习近平新时代中国特色社会主义思想为指导，全面贯彻党的教育方针，落实立德树人根本任务，牢牢把握育人导向，遵循教育规律，结合基地的实际情况，开发出适合中小幼各学段的劳动教育实践课程。课程内容以出力流汗为主，农业生产知识为辅，让学生在实践中学会劳动技能，养成劳动习惯，增长劳动知识，内化劳动精神。下面以"秋收万颗子——一粒米的诞生"专题课程为例，剖析"行知行"劳动课程的教学设计与实施情况。

课程简介：大米是我们日常生活中最常见也是最普及的粮食之一，它的历史源远流长。"谁知盘中餐，粒粒皆辛苦。"碗里的一粒粒米饭都来之不易。本次课程引导学生了解水稻的成长过程,了解现代机械设备在水稻种植过程中的运用,了解利用现代技术加工大米的过程,增加学生现代农业机械方面的知识,引导学生思考在人工智能普及的时代该如何选择职业。同时,学会正确地使用农具收割水稻,体验捆扎、晾晒、脱壳等稻米的收获过程。在劳动中体会节约粮食的重要性,在出力出汗中锻造劳动品质。

活动目标: ① 了解水稻的成长过程,了解现代机械设备在水稻种植过程中的运用,了解利用现代技术加工大米的过程,增加学生现代农业机械方面的知识。学会正确地使用农具收割水稻、捆扎、晾晒、脱壳等农事劳动。② 通过劳动,将书本知识与现实生活相结合,拓展知识面,提升劳动技能,培养动手能力。在劳动中体会节约粮食的重要性,在出力出汗中锻造劳动品质。

主要活动: ① 观看《一粒米的诞生》的视频,了解水稻从育种到收获的过程。② 参观稻米工坊,了解现代化生产线的稻米加工过程,增加现代农业机械方面的知识。③ 进入田间,学习用传统的工具收获水稻,在劳动中体会节约粮食的重要性。④ 利用书籍、网络等资源,了解水稻种植运用的现代技术,整理并制作PPT与同学们交流分享。

参与对象: 上海市宝山区八年级学生。

【案例实施】

- **课前资料查找,了解一粒米的诞生过程**

从种子到餐桌上的米饭,一粒米是怎样诞生的呢?利用书籍、网络等资源,去了解并记录下来。

- **参观现代化的农业设备和大米生产线**

现代水稻种植所需要的每一步都可以不再是人工操作,而能由机械取代完成。比如说,播种就采用的是无人驾驶水稻旱直播机;施肥、除虫是采用无人直升机进行操作;等到丰收的时候,就采用收割机和运粮车协同完成收获。水稻种植机械化解放了人类的双手,也提高了人们的工作效率。参观农机仓库,了解水稻从种植到收获需使用的机械设备。

在罗泾镇洋桥村有一条日产12吨的生产线。一走进轧米间,便听见隆隆的机器作业声,整个车间整洁有序,设备布局合理规范。短短两分钟,一袋颗粒饱满、晶莹剔透的10公斤装大米就包装完成。这里出产的水稻品种特殊,是由宝山当地农场自主选育的"宝农34号",营养丰富、米质稳定且口感优异。通过参观稻米工坊,学生可以了解这条生产线的加工过程。

● 进入稻田,跟种植老师学习用传统的工具收割稻谷

正值稻谷收获的季节,稻田里金黄的稻穗压弯了腰,尽是一派丰收的秋景。同学们通力合作,得到满满的收获!以班级为单位,通过割水稻、搬稻子、打稻穗、分拣稻穗、清洗与整理劳动工具等一系列劳动,分小组完成班级责任区域的水稻收割。很多同学都是第一次来到田间地头参加劳动,在收割水稻的过程中,他们体会到了劳动的艰辛、粮食的来之不易,也体验到了丰收的喜悦。

● 课后利用书籍、网络等资源,了解水稻种植运用了哪些重要的技术

我国之所以能实现水稻的量产,一是因为有了杂交水稻体系,二是水稻种植的机械化。通过资料了解中国传统农业特点,分析现代农业与传统农业的区别,初步理解种植、养殖与生活及经济的关系。

【案例剖析】

第一,田间劳作,因地制宜打造区域特色劳动教育。劳动课程基地结合洋桥村农耕土地、林地与家禽家畜舍,根据学生不同学龄设计了不同强度的农耕劳动课程、动物饲养课程及林间探究活动等,充分利用当地的自然环境与人文设施,让学生零距离接触田地与农作物,为学生打造了一个融体验、学习、实践为一体的农耕劳动教育基地。例如,"田间劳动——水稻收割"课程,充分利用洋桥村的水稻田资源,为学生搭建了一个走出校门、走进农田的平台。学生们通过这一平台,了解大米从秧到稻最后成米的知识,学习镰刀的使用,下田体验收割水稻,在出力流汗中体悟劳动过程的艰辛、劳动结果的欣喜。

第二,手工制作,在劳动实践中传承非遗经典。非遗手工根植乡村,是乡村民众生存技巧和生活经验的智慧总结,是民间文化的精髓与典型代表。以非遗为代表的民间艺术不仅养育了人民,还记录了历史,涵养了人们的民族自豪感。它们蕴含着中华民族特有的精神价值、思维方式、想象力和文化意识,体现着中华民族绵延不绝的生命力和创造力,是我国历史的见证和中华文化的重要载体。第三空间设置的手

工劳动教育,是给学生真实的实践体验,不枯燥乏味,符合学生兴趣的灵动设计,虽是学习传统文化技艺,但不拘泥于传统,鼓励学生在传统的基础上创新,体现时代背景的创新课程。

手工劳动课程,设置了中国结编绳、传统刺绣、经典剪纸、布艺等传统手工艺制作课程,在教学实践中将传统文化、劳动教育、非遗技艺相融合。让学生传承非遗技艺,对工匠精神的真实体验与感悟,激发学生热爱劳动,领悟劳动价值。手工制作课程的设置,不仅丰富了学生的学习体验,提高了动手能力,还能激发他们的创作灵感。学生在传承经典技艺的基础上继续创新,不仅实现劳动创意,感受劳动的快乐,树立正确的劳动观念,还让传统文化在新时代出圈,让非遗经典在传承中兴盛,让学生习得匠人们的一份执着的坚守与创新。

第三,课程设置,多元化劳动教育在创新中焕发活力。劳动教育来源于生活,立足于实践,是一门有"生命力"的课程。我们在保障覆盖面与课时的基础上,发挥以劳树德、以劳增智、以劳强体和以劳育美的作用,让劳动教育在创新中焕发新的活力。

劳动教育是形态丰富、内容多元的实践项目,既依托于课程,也需要家校协同、社会合力。第三空间劳动教育基地协同家校,开设了插秧苗、种蔬菜、挖红薯、刨花生、割水稻、编中国结、刺绣、布艺等有新意的课程,让学生在兴趣中劳动,在劳动中成长。有"生命力"的劳动教育需要各方积极创新,让劳动有新意、有乐趣,传达正确的劳动观念。

未来,创造性劳动将逐渐取代重复性劳动,劳动从生产转向创造是时代发展的必然趋势。劳动教育需要突破传统认知,注重培养创造性思维,提高解决问题的能力。我们的课程正是结合生活实际和学生个性,传递先进劳动理念,进行体验式劳动教育,让学生在劳动实践中感受乐趣。

(3) 研究性创智课程案例剖析——以"北转型下的南大智慧城"为例

"北转型下的南大智慧城"是小学阶段的一门研究性创智课程,是理论性和实践性都很强的区域共享课程。本课程的任务是围绕"探秘未来之门"这一主题,通过课堂教学、场馆参观、小组合作等形式,了解南大地区场地记忆、城市发展以及综合整治成效,知晓南大总体规划蓝图、城市发展建设的宏伟远景,提高学生科技报国的家国情怀和使命担当素养,为学生实践能力、创新能力的发展奠定坚实的基础。

开发该门课程是为了让学生深刻且全面地了解南大,从溯源、近代工业集聚到十年环境综合整治,高起点规划引领科创中心主阵地再开发的历程,以及南大今后的发展目标及规划。通过研学实践、课后调查、合作探究等实践活动,培养学生综合运用所学知识解决问题的能力,促进调查分析、思维探究和合作沟通等综合能力的发展。通过学习,学生能知晓科创宝山是宝山人全新的使命,更是宝山少先队员茁壮成长的强大动力,在心中种下一颗信仰的种子,将来成长为建设上海科创中心主阵地的主力军。特别是通过今昔物件对比,知晓南大地区的综合治理情况,认识南大智慧城"双子塔""科创之门",感受这里的科创能力和经济发展。知晓宝山区科技特色项目,策划创客活动,培养创新与合作精神。

课程基本内容包括三大部分:通识部分、研学部分和展示部分。

① 通识部分(四课时)

第一课时"大场的前世今生":学生通过诉说前世,了解大场名字由来;通过观看地图,寻找大场地理位置;通过知晓今生,了解南大十年变迁。需注意突出学生应当知道大场镇的地理位置,了解大场名字的由来,知晓南大地区的十年变迁。需注意为学生创设真实的学习情境,通过智力问答、导游介绍等形式讲述行知路及路名背后的故事。

第二课时"南大的城市门户":学生通过图片、视频等,讲述老物件的故事,了解五大转型区产业规划,知晓南大智慧城规划,走进智慧城首发项目。需注意突出学生应当结合生活,讲述老物件的故事,通过了解五大转型区产业规划,从而走进南大智慧城,了解南大首发项目和门户地标。本课的教学形式可以多样化,在确保知识性的基础上增强趣味性;课时内容要结合大场的变化来凸显"综合整治"带来的成效。

第三课时"身边的科创乐园":学生开启南大科创之门,走进环上大科技园,了解并设计科技特色活动。进一步了解南大首发项目和门户地标,认识环上大科技园各基地的作用,将宝山区科技特色活动融入其中。教学充分融合了学生实际,需注意整合资料让学生理解科技强国的道理。

第四课时"智能的社区建设":学生通过对比今昔大场社区,知晓智慧社区建设,了解品质宜居社区,展望智慧之城规划,描绘未来幸福小屋。需注意这是通识课程

第四章 区校行动：生活教育理论视域下推进"五育融合"区域创新实践的探索

的最后一课，要将前面三个课时进行整合和概括提炼，凸显教学内容的递进性。

② 研学部分（三课时）

研学共分为七个环节，分别为：查寻——云游场馆，制作研学小报；记录——研学信息，记录相关资料；踏入——梦境之城，标注地理位置；徜徉——时空走廊，掌握整治成效；观赏——沙盘影院，知晓规划蓝图；体验——展示装置，感受科技发展；写下——研学日记，讲述课程收获。

③ 展示部分（一课时）

教师组织学生进行个人知识竞赛，小组成果汇报（"大场蜕变"小报展、"南大建设"微调查、"智慧社区"脱口秀、"畅想未来"科幻画），进行研学日记交流、研学体验感悟等活动，并运用《学生手册》进行评价。

（该门课程由上海市宝山区大场中心小学代莉娜及其团队教师提供）

其中，教学内容分成了解、理解、掌握等层次要求。课程涉及的大场镇的地理位置、大场的前世今生、南大地区的十年变迁、南大智慧城的整体规划要求学生了解。大场镇名字的由来、行知路及路名背后的故事、智慧社区建设、南大智慧城的产城融合布局、规划馆展示装置要求学生理解。南大地区整治成效、南大智慧城"双子塔""创新之门"项目建设、环上大科技园作用、科创活动开展要求学生掌握。为此，课程开发团队设计了任务单支持学生探究的过程。

研 学 日 记

"南大智慧城规划展示馆"研学日记							
姓名		学校		班级		日期	
我的研学日记：								
自我评价：				辅导员评价：			

研学合作计划表

组　　长	
成　　员	
研学任务	
具体内容	
研学目标	

活动计划	实施阶段	计划时间	主要任务	阶段目标
	一			
	二			
	三			
	四			
	任务分工			
成果形式				

最后，通过学生活动手册，对学生的整个课程的参与和成果进行过程性和总体性评价。活动手册中包含整个课程推进过程中每一个课时的学习资料、学习单以及评价等，评价项目包括学习能力、合作沟通、动手操作、态度行为、小组贡献等，采取教师点评、自评和伙伴互评的形式。并且根据整个学期的项目阶段评价结果，针对整个学期中学生的课堂表现、学习态度、活动参与程度等，由教师进行总体评价，评选学期"智慧之星"。

评价项目	评价内容	自评	伙伴互评
学习能力	通过参观学习，了解南大智慧城规划展示馆。	☆☆☆	☆☆☆
	通过资料搜集，知晓南大今后的发展目标及规划。	☆☆☆	☆☆☆
	善于运用各种方法解决实践中的困难。	☆☆☆	☆☆☆

续　表

评价项目	评 价 内 容	自　评	伙伴互评
合作沟通	与其他成员积极交流,善于换位思考。	☆☆☆	☆☆☆
	团队意识强,乐于分享与帮助他人。	☆☆☆	☆☆☆
	积极参与小组决策,承担活动的任务分工。	☆☆☆	☆☆☆
动手操作	积极完成《研学日记》及《研学合作计划表》。	☆☆☆	☆☆☆
	能够提出富有创造性的实践思路与方案。	☆☆☆	☆☆☆
	善于运用各种形式呈现研学成果。	☆☆☆	☆☆☆
态度行为	积极参与研学活动,认真对待自己负责的任务。	☆☆☆	☆☆☆
	用心参观,认真研究,懂得"科创宝山"是宝山少先队员茁壮成长的强大动力。	☆☆☆	☆☆☆
	通过研学,坚定理想信念,明确学习的目标。	☆☆☆	☆☆☆
小组贡献	在整个研学中起到重要作用,不可替代。	☆☆☆	☆☆☆

学生以知识竞赛形式复习回顾大场的发展历程、南大智慧城科技发展等知识。以小组交流的形式汇报小组研学的成果,通过作品展、微调查、脱口秀、科幻画等形式展示自己的研学成果。激发起学生爱大场、爱科技、爱祖国,为实现强国梦想不断努力的思想感情。

(4) 跨学科美育课程案例剖析——以"不朽的敦煌"为例

2020年中共中央办公厅、国务院办公厅印发了《关于全面加强和改进新时代学校美育工作的意见》,提出全面深化学校美育综合改革,坚持德智体美劳五育并举,加强各学科有机融合,整合美育资源,补齐发展短板,强化实践体验,树立学科融合理念。而在此之前,2017年国务院办公厅印发了《关于实施中华优秀传统文化传承发展工程的意见》,提出围绕立德树人根本任务,把中华优秀传统文化全方位融入教育各环节,贯穿于教育各领域。特别强调对优秀文化要教育普及、保护传承,要与时俱进、创新发展,要把中华优秀传统文化的内涵融入生活中的各方面,积极宣传我国优秀文化艺术。

《义务教育课程方案(2022年版)》指出:"要加强课程内容与学生经验、社会生活的联系,强化学科内知识整合,统筹设计课程和跨学科主题学习……突出学科思想方法和探究方式的学习,加强知行合一、学思结合,倡导做中学、用中学、创中学。"跨学科主题学习正是在学科和生活之间建立联系的一个重要手段,它表面搭建的是学科之间的关联,内在建立的则是各个学科与生活的关联,让学生体会到学科知识和技能的现实价值和意义。结合对教育部、国务院颁发的相关文件的解读,针对上海书画出版社七年级第一册欣赏课"不朽的敦煌"进行探索开发跨学科课程。

通过隋唐敦煌壁画主题单元课程的开发,跨学科融合,帮助学生从多角度、多方向、多学科、多思维的视角审视理解中华优秀传统艺术,全面提升学生图像识读、审美判断、创意实践、美术表现、文化理解五大美术核心素养。敦煌莫高窟是由建筑、壁画、彩塑构成的综合性石窟艺术,其中壁画展现了多样的图案,涉及人物、服饰、圆光、背光、华盖、边饰、藻井等,对其中适用于初中美术教学的重要壁画进行提炼分析,与数学、历史、语文等学科相结合,感受我国隋唐敦煌壁画文化的魅力。

在课程的学习中预解决以下三个问题:第一,通过敦煌壁画主题课程的学习,将新时代美育和中华优秀传统文化的继承结合起来,帮助初中生继承并创新传统艺术,培养学生对中华文化的认同感,增强文化自信,以美育人,提升学生的美术核心素养。第二,学生利用自己的学习经验,激发学科知识,学会跨学科跨文化寻找解决问题,主动构建自己的新知识、新方法,促进学生间的交流合作,学会肯定同伴和自己,培养学生积极向上的价值观和生活观。第三,敦煌壁画艺术元素围绕在我们身边,用心去感悟,你会发现笔记本上的纹样、灯具的设计、游戏人物形象等都含有敦煌壁画的元素,或者说敦煌壁画的基因在我们生活中无处不在。结合生活我们去感悟敦煌壁画艺术,在课堂中去体验敦煌壁画相关的创作,把它融入现实生活中,创设符合我们新时代审美的工艺作品或者数字媒体作品,传承和保护我们的非遗文化。

- **课程目标**

① 初步认识敦煌石窟的建筑、彩塑、壁画,了解近代敦煌文物流失的历史及现代的艺术价值;运用变形与装饰手法设计花卉纹样,借助生活中的纤维材料、宝山罗泾十字挑花非遗文化的表现形式等创作新型艺术作品。

② 了解敦煌花卉纹样从自然纹样到装饰纹样的设计过程,学会设计与制作的基

本方法,并运用一定的组织方法,为生活用品进行装饰设计。

③ 融合学科,引发学生对敦煌文化艺术的关注,多角度思考、解决问题,感知中华民族的伟大,激发学生对文化遗产的珍视及保护意识。

- **课程特色**

① 学习活动:借助信息技术,继承和创新敦煌图案文创设计。

② 学习方式:跨学科探究学习。

- **课程模块**

模块主题	单元内容	课时题目(内容与任务)	课时
单元一: 感受隐匿于大漠深处的工匠异彩	初步了解敦煌的地理位置、历史演变及艺术种类。	"敦煌艺术的产生" 内容:敦煌的地理环境与历史背景。 任务:用简单的语言介绍敦煌艺术的产生过程。	1
		"'云'端赏敦煌石窟" 内容:借用"数字敦煌",赏析敦煌石窟。 任务:运用"视频编辑软件"为敦煌做三分钟左右的宣传介绍视频。	1
单元二: 宏伟瑰丽的敦煌壁画	了解敦煌壁画图案的绘画制作过程及历史研究价值,借用中国古诗词赏评敦煌壁画。	"在敦煌壁画中邂逅古诗词" 内容:古诗词与敦煌壁画相结合,借用古诗词感受敦煌壁画之美。 任务:小组合作,运用视频软件制作"当诗词遇到敦煌壁画"配音编辑。	1
		"探索发现——敦煌壁画是如何绘制的?" 内容:了解敦煌壁画的制作过程。 任务:小组合作尝试拼贴重组石窟空间。	1
单元三: 绘千秋不朽的璀璨敦煌	了解敦煌壁画的线条之美,掌握临摹的基本技能。感受敦煌壁画的色彩魅力,并总结特征。	"以线造型——敦煌壁画的线条美" 内容:了解敦煌壁画的线条之美,掌握临摹的基本技能。 任务:运用"绘画软件"感受敦煌壁画中"飞天"的线条美。	1
		"绚丽色彩——水拓敦煌" 内容:感受敦煌壁画的色彩魅力,总结特征。 任务:运用湿拓画的方法创作"敦煌遐想"卡片,感受敦煌的色彩美。	1

续 表

模块主题	单元内容	课时题目（内容与任务）	课时
单元四：敦煌壁画与创意设计	从敦煌壁画中提取学生感兴趣的元素——花卉、神兽，课堂上进行创意设计。了解敦煌壁画花卉纹样的造型与装饰特点，认识从自然纹样到装饰纹样的设计过程，学会设计与制作的基本方法，为生活用品进行装饰设计。运用生活中的回收纸，制作纸浆，还原敦煌壁画中的神兽形象。	"感受敦煌'宝相花'之美" 内容：了解敦煌壁画花卉纹样的造型与装饰特点，认识从自然纹样到装饰纹样的设计过程，学会设计与制作的基本方法，为生活用品进行装饰设计。 任务：结合生活，设计宝相花纹样。	1
		"再现敦煌神兽" 内容：寻找敦煌壁画中的神兽，观察其特征，运用生活中的回收纸，制作纸浆，还原敦煌壁画中的立体神兽形象。 任务：运用生活中的回收纸，制作纸浆，还原敦煌壁画中的神兽形象。	2
单元五：传承和保护敦煌艺术	综合探索：如何保护和传承我们的敦煌艺术？小组探讨合作，设计方案，并展示。感悟传承与发展敦煌文化遗产是我们的责任与义务。	"如何保护和传承我们的敦煌艺术？" 内容：班级同学针对"如何保护和传承我们的敦煌艺术？"展开小组讨论，教师指导确定小组方案。 任务：学生小组合作，设计方案。	1
		"传承和保护敦煌艺术" 内容：结合小组方案，进行展示。 任务：学生以小组为单位进行展示（展示形式不限，演讲、舞蹈、戏剧、展览等皆可）。	1

课程评价采用平时作业等级、观摩活动评价等级、最终创意作品等级等，多角度、多层次、多手段、多形式。注重结果，也注重过程的基本原则，灵活运用各种科学有效的评价手段。对学生的知识与能力、过程和方法、情感态度与价值观做出定量和定性相结合的评价。

本课程的评价主要围绕学生的学习过程、学习态度、行为表现、跨学科思维及迁移能力、作业进行评价，坚持以评促学，注重观察学生的学习、实践、创作等活动中的典型特征。运用艺术作品展示形式对学生整体学习情况进行分析。

● 评价指标

① 审美感知：能够了解敦煌石窟中包含的艺术种类，并能够列举敦煌壁画中的典型作品。

② 文化理解：能够口头或者书面表达对"敦煌壁画艺术"的感受和认识，能够运用跨学科对比、感悟、查阅、讨论等方法分析、描述敦煌壁画的主要内容和特征。

③ 艺术表现：能够把敦煌壁画和生活相结合，运用视频编辑软件、绘画软件制作2件作品，运用雕塑创作1件立体作品。

④ 创意实践：能够结合敦煌壁画中的"宝相花"设计花卉纹样。

课程总体评价表		
等　第	评　价　标　准	
D	没有达到以下细则所描述的标准。	
C	根据学习目标基本掌握了各项课程活动的要求，但在鉴赏、创作、交流展示上仍有很多不足。	
B	根据学习目标能够很好地评价其他组，并在组内积极参与、积极展示，作品创意性强，学习过程中能够结合其他学科思考问题、解决问题，完成课程目标要求。	
A	根据学习目标能客观地评价本组、其他组关于敦煌艺术的鉴赏、技法、创作设计，能够运用跨学科的方法，多角度、辩证地分析问题，具有一定的综合探索和学习迁移能力，很好地完成课程目标，作品创意性强，展示突出。	
自评		等第（　）
他评		等第（　）
师评		等第（　）
总评	优点： 不足及建议： 自我改进：	总等第 （　）

（该门课程由上海市吴淞初级中学仪静及其团队教师提供）

【案例剖析】

第一，围绕问题解决是跨学科课程的实施路径，跨学科融合教学指向"问题"的解决。从创设的融合情境里面发现问题，提出要解决的核心问题，从而分析和解决问题，并以此为线索展开跨学科教学。通过问题解决，学会调取本学科和其他学科的知识，形成综合运用知识的能力。本课程从敦煌神兽现代创新传承问题入手，研究传统与现代价值的关系，而研究过程就是美术融合探究的一般过程。研究结果也体现了美术学科的重要学科综合实践路径，很好地实现跨学科融合，不仅发展了学生的美术素养，也发展了学生的跨学科素养，实现了跨学科融合育人。

第二，开展美术"融合进阶"探究是跨学科教学的有效方式。学生通过本课程的探究，熟悉了初中美术学科探究的一般过程，可以运用这些方法解决更多的问题。通过美术学科内学习门类和美术＋人文与自然学科"融通"（理解与应用美术学科内不同门类之间形式语言和情感表现的相通性，进行作品模仿表现）到"融创"（在分析评价美术学科内不同门类之间形式语言和情感表现的相通性基础上，进行作品的独特创新）。创新创造需要综合应用多学科知识，同时材料与设计的创新更需要学生进行生活化、体验化和现代化的理念与意识，通过充分而深入的体验，引导学生像艺术家一样思考，进行深度学习。

第三，在课堂教学中，教师通过单元情境和问题链将"探美、审美、创美、秀美"四个环节有机串联起来，凸显大单元学习的价值。通过梳理大单元活动，依托情景式教学完善问题链的逻辑，降低跨学科知识点的密度，更好地与美术知识相融合；通过优化赏析案例，明确"材料＋空间＋情感＋美感"的作品核心内容；在"探美"和"审美"环节引导学生围绕作品的材料、空间、设计思路等维度进行更深入、多维度的思考，学会像艺术家一样发现并理解作品的创意和思想表达；在"创美"环节能更好地完成自己的作品，最终在"秀美"环节中有更好的展示和评价，体现了"五育融合"综合育人的目标。

（5）体育专项化课程案例剖析——以"吴淞中学体育专项课程"为例

体育专项化课程一般以学校为单位进行个案建设，并在完善后辐射同类型学校。以吴淞中学体育专项化课程体系建设为例，围绕"每一位学生都要掌握一门终身受益的体育技能"的学校体育总体目标，在增强学生体育基本体能素质、保证国家体质测试要求的基础上，以体育优势品牌项目的打造来激发学生参与运动，使学生在高中三年里掌握1～2门体育运动专项技能，以充分挖掘学生体育运动潜能，培养学生乐于体育锻炼、自主参与体育活动的兴趣，让学生真正体验体育运动带来的自信与快乐，为终身体育打下基础，促进学生的健康全面成长，以此进一步夯实吴淞中学的体育文化建设。

具体目标包括：**一是构建全新的学校体育课程教学模式**，即通过学校体育课程教学改革，改变传统的体育教学内容、组织形式和运行机制，建立起以兴趣培养为导向的高中体育"专项化"学校体育课程教学模式。**二是使学生锻炼成为一名业余体育运动员**，即培养与发展学生的体育兴趣，让每一位学生能熟练掌握1~2项运动技能，掌握体育与健身基本理论，懂得所学项目的竞赛组织与规则，具备较高的体育文化素养和欣赏能力；基本养成自觉参与体育锻炼的习惯及科学文明的生活方式；体育素养明显提高。**三是形成学校体育工作的新局面**，即通过课程改革使"基础课程—专项课程—自主阳光锻炼—体育社团—竞技队"有机整合，促进形成学校体育工作和学生自主锻炼的新局面，使学校真正成为学生活动的乐园、学习的乐苑、生活的家园。

从改革的顶层设计来看，学校强调几个转变：**指导思想上**，从只注重学校阶段的体育教学向学生终身体育意识、体育爱好、体育习惯的养成作进一步转变。**培养目标上**，从强身健体的单一目标向"健全人格、锻造性格、培养品格、提高素养"的育人多目标作进一步转变。**教学任务上**，从只强调增强体质向利用体育运动的丰富资源改进教学作进一步转变。**教学内容上**，从单纯的基础课程教学和竞技项目训练向与全民健身接轨的健身体育、闲暇体育作进一步转变。**课程设置上**，从单一的学科类基础型课程向多种类型课程系统化构建作进一步转变。**教学方法上**，从严肃的成人化、军事化向生动活泼的自主化、娱乐化作进一步转变。**学习方式上**，从以教师为中心向以教师为主导、学生为主体相结合的方式作进一步转变。**教学手段上**，从单一的身体练习法向采用多种现代化教学手段作进一步转变。**教学研究上**，从只研究教师的教法向重视教法与学法的统一作进一步转变。**在质量评价上**，从侧重显在效应的定量测试向注重显在效应与潜在效应融合、定量与定性结合的评价作进一步转变。

对应上述理念，形成如下具体举措：**一是挖掘学生运动潜能，注重终身体育爱好的培养**，即聚焦于体育校本课程以及活动课程的科学设计和有效实施。通过"学生自主选择，教师因势利导，团队氛围带动"的方式挖掘每一个学生的运动潜能，将每一个项目都当成是对学习者终身爱好的培养来设计施教。**二是打造优势项目品牌，注重从特色到文化的提升**，探索出一条"特色项目打造→品牌内涵提炼→综合课程设计→文化内涵提升"的道路。三是聚焦师生同乐活动,注重从课堂到生活的延伸,即注重国家课程的校本化实施、注重学校专项化体育课程建设的同时,也注重营造具有"群体化、大众化、日常化"的鲜明特征的体育系列化活动,把体育工作的教学任务和全员健身、师生同乐的推广任务结合起来。

课程实施模式可以概括为:

一是"层进式学生体育个性锻造教学模式",也就是"规定内容学习→选择项目学习→自主参与学习→准专业学习"的基本路径。具体而言,规定内容学习在常规体育课中进行,以班级为单位,注重体能锻炼,并普及相关体育知识。选择项目学习在体育拓展课中进行,以比较系统的专项运动技术技能培养为主,以班级为单位,每4~5个班级学生可选择相应范围内的拓展课程。这些课程都由体育教师开发并承担教学,每学年可重选一次。自主参与学习在体育社团中进行,社团选择不限班级和年级,社团老师也不限体育教师,学生可以根据自己的兴趣特长自由选择,自主参与。体育社团是更深层次的对学生进行体育个性锻造的重要途径。学校的体育社团有男子篮球、女子篮球、男子足球、排球、女子健美操、乒乓球、网球、定向越野、航模、建模、田径、跆拳道、桥牌、象棋、国际象棋等。体育社团与学校其他40多个社团同时开展活动,进一步满足了学生的个性化需求。而对于那些真正有体育运动天赋的学生,学校也成立了专门的运动队,开展"准专业学习",积极探索"体教结合"之路,为专业院校和团体输送体育后备人才。以田径队为例,作为上海市首批市级田径传统学校,吴淞中学田径队体育生升学率达到100%,学生考取的高校有复旦、财大、同济、华师大、华东政法、北体、上大、上师大、上体等。

二是"小班化·走班制"体育专项化课程运作方式。学校组织人员以"每一个学生都要掌握一项终身受益的运动技能"为目标,根据上海市高中体育专项化各项目的教学大纲试行稿,自主进行教材开发,编写符合学校实际情况及学生身心规律的理论性、趣味性与实用性兼具的体育专项化教材。根据教师特长和前期学生的兴趣与需求展开调研,开设专项教学项目。参与体育专项化教学改革试点的年级为高一、高二年级,共20个教学班。选项工作遵循"学生选项优先,统一调配为辅"的原则。选项前,体育教研组向学生介绍相关专项运动教学的目的,学生根据自己的兴趣填写学生选项意愿表。结合实际情况调配后开始分班授课,根据师资条件、硬件条件、时间统筹,设置出可同时开展的7个选项、9个教学班的课程:篮球、足球、羽毛球、乒乓球、健美操、有氧健身、定向越野。在课程的运作方式上,高一年级分为两批教学单位,周内与科技艺术类课程轮换。高二年级以学期为单位,与科技艺术类课程轮换。每个项目教学班配备一位教师,高中体育专项化每节实验课有9位教师同时授课。每批教学单位实验教学课程采用一节课80分钟,2课时连上。为确保专项化体育教学的质量和组织管理,实施小班化教学。专项班人数控制在25人左右。

需要强调的是,基于体育素养提升的体育专项化课程评价,不能仅仅以比赛获奖作为检测指标,而是需要采用显在效应与潜在效应融合、定量与定性结合的评价方式。于是过程性数据的采集与分析就显得尤为重要。经过吴淞中学体育教师在专项化课程开发与实施过程中的不断探索,初步构建了体育专项化课程的数据采集指标(试行)。由于课程特性不同,采集指标的形式也不一样。一般由"专项技能指标"与"专项素质指标"构成。

以"吴淞中学足球专项数据采集指标"为例

一、专项技能指标

(一) 采集内容:颠球

采集方法: 要求学生用身体合理部位颠球;采集时学生有三次测试机会,采集中学生手触球或球落地即采集结束;记录最好成绩作为采集成绩。

评分标准:

分数	100	90	80	70	60	50	40	30	20	10
次数	26	21	16	11	6	5	4	3	2	1

(二) 采集内容:接、运、停球

采集方法: 受试者在起点后,待A或B点处的抛球员抛球出手后,向前快速跑出运用身体合理部位控球,然后快速向前运球并停在前方20米处半径为1米的圆圈内,计时评定成绩。

```
                  B点 ▭
                   ↓
      起点 ├─────────→─────────  ◯
                   ↑
                  A点 ▭
```

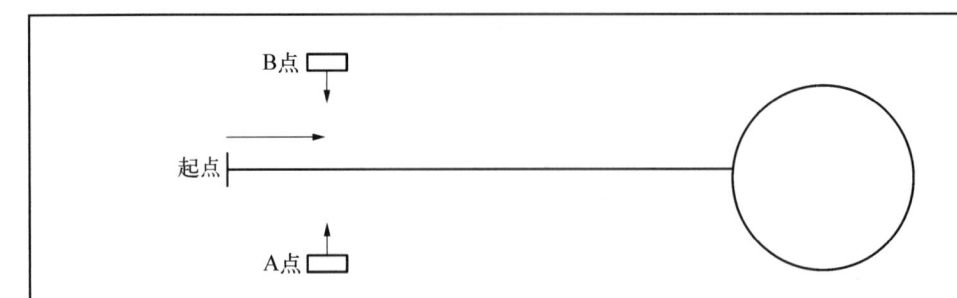

评分标准：

分数	100	95	90	85	80	75	70	65	60
时间/秒	4	4.5	5	5.5	6	6.5	7	7.5	8

（三）采集内容：运球绕杆射门

采集场地： 起点至第一杆间距为4米，最后一杆至罚球区沿线4米，杆间距2米，共绕6杆。

采集方法：

1）学生从A点起边运球，开始蛇形绕杆运球至罚球区前沿线附近完成射门，球越端线停表。

2）学生运绕过程中不可以漏绕、骑绕、人球触及标志筒，人球分过。

3）运球、绕杆、射门动作连贯，一气呵成，漏绕为失败，射门不中扣10分。

4）每个学生有三次测试机会，记录最好成绩作为采集成绩。

评分标准：

分数	100	95	90	85	80	75	70	65	60
时间/秒	5	5.5	6	6.5	7	7.5	8	8.5	9

（四）采集内容：定位球踢准

采集场地： 起点禁区弧顶，目标足球场中圈。

采集方法： 每个学生用擅长脚踢定位球，(踢5球)每个球第一落点在中圈内计分15分，第一落点过中线，在中圈外计5分，技术评分25分，根据学生情况综合评定。

> **二、专项素质指标**
> 1. 30米三段变速与不同步法折返跑(具体内容略)
> 2. 行进间徒手操组合(具体内容略)

3. "五育融合"区域课程建设的路径提炼

"五育融合"是新时期我国教育改革与发展的基本趋向,它把传统"德、智、体、美、劳"五育各自开展的态势转向相互渗透的融通态势,这一转变不仅是人们对未来教育新体系构建的"应然"期待,也是审视德育、智育、体育、美育和劳育在新时代"向何处去"的崭新视角。开发"五育融合"区域课程,遵循育人的基本发展规律,在保持各育独特性的前提下,通过积极挖掘教育中丰富的五育资源,以融合的方式促进五育相互关联渗透,实现学科知识统筹、多学科联动、理论实践相融合。如此一来,在各育都能达到立德树人目的的基础上,实现育间的融合和跨越,从而发挥基础教育的全方位育人功能。

在课程开发过程中,中小幼一体化的"中国系列课程"、"行知行"劳动课程、研究性创智课程、跨学科美育课程、体育专项化课程等体现区域教育特色、指向"五育融合"育人目标的区域课程都离不开区域、学校、委办局、社区、家庭等多主体参与的"共建""共筹"和"共管",共同设计课程纲要、整合课程资源、研制课程方案,为区域学校校本课程构建提供参考框架和资源保障,最终实现"五育融合"的目标追求,带动区域的整体发展和学校的特色发展。

(1)区校"共筹",明确课程主题和所需资源

区域和学校共同参与课程选题的筹备和研发,通过自下而上和自上而下相结合的方式,确保课程主题既能反映区域文化特色,又能满足学校教育和学生个性化发展的需求。在明确课程主题的基础上,区域层面发挥资源整合优势,汇聚教育、文化、科技等各方面的优质资源,为学校提供丰富的课程开发与实施支持。

以宝山区"山海·3H"食育共享课程的建构为例,首先,我们站在"健康中国"、学生体质报告数据结果、源远流长的中国传统饮食文化以及"食育"统整五育的可能性与必要性的背景下看待我国开展食育教育的重要性。其次,我们对国内外食育课程

相关文献进行梳理、归类、分析后发现：食育课程的国内外相关研究非常关注课程目标与评价的多维架构、纵向衔接，课程内容的一体化、综合性，课程实施的多样性、家校社协同育人等，但同时关于食育课程支持系统有待进一步深入研究。最后，考虑区域的课程特质，强调生活教育理论视域下的"五育融合"，以"做中学"为方法论，区域、学校已有课程的优化转型，以及数字化转型的融入、协同联动的区域教育生态。综合上述考量，基于我国食育的基本理念，创建既能面向学生普及食育理念和知识，又能从小培养青少年儿童良好的饮食习惯且具有宝山区区域特色的课程集群，结合宝山区幼儿园到高中不同学段的特点，架构统一的维度设定课程目标，研发完整的食育课程体系。经过学校自主申报、区域审核认定，从"食知""食探""食韵"三个维度设定"山海·3H"食育区域共享课程（见表4-1）的课程目标，制定了创作、探究、寻访三大课程板块，包括12个主题、32门食育课程，让学生成为食文化的"传承者""探究者""讲述者"。

表4-1　宝山区"山海·3H"食育共享课程内容清单

主　题	课　程
主题一：食之安	1. "蔬菜"大赢家 2. 水果缤纷乐 3. 垃圾食品的华丽转身
主题二：食之律	4. "知Ze"新食尚 5. 四季如许四季味 6. 大地的礼物
主题三：食之爱	7. 寻味"妈妈菜" 8. 一桌"家常菜"
主题四：私房菜亲子厨房	9. 营养早餐拼多多 10. 厨房里的小巧手 11. 膳食营养家长学堂
主题五：健康定制	12. 私人定制"一锅汤" 13. 你需要吃"营养菜"吗？ 14. "药膳"小料理
主题六：乡土·人情·美食	15. 小水滴的上海点心之旅 16. 中华传统小吃 17. 寻"味"江南

第四章　区校行动：生活教育理论视域下推进"五育融合"区域创新实践的探索

续　表

主　　题	课　　程
主题七：名著·经典·美食	18.《红楼梦》美食精选
主题八：文化·传统·美食	19. 温暖的年菜 20. 青品"食·令" 21. 接棒非遗美食
主题九：国际理解中的饮食	22. 食探"西洋菜"
主题十：小众小食	23. "零食"加油站 24. 好吃的"种子" 25. 粥粥粥
主题十一：食育大探索	26. "食器"里的学问 27. 美食里的五色谱 28. 饮料研究所 29. 探秘五谷杂粮
主题十二：食育翻斗乐	30. 我的菜单我做主 31. 田间"小小美食家" 32. "杨娃娃"小厨房

(2) 多主体"共建"，系统开发区域课程

多主体参与课程建设，推动教育行政部门、学校、教师、家长、社区以及社会组织等多元主体共同参与课程建设，形成跨部门、跨行业的合作模式，共同推进课程内容的创新与实践。

以宝山区"劳模工匠进校园"行动为例，根据《中华全国总工会办公厅　教育部办公厅关于大力弘扬劳模精神劳动精神工匠精神　深入开展"劳模工匠进校园"行动的通知》(总工办发〔2023〕24号)、《上海市总工会　中共上海市教育卫生工作委员会　上海市教育委员会关于大力弘扬劳模精神劳动精神工匠精神　进一步深化"劳模工匠进校园"行动的实施方案》(沪工总宣〔2024〕38号)的相关要求，为了全面落实立德树人根本任务，把劳动教育纳入人才培养全过程，坚持以劳树德、以劳增智、以劳强体、以劳育美，宝山区总工会与区教育局联合开展"劳模工匠进校园"行动，通过"三建""三说""三进"，充分发挥广大劳模工匠以及各行各业先进人物的榜样引领作

用,走进校园,助力劳动教育深入人心、贯穿始终。

"三建"模式夯基础,着力提升劳动教育工作引领力。一是建立健全劳动教育常态长效工作机制。区总工会、区教育局聚焦顶层设计,成立宝山"劳模工匠进校园"行动工作专班,建立工作群组。通过联席会议机制,定期召开沟通协调会,畅通信息沟通渠道,加大典型案例选树培育力度,推动"劳模工匠进校园"行动有序开展。区总工会与团区委加强沟通联系,深化假期合作,力争实现行动全覆盖。二是建实壮大劳动教育师资队伍。区总工会突破区域、条线管理限制,积极搭建工建联盟平台,与宝武工会、上海大学工会加强合作,在市级 400 名劳模工匠师资基础上,广泛宣传发动,吸纳区域内联盟平台各级劳模、工匠及五一劳动奖获得者 37 名,形成宝山区"劳模工匠进校园"师资库。三是挖掘创建劳动教育精品课程。以劳动教育绿色指标建设为契机,在劳模工匠 40 节课程的基础上,由区教育学院深入挖掘,制作宝山劳模工匠视频课件,扩大宣传教育范围。作为劳动教育重要项目列入义务教育阶段课程内,实现宝山义务教育阶段学校全覆盖。多主体共建的课程清单如下(见表 4-2):

表 4-2 宝山区"劳模工匠进校园"精品课程

类别	劳模工匠	课程名称	学校	学段
清洁与卫生	王劳模	我是洗衣小达人	上海市吴淞初级中学	初中
传统工艺制作	顾劳模	匠心独具的"木"趣生活	上海市盛桥中学	
	郁劳模	非遗中式点心——四喜饺子	上海市大场中学	
	周劳模	釉上彩绘体验	上海市宝山区求真中学北校	
工业生产劳动	丁劳模	初识一颗螺栓的制造流程	上海市宝山区乐之中学	
	丁劳模	"钢筋铁骨"小鲁班	上海市行知实验中学	
新技术体验与应用	崔劳模	网络安全先锋营	上海市泗塘中学	
		有趣的密码	上海市吴淞第二中学	
	何劳模	匠心筑梦——钢结构探索之旅	上海市教育学会宝山实验学校	

第四章　区校行动：生活教育理论视域下推进"五育融合"区域创新实践的探索

续　表

类　　别	劳模工匠	课　程　名　称	学　　校	学段
新技术体验与应用	李劳模	网络素养培育：网络安全新"兵"训练营	上海市存志附属宝山实验学校	初中
	李劳模	"火"光中的前行者	上海市教育学会宝山实验学校	
	刘劳模	AI LASER：共绘未来"光"景	上海市宝山区馨家园学校	
	孔劳模	"未来科创家"成长园	上海市宝山区淞谊中学附属实验学校	
	秦劳模	涂层技术与工匠精神探秘	上海师范大学附属宝山罗店中学	
	熊劳模	"铁杵"磨成"件"，精密机械中的工匠精神	上海市存志附属宝山实验学校	
	徐劳模	"智"造安全，"智"启未来	上海市行知中学附属宝山实验学校	
	杨劳模	解读生命之密	上海市罗南中学	
		点亮基因未来工程	上海市宝山区南大实验学校	
现代服务业劳动	程劳模	科学克难促成长	上海市宝山区陈伯吹罗店实验学校	
	陈劳模	探索牙齿奥妙　助力健康成长	上海市求真中学（南校）	
	柴劳模	匠心筑梦——党和人民的忠诚信使	上海市大华中学	
	李劳模	梦想改造JIA：未来社区建设	上海市刘行新华实验学校	
	李劳模	芳华无尽，花香自来	上海市宝钢新世纪学校	
		青葵花开，花香自来	上海市宝山区第二实验学校	

续 表

类　别	劳模工匠	课程名称	学　校	学段
现代服务业劳动	宋劳模	巧思善行敢搏浪　劳模精神我传承	上海市海滨第二中学	初中
	宋劳模	"与劳模同行"：探索社区治理的智慧与力量	上海市宝山区教育学院实验学校	
	徐劳模	"邮"此起航　"趣"探海天	上海师范大学附属宝山潜溪学校	
	赵劳模	"医"心守护　健康"童"行	上海市淞谊中学	
	赵劳模	医路仁心映校园	上海市宝山区上海大学附属中学实验学校	
	赵劳模	劳模精神·守护健康：日常护理与急救实践	上海民办至德实验学校	
公益劳动与志愿服务	朱劳模	把爱心渗入社区	上海市白茅岭学校	
革命传统教育	唐劳模	宝山热土的故事	上海大学附属宝山外国语学校	
	唐劳模	赓续红色血脉　追寻匠心之光	上海市宝山区罗店第二中学	
法治教育	马劳模	守序护心，远离欺凌	上海师范大学附属宝山潜溪学校	
劳模精神传承	吴劳模	致敬劳模	上海民办宝莲中学	
清洁与卫生	王劳模	我爱洗刷刷	上海市宝山区淞滨路小学	小学
烹饪与营养	邓劳模	匠心烘焙坊	上海市宝山区高境科创实验小学	
传统工艺制作	顾劳模	藏在木头里的匠心传承	上海市宝山区实验小学	
	顾劳模	解锁千年匠心	上海外国语大学附属宝山双语学校	

续　表

类　　别	劳模工匠	课　程　名　称	学　　校	学段
传统工艺制作	郁劳模	非遗四喜，饺艺传心	上海市宝山区第二中心小学	小学
	郁劳模	舌尖上的"四喜"匠心	上海世外教育附属宝山大华实验学校	
	周劳模	身边的劳动模范	上海市宝山区广育小学	
工业生产劳动	丁劳模	一颗螺栓的制造	上海市宝山区美罗家园第一小学	
	熊劳模	走近精密大工匠，传承初心的力量	上海市宝山区顾村中心校	
新技术体验与应用	何劳模	小小结构工程师	上海市宝山区行知小学	
	秦劳模	劳模匠心：涂覆工艺探秘之旅	上海市宝山区通河新村第二小学	
	徐劳模	数字筑梦师：BIM建筑探索与乐高创想之旅	上海市宝山区永清路小学	
	杨劳模	细胞遗传学探险：未来科技的奇妙之旅	上海市宝山区第三中心小学	
	张劳模	纳米技术就在我们身边	上海市宝山区盛桥中心校	
现代服务业劳动	程劳模	倾听肺腑之言，开启生命科学之旅	上海市宝山区大场镇小学	
	陈劳模	健康成长，从"齿"开始	上海市宝山区同泰路小学	
		爱牙每一颗　灿烂每一刻	上海市嘉华小学	
	傅劳模	五色能量亭，助力碳中和	上海市杨泰实验小学	
	李劳模	与劳模同行，勇当社区小先生	上海市宝山区青秀实验小学	
	王劳模	大脑探索之旅	上海市宝山区泗塘新村小学	
		勤学劳模精神，践行党的二十大	上海市宝山区虎林路小学	

续　表

类　别	劳模工匠	课 程 名 称	学　　校	学段
现代服务业劳动	徐劳模	乐享邮轮　蓝梦远航	上海市宝山区永清路小学	小学
	朱劳模	学劳模"生活可以更好"	上海市宝山区罗店中心校	
	赵劳模	温暖夕阳(关爱老人行动)	上海市宝山区杨行中心校	
		听听劳模声音,学习劳模技能,践行劳模精神	上海市宝山区大华第二小学	
公益劳动与志愿服务	潘劳模	志愿之路,薪火相传	上海市宝山区月浦新村第三小学	
	陶劳模	依嘉精神的播种与绽放	上海市宝山区红星小学	
革命传统教育	唐劳模	踏寻红色足迹,传承红色精神	上海世外教育附属宝山中环实验小学	
	吴劳模	再走藻北路	上海市宝山区藻北小学	
劳模精神传承	吴劳模	宝藏爷爷有"宝藏"	上海市宝山区石洞口小学	
体育精神传承	章劳模	坚韧之翼　梦想飞扬	上海市宝山区乐业小学	

同时,"三说"举措提效能,持续增强劳动教育品牌传播力。一是努力打响"劳模工匠说"项目品牌。结合中小学生年龄特点和学校特色,劳模工匠开展科创科普、非遗文化、法治教育等专场活动。通过劳模工匠亲身讲述、实践操作、心得分享等多种授课方式,增强学生劳动能力的培养。项目开展以来已初具成果,孔利明全国劳模实训工作坊等已形成推广案例。二是持续做强"劳模精神志愿说"宣讲团队。由工会党团员青年干部组成的劳模工匠精神志愿宣讲团队,通过志愿服务形式,走进社区讲述劳模工匠的故事,发挥工建服务党建作用,提升工会干部队伍能力素质。现已开展了宣讲 20 余场,参与学生 1 000 余名。三是积极培育"金银牌小先生说"优秀典型。与团区委"小先生"项目强强联合,发挥学生们的宣讲特长,从学生的视角来讲述劳模工匠的奋斗故事,引导激励广大学生以劳模工匠为榜样,播撒劳动价值的"种子",将"金银牌小先生说"打造成品牌项目,持续推进。现已培育 50 名"金银牌

小先生",并开展评比活动,评选出十佳劳模工匠精神"小小宣讲员"。

最后,"三进"行动重落实,不断扩大劳动教育课程影响力。一是主力推动劳模工匠进校园。积极推动宝山"劳模工匠进校园"宣讲团进入各中小学校,自行动启动以来共开展项目入校宣讲10场,首届"长三角大工匠"熊朝林等知名劳模工匠走进校园,讲述劳模精神、劳动精神、工匠精神,参与学生达5 000余名。二是特色推动劳育活动进阵地。依托宝山劳模工匠风采馆及各级劳模工匠创新工作室阵地,形成"1+N"劳模工匠阵地布局,组织各级中小学校开展寻访活动,让学生走进劳模工匠阵地、劳动教育基地等。暑假期间,组织开展了3场劳模工匠风采馆半日营亲子活动,邀请劳模工匠开展现场沉浸式互动教学,劳育结合,参加学生家长200余名。三是覆盖推动劳动课堂进托班。充分运用假期时间,精准找到工会服务社会的"链接点",推动劳模工匠进暑托班项目。劳模工匠本人进课堂,如劳模程克文为暑托班学生带去《我爱生活·爱科学》课程;劳模工匠精神志愿宣讲小队进课堂,给学生们带去《我们身边的"supermen"》系列课程,生动有趣,互动性强,深受学生欢迎。

(3)区校"共管",做好课程实施的过程管理

区域和学校共同对课程实施过程进行管理评估。建立区域和学校两级课程管理与评估体系,通过制定明确的课程实施标准和评估指标,对课程实施过程进行全面监控和质量评价。区域层面提供指标工具指导学校的课程实施,鼓励学校根据校情和学生特点,对区域提供的课程资源和指标工具进行本土化调整和创新性应用,实现课程实施的最优化。学校也以此为契机,重视以评促建,用评估来管理课程实施过程。同时,在课程实施过程中,注重收集学生、教师和家长的反馈信息,及时调整和优化课程内容与教学方法,确保课程的实效性和针对性。

以宝山区"行知行"劳动教育实施与管理保障为例:

首先,拓宽劳动教育实施路径,依托课程开发、主题实践、资源联动,形成点—线—面串联式劳动教育生态圈。**一是严格课程实施**。研制并试行了《宝山区中小学劳动课程实施意见》,使劳动教育真正走进课堂。此外,宝山为五个年级段统一安排区级劳动教育课程,包括《劳动伴我幸福成长》劳动教育精神绘本、区域共享精品课程和"第三空间"劳动基地深度体验课程。学校根据需要,组织带领学生分批次前往位于宝山区洋桥村的"第三空间",开展"行知行"劳动教育实践活动。**二是丰富多元**

实践。完成了区劳动教育70个基地学校家校劳动教育清单编制工作,创设了"生活自理""服务家人""家务创客"等家庭劳动模块,结合区"劳动周""丰收节"活动,指导基地学校探索多元化实践形态,开展跨学科"五育融合"的项目式学习、主题式学习、研学实践等。**三是创新支撑网络**。构建了以学校为主导、家庭为基础、社会全方位支持的劳动教育工作系统,统筹各类劳动教育资源的配置,初步形成了促进劳动教育深入推进的区域生态,构建起"行知行"劳动教育的创新实践形态与支撑网络。

其次,多渠道拓展实践场所,健全管理机制,着力提升劳动教育支撑保障能力。**一是加强劳动教育基地学校建设**。指导区内劳动教育基地学校因地制宜,积极打造和升级劳动学习空间,规划建设一批校际共享的劳动体验与创新实验室。**二是开拓社会劳动教育基地建设**。结合"三公里社会实践圈"建设,借力乡村振兴计划,完成了"出门三公里劳动教育体验圈"的区域布局,创建以"第三空间"为代表的社会劳动实践基地。**三是完善校内外劳动教育基地管理**。制定宝山区"行知行"劳动教育基地(学校)管理办法,包括专项经费、责任教师、课程运行、评估反馈等章程,分批次孵化"行知行"劳动教育特色学校(幼儿园)和星级校外实践基地(参见表4-3)。

表4-3 宝山区"行知行"劳动教育基地学校考核指标

一级指标	二级指标	三 级 指 标
组织领导 (10分)	价值体认 (4分)	1. 劳动教育写进学校发展规划和年度工作计划,贯彻、落实国家、上海市和宝山区关于加强中小学劳动教育实施的政策。 2. 学校90%以上的教师理解中小学劳动教育的性质,基本明确学校劳动教育的目标;知道劳动教育与劳动技术课、通用技术课、综合实践课以及思想品德课的区别与联系。
	组织管理 (6分)	3. 有劳动教育领导组织和专门具体负责的管理者,对劳动教育实行过程质量管理和目标管理。 4. 有劳动教育发展规划、年度计划,对劳动教育的课程、教师、场地、资源配置、管理考核等有要求和安排。
内容体系 (20分)	学科课程 (8分)	5. 设置劳动教育必修课和选修课,使用市管教材、校本教材和区共享教材,课时有保障。 6. 强调学科教学渗透劳动教育内容,日常教学听课、评课关注教师在不同学科渗透劳动教育情况。

第四章　区校行动：生活教育理论视域下推进"五育融合"区域创新实践的探索

续　表

一级指标	二级指标	三　级　指　标
内容体系 （20分）	校内劳动 （5分）	7. 制定了系统、规范、全面的学生校内劳动教育清单，并配有相应的支持和管理。 8. 注重校内智力劳动、体育活动、审美活动与劳动教育内容衔接与引导。
	家庭劳动 （4分）	9. 对学生进行家务劳动方面的教育，制定了家庭劳动教育清单，并协同家长合理落实。 10. 注重校内劳动和家庭劳动的衔接，对学生家政服务能力有明确的要求。
	社会劳动 （3分）	11. 注重校外生产劳动，学农、学工、学商劳动见习或实习，形成劳动教育实践安排内容序列化。 12. 开展校外公益劳动、生存性劳动、社会实践、志愿者服务劳动等。
方法途径 （23分）	课堂教学 （6分）	13. 落实国家与上海市劳动教育教学课程、课时要求，劳动技术课、通用技术教学有序，稳定开展，没有挤占、挪用现象。 14. 注重专门劳动教育方面课堂教学的学案、教案、档案"三案合一"。 15. 实践"教学做合一"思想，探索项目学习、"三三制"等教学方法。 16. 开发、应用基于学生劳动素养培养的教学考核机制，注重劳动教育方面的课堂教学知识层递序列的形成。
	学科渗透 （4分）	17. 根据不同学科育人特点进行劳动教育的学科渗透列入教师教学考评指标。 18. 在劳动教育学科渗透方面形成多样的方式、平台与方法。 19. 学校为教师学科渗透提供资源支持。
	校内劳动 （6分）	20. 制定并实施学校校内劳动教育清单，有配套管理措施。 21. 积极建设多样的校内劳动教育实训基地。
	班级建设 （3分）	22. 有班级卫生与保洁评比制度，如流动红旗设置；有劳动优秀班级评比；提倡与鼓励班级劳动教育特色建立与活动创新；班级劳动情况与班主任工作考核挂钩。
	社团活动 （4分）	23. 鼓励、支持各种形式的劳动教育社团活动，学生参与社团活动列入学生学业评估指标。 24. 为学生劳动教育社团、兴趣小组配备指导教师；鼓励社团外出学习、参赛或提供其他形式的支持。 25. 通过设计、制作、研制、种植、养殖、服务、信息发布等活动形式，结合研学旅行、团日队日活动和社会实践活动，开展劳动教育。

续表

一级指标	二级指标	三级指标
硬件配置（15）	专用教室（6分）	26. 有专门的劳动技术或通用技术教育的教室,配有安全保障措施。 27. 劳动工具、设备与辅料能基本满足劳动教育教学需要。
	创新实验（4分）	28. 有可供学生发明、制作或开展探究性学习、研究性学习的场所与设备。
	种植区域（5分）	29. 有室内种植区角;有室外种植区域,可供学生集体学习,通风防风、排水灌溉、防晒防寒到位。
师资队伍（15）	队伍结构（6分）	30. 建有一支专兼结合的劳动教育教师队伍,师资数量能满足学校劳动教育需要。 31. 劳动教育教师研修与培训有计划、有制度,且有场地、时间等保障;劳动教育教师晋职、评优与其他学科教师享有同等待遇。
	教学水平（5分）	32. 劳动教育专门课的教学体现专业化水平。 33. 在劳动教育与其他形式的学科教学结合方面显现良好的水平。 34. 教师参与劳动教育的情况与成效列入教师工作考核内容,并作为职称评聘和晋升依据。
	研修文化（4分）	35. 劳动教育教研要制度化、常态化,形成教师劳动教育研修共同体。 36. 有促进教师劳动教育教学学术的提升与开展劳动教育专门的项目或课题研究。
文化氛围（6分）	核心理念（2分）	37. 有自己的培养目标和特色追求,且有机融入学校发展愿景;有自己的学校劳动教育口号。
	活动制度（3分）	38. 设有劳动日、劳动周或学校劳动节日等;定期或不定期举办师生劳动技能竞赛或作品展示活动;规范化、制度化组织学生外出公益劳动、志愿服务等活动。
	劳动宣传（1分）	39. 教室、走廊等学生活动公共区域呈现宣传劳动的标语、图示等;设有劳动教育宣传橱窗、网页、广播节目等;学校劳动教育宣传有专人负责,宣传内容紧扣学校教育目标内容,定期更新;每年评出学校劳动模范教师和学生,并加以宣传、颂扬。
校外合作（8分）	家庭合作（6分）	40. 有家校合作劳动教育写进学校规划和年度工作计划。 41. 学校开展家庭劳动教育指导与培训工作。（知悉家长对劳动观的理解、家长如何处理孩子劳动与学习的关系、家长是否重视孩子的劳动教育、家长自身劳动水平等。） 42. 制定并推动家庭劳动教育清单实施。 43. 规划亲子劳动的频次及时间;规划家长为孩子联络服务性劳动的频次及时间。 44. 家长参与学校劳动教育决策与评价。

续　表

一级指标	二级指标	三　级　指　标
校外合作 （8分）	社企合作 （2分）	45. 与社区、企业联合开展劳动教育写进学校规划和年度工作计划。 46. 积极参与社区组织公益活动。 47. 与企业有固定的劳动教育合作开展的协议，利用校外资源积极拓展丰富的校外劳动教育实训基地。
质量保障 （10分）	保障系统 （3分）	48. 在学校规划中有专门的劳动教育安排以及劳动教育经费投入。 49. 每学年至少组织召开一次以劳动教育为主题的校级领导会议专门研究部署劳动教育工作，解决相关重大问题。
	质量监控 （4分）	50. 对劳动教育课堂教学、劳动教育项目活动、服务性劳动教育等有学校自己的文本要求。 51. 制定学校自己的学生劳动素养指标体系，把学生日常表现性评价和阶段总结性评价结合起来，学生劳动评价结果录入学生成绩报告、档案并作为学生评模选优、毕业、升学的依据。 52. 组织力量，每学期开展劳动教育专门课程教学、教师学科渗透劳动教育情况的视导，并有改进措施和行动。 53. 每学期对班主任、学生社团工作负责人及其他中层干部开展、支持劳动教育情况进行考核并列入年终考评体系。
	激励机制 （3分）	54. 学校制定并实施劳动教育成果奖励制度，每年组织开展评模选优工作，表扬、奖励劳动教育先进学生和教师。 55. 推动五育融合，注重以劳树德、以劳增智、以劳强体、以劳育美的激励与落实，促进学校劳动教育的整体发展。 56. 鼓励支持自觉自动钻研、改进学校劳动教育的人员和有劳动特长或有特别兴趣的学生。
特色建设 （8分）	特色课程 （2分）	57. 至少有1门以上校本特色教材、特色项目并配有实施方法、管理与考核制度。
	特色社团 （2分）	58. 学校有劳动教育特色社团，对特色社团有支持保障措施、管理办法。
	特色基础 （1分）	59. 有专门管理和指导的教师，有资金、时间和场所保障。
	亮点成绩 （3分）	60. 在区级以上获得荣誉和奖励；受到家长、社会等的肯定、赞誉或宣传报道。 61. 学校有1门以上课程成为"行知行"区域共享课程，并两年间有一次区域劳动教育展示。 62. 为"行知行"劳动教育基地学校、幼儿园提供成功经验和样例；能接受外地学校劳动教育参观考察。

最后,加强政府统筹,整合家庭、学校、社会各方面力量,全方位、一体化推进学校劳动教育向纵深发展。**一是家校共育**。构建家校共育学生劳动素养体系,形成70个基地学校"家庭劳动教育清单"和"校园劳动教育清单",创设"生活自理""服务家人""家务创客"等家庭劳动模块。**二是社校联动**。形成148个"行知行"劳动教育校外实践基地,开展实践基地与学校牵手共建,形成"学校有基地、基地有课程"的共建机制。**三是队伍共建**。各学校设置"劳动教育总辅导员",吸纳学科教师、特聘(家长)教师、校外兼职导师等力量,打造一支多元主体构成的、实施劳动教育的教师队伍。借助教育数字化转型的优势,在劳动基地开展"同侪课堂""同侪教研",全力建好劳动教育师资队伍。

(三) 百家争鸣:"五育融合"校本课程的实践探索

1. "五育融合"校本课程的典型案例剖析

有学者提出,课程改革进入新阶段,校本课程建设必须突破对国家课程内容延伸性补充的定位,关注国家课程的创造性实施或学科教学改革,强化"五育融合",实现自身的建设转向,深化自身体系的结构性优化。① 学校层面立足各校实际和发展特色,指向本校学生培养目标的实现,开发凸显某育特色、渗透"五育融合"的校本课程。根据融合课程构建的不同价值取向,即学科融合取向的课程组织、学生兴趣和发展取向的课程组织以及社会问题解决取向的课程组织,提炼研学课程、场馆课程、综合实践活动课程、研究性课程和实验室课程等多种形态的课程实施路径,并积累相应的实践案例。

(1)学科融合取向的校本课程案例剖析

① "学科融合取向"的内涵指向

学科融合取向的校本课程旨在打破传统学科间的界限,通过不同学科之间的整合,为学生提供更加丰富、综合的学习机会,促进知识的交叉与融合,培养学生的核心素养,促进其全面发展。

② "学科融合取向"课程构建中的关注要点

---

① 潘希武.校本课程建设的转向及其深化[J].教育学术月刊,2023(6):12-17.

第四章　区校行动：生活教育理论视域下推进"五育融合"区域创新实践的探索

第一，确立融合目标主题。明确学科融合的教育目标，确保它们与学校教育的总体目标相一致。选择一个跨学科的主题作为课程学习的核心，它应该能够连接不同学科的知识体系，并激发学生的探究兴趣。上海师范大学附属宝山潜溪学校坚持社会主义办学方向，以落实国家课程为根本，以实施地方课程为契机，以打造校本特色"和美"课程为突破口，以"三有"目标为根本要求构建学校课程目标。从"有信念：能爱国爱党，践行社会主义核心价值观；有志向：能坚定理想，弘扬中华传统文化；有审美：富有情趣，追求健康美好生活"三个方面培养"有理想"的潜溪学子；从"能协作：团队合作，有效沟通；善思辨：勤于思考，乐学善学；勇创新：敢于质疑，科学探究"三个方面培养"有本领"的潜溪学子；从"有自信：自爱自强，坚毅乐观；守规则：遵纪守法，诚信友爱；有责任：孝亲敬长，热心公益"三个方面培养"有担当"的潜溪学子，努力把学生培养成德智体美劳全面发展的社会主义建设者和接班人。

第二，课程内容的选择与组织注重学科间的联系。明确不同学科之间的联系点，将不同学科的知识和方法有机结合，设计课程时使这些联系点成为学生学习的桥梁，促进知识间的迁移和应用。上海师范大学附属宝山潜溪学校依托上师大的优质资源，结合宝山陶行知"生活教育"品牌特色，构建了校本"和美"课程体系（见图4-6）。"和美"课程统筹劳动、综合实践活动和课后服务时段加以落实，以项目化学习方式开展，全面推进校本课程优质供给。

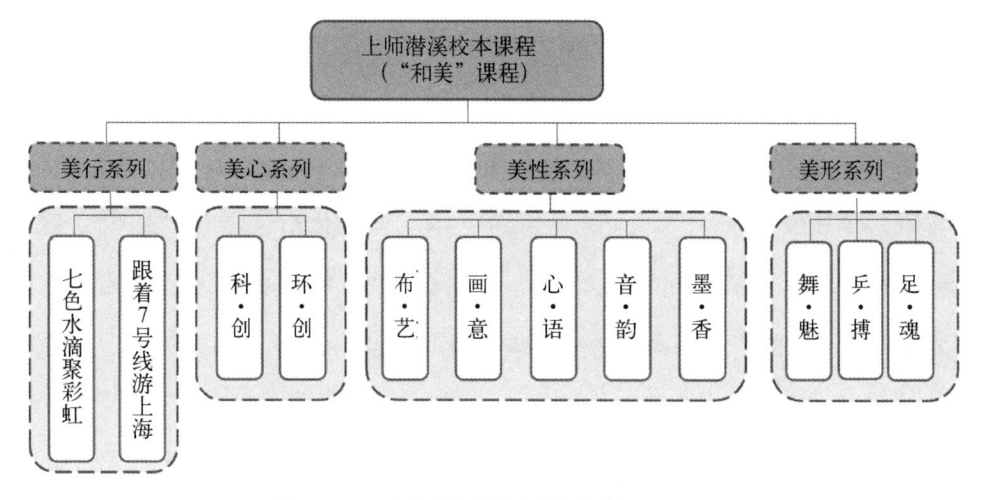

```
                    上师潜溪校本课程
                     （"和美"课程）
         ┌──────────┬──────────┬──────────┐
      美行系列    美心系列    美性系列    美形系列
      ┌──┬──┐   ┌──┬──┐  ┌──┬──┬──┬──┬──┐  ┌──┬──┬──┐
      七  跟    科  环   布  画  心  音  墨   舞  乒  足
      色  着    ·   ·    ·   ·   ·   ·   ·    ·   ·   ·
      水  7     创  创   艺  意  语  韵  香   魅  搏  魂
      滴  号
      聚  线
      彩  游
      虹  上
          海
```

图4-6　上师潜溪校本"和美"课程设置

学校充分发挥上海师范大学的资源优势,以打造"和美"课程为核心,从大美育观出发,将美学原则渗透于校本课程实施的全过程。通过"七色水滴聚彩虹""跟着7号线游上海"等活动践美行,让学生拥有规范的言行、创意的行动;通过"科·创""环·创"等活动润美心,让学生拥有美丽的心灵、智慧的头脑;通过"布·艺""画·意""心·语""音·韵""墨·香"活动养美性,让学生拥有高雅的情趣、乐观的性格;通过"舞·魅""乒·搏""足·魂"等活动塑美形,让学生拥有健康的身体、坚强的意志。"和美"校本课程是国家课程的拓展、延伸和补充,通过跨学科主题学习活动、主题式综合实践活动和项目化学习,统整各种资源,把学生培养成为行美、心美、性美、形美的高素养学子。该课程育人目标如下图4-7所示:

图 4-7 上师潜溪"和美"课程育人目标

第三,课程实施强调凸显一育的五育融合发展。指向学生培养目标,教师运用不同的教学策略,如项目化学习、探究式学习等,以适应不同学科的特点和学生的个性化学习需求,引导学生在真实情境的复杂问题解决中提升能力、发展素养,从而实现五育的融合发展。上海师范大学附属宝山潜溪学校立足大单元教学,以 PBL 教学模式(problem-based learning)打造以"和谐美、智慧美、个性美、发展美"为目标的"和美"课堂(见图 4-8),落实以素养为导向的学科实践和综合性学习活动。

具体包括"设计问题或项目:以单元为整体 结构化研读教材""制定方案和计划:紧扣单元目标 整体规划单元学习""探究实践:持续性探究 递进式解决问题""交流分享:展示学习成果 多样化激励评价""过程反思:梳理策略 新情境迁移运用"等五大步骤,努力构建真正的"和美"课堂。课堂教学将以学生为中心,教师为辅助引导,实现师生、生生关系的"和谐美";强调学习过程与现实生活情境相结合,通过自主探究和团队合作来解决实际问题,经历学习的过程,体现出"智慧美";

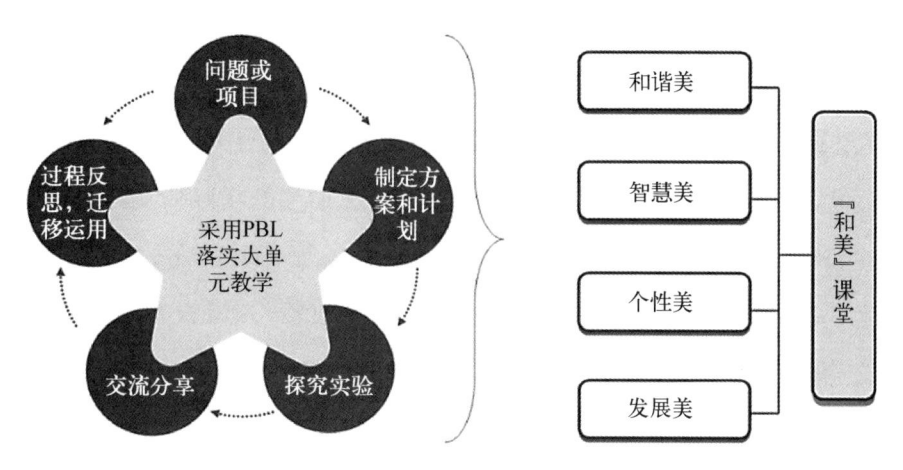

图 4-8　上师潜溪"和美"课堂架构图

在探究过程中培养学生的批判性思维和自主学习的能力体现出学习个体的"个性美";最终实现学生高阶思维能力的提升,培养了学生的学科素养,体现出"发展美",力求学生在学习的九年中,成长为一名潜溪"和美"少年。

(2) 学生兴趣和发展取向的校本课程案例剖析

① "学生兴趣和发展取向"的内涵指向

学生兴趣和发展取向的校本课程,以学生的兴趣和个性发展为中心,提供丰富多样的课程选择,以满足不同学生的发展需求和个性特点。它注重学生的主动参与和兴趣培养,鼓励学生在自己喜欢的领域内进行深入探索和学习,从而促进学生全面而有个性的发展。

② "学生兴趣和发展取向"课程构建中的关注要点

第一,了解和识别学生个性化发展需求和学习兴趣。学生兴趣和发展取向的课程开发,了解学生兴趣和需求是第一步。教师应通过日常观察、问卷调查、对话交流等方式来获取学生喜好和需求的信息。宝山区高境科创实验小学是一所普普通通的小区配套小学,学生以动迁子女和新上海人子女居多。根据宝山区学生体质与健康调研大数据分析结果显示:该校学生普遍存在体质健康促进不够、技能增长缓慢等问题。此外,学校是小区配套小学,运动场地受限,加之生源无法选择,很多学生存在遇到困难退缩、缺乏毅力、自控力较差、不会合作等问题。于是学校引进了跳绳项目,但随后又逐渐发现学生跳绳时间久了就会产生兴趣不高的现象,再次引发了开展花样跳绳项目的想法。就这样,学校用十多年的时间"与绳结缘及续缘",用指向问题解决的研究实践,把"跳绳"这个"体育项目"做成学校的"特色课程",形成学校"特色文化",最终孵化出优秀教学成果。

第二,重视课程内容与学生生活的联结。课程内容应该与学生的生活经验和兴趣点相关联,使学生能够在学习中看到与自己兴趣相关的实际应用,从而增强学习的相关性和吸引力,激发学生的学习热情。宝山区高境科创实验小学为了解决学生体质健康水平连续下滑的问题、小区配套小学"寸土寸金"所导致的运动场地受限的问题以及学生主动参与运动兴趣不高的问题,围绕知识、技能、意识、行为、体质健康五个维度开发"绳舞飞扬"校本课程(见表4-4),依据学生身心发展特点,融入花样跳绳内涵设置了课程目标与内容,旨在培养学生运动习惯,提升体质健康,用阳光体育精神来倡导健康生活。

表4-4 宝山区高境科创实验小学"绳舞飞扬"课程目标与内容

\multicolumn{4}{c}{"绳舞飞扬"课程目标与内容}
年段	板块	具体内容	课 程 目 标
低年级段（一、二年级）	基础知识与常识	1. 准备措施 2. 历史起源	1. 熟悉跳绳前的准备措施,能根据自己的实际情况充分活动身体肌肉和关节并调整绳子的长度;了解跳绳作为民族体育项目的历史和起源,感受中华民族传统体育的文化底蕴,增强民族自信心;知道降低运动损伤风险的安全保护方法,掌握一些相关的健康知识;初步形成对跳绳运动的兴趣和跳绳锻炼的习惯。 2. 学会基本跳、速度跳、步伐跳、敬礼跳、胯下跳和双摇跳、快花等个人花样跳和金丝缠腕、侧摆绳、前后打、前转后、敬礼打等技巧,能说出动作要点,掌握辅助学练的方法。 3. 学会在伴音下跳出简单的个人花样跳组合,掌握两人跳的基本要领,提高跳跃的能力及节奏感,能运用个人花样跳进行自主创编,培养自主学练能力和学练兴趣。 4. 在合作学练和分享沟通中培养默契、共练共进的协作精神,形成勇于尝试、敢于吃苦、坚持不懈的优良品质,能运用小组协作、以强带弱等方法提高技能水平,与同学、老师建立良好、和谐的人际关系。
	个人花样与组合	1. 基本跳 2. 步伐跳 3. 敬礼跳 4. 胯下跳 5. 双摇跳与快花	
	技巧	1. 金丝缠腕 2. 侧摆绳 3. 前后打、前转后 4. 敬礼打	

续　表

| \multicolumn{4}{c}{"绳舞飞扬"课程目标与内容} |
年段	板块	具体内容	课　程　目　标
中高年级段（三～五年级）	基础知识与常识	1. 功效价值 2. 绳子的种类	1. 了解跳绳运动的功效与价值，认识不同种类的绳，能根据日常锻炼和学练需求，灵活自主调节绳子的长度并熟练运用各种绳子参与跳绳运动，养成跳绳锻炼的习惯；进一步了解中华民族传统体育的文化，形成民族认同感和自豪感，愿意担负起传扬民族文化的责任；通过国内外跳绳赛事的观看，了解跳绳竞赛的规则和流程，进一步促进兴趣发展。 2. 学会车轮跳、交互绳、绳中绳和长绳系列的多人跳技能，巩固个人花样跳技能，掌握多人配合摇绳方法，做到摇绳节奏一致，提高跳跃能力及空间感、节奏感。 3. 能够运用所学动作技术进行健身与娱乐并不断创新出更多的动作和玩法组合，加强套路组合的创新能力，形成默契的跳绳表演意识。 4. 全面掌握自主学练方法，巩固合作互助、分享沟通的社交技巧，形成宽厚真诚的为人处事观，与同学、父母、老师保持良好、和谐的人际关系，能利用自己的学习经验，带动低年段学生学习花样跳绳。
	车轮跳	1. 基本跳 2. 转身跳	
	交互绳	基本跳	
	绳中绳	基本跳	
	长绳	长绳绕 8 字	

第三，课程实施在凸显一育的基础上强调五育融合发展。"五育融合"已经成为新时代中国教育变革与发展的基本趋势，是对我国新时期"如何培养人"的整体回答。宝山区高境科创实验小学深入挖掘"绳"的内涵与育人价值，丰富以绳育德、增智、健体、审美、聚心的内涵，打破学科壁垒，推动了国家课程校本化实施。具体来看，基于小学生认知思维与语文学科特点，开展了"绳游戏"主题探究学习活动；结合数学学科特点，以植树、周期、方阵、编码问题为知识基础，融入绳文化，开展"结绳密码、结绳规律"探究行动；在劳技课中融入"绳编织"项目，学生在欣赏绳结作品、学系绳结方法、组合编制、创意设计中培养专注力、协调力、想象力和审美力，在指尖飞舞中享受乐趣，感知中华民族文化，树立民族自信心；作为市新时代美育项目联盟学校，将"绳"元素融入音乐课中，提升审美能力；作为市古诗文阅读推广基地校，把"绳"与古诗相融合，文武相融中促进学生体能与智力发展，树立文化自信。

第四，倡导课内学习、课后服务与课外实践活动的一体化设计和协同化开展。

课程实施中,以学生兴趣和发展需求为导向,整合课内外不同学习场域,让育人价值最大化。仍以宝山区高境科创实验小学为例,学校通过校本课、活动课、大课间这三类课型三种授课方式来推动"绳舞飞扬"校本课程的全面普及与实施。此外,还开展五彩绳结段位制考段活动、普及与提高并重的绳趣社团活动、每月1次的"绳趣擂台赛"、每学期1次的校园花绳节、寒暑假的"七彩绳童"假期之旅活动等。如此一来,各类与绳相关的创意活动,不仅极大丰富了学生的课余生活,为他们提供了更多元化的选择和发展空间,同时也促进了校园文化的繁荣和发展,更在无形中积淀了宝贵的行动智慧。

第五,关注校、家、社的协同共建与联动育人。通过整合多方力量和资源,共同创设一个支持、鼓励和肯定学生兴趣的学习氛围,为学生的课程学习奠定坚实基础。仍以宝山区高境科创实验小学为例:一方面,学校联动家庭、社会参与学校各类活动,传播跳绳运动与文化,激发跳绳兴趣,营造社会跳绳文化氛围;开展区、市、省际校园联动,通过参观交流、互动学习、课程共享、资源共用,形成优势互补、共同发展的格局,引导师生形成终身运动意识与习惯。另一方面,发挥"智慧体育"科学功能,利用线上微课与 AI 跳绳运动打卡方式鼓励学生开展跳绳运动,坚持锻炼,提升体质。

(3) 社会问题解决取向的校本课程案例剖析

① "社会问题解决取向"的内涵指向

社会问题解决取向的校本课程,关注社会现实和问题,鼓励学生运用所学知识解决实际问题。它培养学生的社会责任感和实践能力,通过参与社区服务、环境研究等活动,让学生在实践中学习和成长。目的是让学生了解社会、关心社会,并积极参与到社会问题的解决过程中。

② "社会问题解决取向"课程构建中的关注要点

第一,选择与学生生活经验相关的社会问题作为课程内容。社会问题解决取向的课程目标是培养学生的社会责任感和解决实际问题的能力,这要求课程内容与社会问题紧密相关,如环境保护、公共卫生、社区发展等,确保学生能够认识到解决这些问题的紧迫性和重要性。以吴淞中学的"模拟政协实践论坛"课程为例,"模拟两会"主要通过模拟我国人民代表大会和人民政治协商会议的议案和提案形成过程、组织形式、议事规则来了解和体会中国特色的民主协商政治制度,是高中学生思想政治教育实践的创新形式。本课程立足学生的生活实际,着眼于学生的发展需求,把学科知识

第四章 区校行动:生活教育理论视域下推进"五育融合"区域创新实践的探索

的学习寓于社会生活之中。关注学生核心素养的培养,将学科知识与综合实践有机结合起来。课程目标如下:一是知道"人民政协"的性质,初步了解政协的运作机制和流程,明确政协委员的职责。二是通过调查及模拟政协,逐步掌握和不断提高搜集、处理、提问、质疑、答辩,撰写提案的方法和技能;同时教会学生初步掌握社会类课题调查和研究型学习的方法。三是增强关心国家大事、积极参与政治生活的热情。对应上述目标,课程内容围绕"政协到底是一个什么样的组织?政协有怎样的职能?政协委员如何撰写提案,如何提交?政协如何开会?"4个核心问题具体展开,使学生能够带着问题出发,通过模拟活动,让中学生跳出课本的局限,亲身体验和理解国家的政治运作,了解我们国家自己的政治形式,全面培养和提升了青少年学生的人生必备核心素养能力,有力地带动中学生为实现中华民族伟大复兴的中国梦作出实实在在的贡献。

第二,采用有助于学生模拟问题解决过程的方式开展课堂教学。教师应创新教育教学方法,采用案例教学、角色扮演、模拟决策等方法,让学生在模拟的社会环境中探讨问题的解决方案。与社区组织合作,让学生参与社区服务和实践活动,通过实地考察和社区互动,增强学生对问题的理解和认识。仍以吴淞中学的"模拟政协实践论坛"课程为例,课程实施分为三大板块,分别是小组分工"识政协"、模拟政协"当委员"、大小委员"来交流",具体实施过程和目的详见下表4-5。

表4-5 吴淞中学的"模拟政协实践论坛"课程实施过程

板块	具 体 内 容	目 的	效果
小组分工"识政协"	先由小组合作探究成果展示,后由执教教师来总结归纳政协性质和职能等。学生要完成两个任务。 任务一:全班同学分成四个小组,每组带着探究目的完成任务单以及综合实践活动任务单。第1小组任务是采访政协主席,弄清政协性质及职能。第2小组,通过采访参会同学来弄清政协会议如何召开。第3小组,通过采访委员来弄清楚政协委员如何撰写提案。第4小组为网络学习小组,主要搜集中学生模拟政协的相关资料。 任务二:尝试撰写提案,可以以个人形式,也可以以小组形式撰写。	此板块旨在通过前期合作探究、完成任务单的学习方式,增强教学的针对性和实效性,实现教学目标,同时为后续模拟政协环节的开展做充足的准备。	疑"惑" → 解"惑"

续 表

板块	具体内容	目的	效果
模拟政协"当委员"	环节一：小小委员"述提案"，收集上来的学生提案及综合实践任务单经学生投票老师评定，选出优胜小组的提案，在课堂现场以政协小组会的形式，由相关委员代表本小组陈述提案，陈述提案之后设有提问答辩，修改完善的环节。为突出学生主体，增强模拟政协的真实感，教师在整个活动中起组织者、主持人的角色。 环节二：以政协专委会讨论的专题式，热烈讨论，积极发言，集思广益，将整个板块活动推向高潮。	此板块通过两个环节，以小组会、专委会两种形式模拟政协，让学生在陈述、质疑、提问、答辩、修改提案中，体会理解政协的职能，从而实现教学目标。	"远离"→"参与"
大小委员"来交流"	努力邀请宝山区或上海市政协委员来到现场，来到学生中间，对小组会、专委会以专业委员的身份，站在专业的角度进行点评，并与学生互动交流；同时，课下开辟第二课堂，在众多的提案中选取有价值的提案，认真修改，争取提交到宝山区或上海市政协会议上，将"小小政协，参政议政"这项综合实践活动由模拟带到现实，也是对学生最大的尊重与鼓励。	以课堂邀请政协委员听课并点评互动的创新形式，再次拉近政协委员与学生之间的距离，同时政协委员以专业的点评方式帮助学生发现自身提案的不足之处，挑选有价值的提案，开辟第二课堂修改完善，提交两会，使综合实践活动得以升华；努力完善参加模拟政协比赛和展示。	"模拟"→"现实"

如此一来，通过解答问题、提供方法、分享案例；从搜集材料、筛选归纳、立项实施、共同协商等环节模拟情境，让学生体验政协委员参政议政的过程；通过演讲展示、视频集中展示、PPT陈述集体展示、现场答辩展示、界别分组研讨会展示等多种形式，充分展示学生提案和小组成员的风采，培养和锻炼学生们的发现问题能力、调研问题能力、组织能力、领导能力、团队合作交流能力、解决问题能力以及答辩能力等多种综合素质能力。

第三，课程评价关注学生问题解决能力和社会责任感的提升。对应社会问题解决取向的课程目标，建立科学有效的校本课程评价体系，评价学生在课程中的参与度、问题解决能力以及社会责任感的培养情况。仍以吴淞中学的"模拟政协实践论坛"课程为例,"实事求是、敢于直言"是一个公民的重要素养,也是学校模拟政协活动所要培养的重要品质。本课程将调研活动与研究性学习充分结合,让学生带着问题走进现实生活做调研,有效提升同学们的社会责任心和使命感。通过一个关键活动把发现问题、分析问题、调研问题、解决问题的能力培养有效地整合起来。在教学过程中,教师使用多媒体课件、视频资料、实地采访,采用案例教学、小组合作学习等方法,注意师生互动、生生互动。理论知识掌握以够用为度,强调实践实训,注重不断增强学生分析问题和解决问题的能力。评价方式可以采取随堂案例分析、头脑风暴、调查报告研读与解析、撰写专题调查报告、提案的凝练、方案的设计、情景的模拟、活动的组织、写学习笔记、讨论、座谈、问题思考和展示比赛等多样化考核形式。评分标准主要有:平时成绩占本学科总成绩的 40%左右,展示比赛占本学科总成绩的 60%左右。平时成绩主要包括:出勤,占总分的 5%;随堂展示与答辩,占总分的15%;头脑风暴考核,占总分的 20%。

2. "五育融合"校本课程建设的路径提炼

（1）锚定校本课程建设的依据

校本课程的规划是学校整体性思考本校校本课程建设相关问题的过程,也是后续校本课程开发、实施等相关活动的路线图或指南针。向上,校本课程的规划是校本课程整体规划的一部分,是针对三级课程体系中的校本课程进行的具体规划;向下,校本课程的规划统整了学校所开设和即将开设的所有校本课程,对具体的校本课程开发有指导性。校本课程的规划需要考虑从宏观到微观的依据,主要因素包括:国家与上海市课程政策、学校教育哲学与课程基础、学生发展需求。

① 国家与上海市课程政策

课程本身具有很强的政策性,校本课程的规划必须置身于国家制定的课程政策框架内,在地方课程政策的指导下开展。《基础教育课程改革纲要（试行）》实施以来,"实行国家、地方和学校三级课程管理","学校在执行国家课程和地方课程的同时,应视当地社会、经济发展的具体情况,结合本校的传统和优势、学生的兴趣和需要,开发或选用适合本校的课程"。

中共中央、国务院《关于深化教育教学改革全面提高义务教育质量的意见》,国务院办公厅《关于新时代推进普通高中育人方式改革的指导意见》,教育部《关于全面深化课程改革落实立德树人根本任务的意见》《关于加强中小学地方课程和校本课程建设与管理的意见》《普通高中课程方案(2017年版2020年修订)》《义务教育课程方案(2022年版)》,中共上海市委上海市人民政府关于贯彻《中共中央、国务院关于深化教育教学改革全面提高义务教育质量的意见》的实施意见,上海市人民政府办公厅印发《关于本市新时代推进普通高中育人方式改革的实施意见》的通知,《上海市普通高中课程实施方案》《上海市义务教育课程实施办法》等,相关重磅政策文件均对校本课程提出了方向要求与规划指导。

学校应在研读国家与上海市课程政策的基础上,强化系统设计,增强校本课程与地方课程、国家课程的有效配合,形成本校课程育人合力。系统设计校本课程实施方案,优化校本课程结构,探索跨学科课程,开发个性化课程,培育精品课程。

② 学校教育哲学与办学实际

学校教育哲学是校本课程规划的核心依据,回答"学校要培养什么人、怎样培养人"的问题,主要包括办学特色和学校愿景两方面内容。办学特色是指"学校在办学过程中沉淀出的区别于其他学校的、较为稳定的倾向性特质",学校充分挖掘特有的自然、社会、人文、科技资源,在校本课程的主题内容、呈现形式和实施方式等方面构建特色,发挥独特育人价值。学校愿景是指"学校对于课程所形成的理想追求和精神向往",是学校教育共同体的共识和行动指南,也是校本课程规划的内在根源。此外,校本课程规划是一个动态、持续的过程,需要依据学校教育哲学多主体参与,凝聚共识,结合当前教育思潮,形成能落实的、明确且具有兼顾性的学校育人目标,使校本课程的规划更有方向、更为明确、更为务实。

办学实际是校本课程规划的现实依据,要发挥学校本身的课程特色。学校一方面要积极开发、调动与整合自身拥有的资源(学校硬件资源、学校软件资源、教师资源和社区与环境资源等)开发丰富多样、可供选择、满足学生个性发展需求的特色课程;另一方面,要秉承由下而上的民主精神,采用渐进的方式,整合SWOT分析结果,在学校所在区域相关课程政策、学校的文化传承、已有课程基础、家长期待、校外及可获得的资源等要素之间进行整体规划。

③ 学生发展需求

学生发展需求是校本课程规划的逻辑起点,无论是对课程结构与实施、评价整体规划，还是开发具体的某一门校本课程，都要回应本校学生的发展需求和特质。

一方面，学校要注重兼顾学生的共性和特性。学生处于相同的年龄段，其身心发展的规律大致相同，因此不同学段的学校校本课程规划要充分考虑学生的认知水平与心理特点；同一学段的学校校本课程会有相似的部分，可以互为借鉴。例如，义务教育阶段的校本课程，要注重反映学生丰富多样的成长需求，采取学生喜闻乐见的形式，避免内容和形式单一；普通高中校本课程要注重拓展学习领域，丰富学习样态，避免开设应试训练类课程。

另一方面，学校要关注本校的特性或需求，开发面向全体学生、关注个体差异、有本校特色的校本课程。学校应通过问卷调查、访谈、座谈等多种形式，向学生、教师、家长等相关对象，对本校学生课程需求、学生学习特点和认知基础、家长期望、社会对人才多样化需求等内容进行调研，收集学生对于课程内容和实施方式的偏好、学生学习习惯和风格等相关数据，分析并形成对学生发展需求的全貌描述，进行整合性、可行性论证，确定校本课程规划的方向、重点学习领域、课程内容与实施形态等。

（2）掌握校本课程建设的结构

① 内容指向维度

内容指向维度是校本课程最常用的划分，根据校本课程的具体内容进行分类。常见的内容指向维度包括以班团队活动、行为规范、主题班会、心理健康、生涯规划、大思政等为主要内容的德育类课程；以学科拓展、科学技术、STEM、研究性学习等为主要内容的智育类课程；以大课间锻炼、体育专项提升、赛事活动等为主要内容的体育类课程；以审美情趣、艺术特长、文化传承为主要内容的美育类课程；以家庭劳动、学校劳动、社会劳动、志愿服务、综合实践为主要内容的劳育类课程。

根据不同内容指向维度形成几大课程群，包含覆盖不同年级的多门校本课程。每门校本课程均要研制课程纲要，明确课程名称、开设年级、课时，阐明课程目标、内容、结构、实施和评价方式等。需要注意校本课程是对国家课程的有益补充与拓展；另外，在五育并举的背景下，要注重每门课程开发的综合性、实践性和选择性，加强校本课程与综合实践活动、劳动的整合实施，落实跨学科主题学习。

② 学科关系维度

国家及上海市课程政策明确指出，鼓励学校将劳动、综合实践活动、班团队活动、地方课程、校本课程等整合实施,相关内容统筹安排,课时打通使用;各类专题教育以融入为主,原则上不独立设课,地方课程和校本课程涉及的专题教育内容,要避免与国家课程简单重复;将社区服务与社会实践、班团队活动与学校文化活动、专题教育与社团活动纳入校本课程。根据国家及上海市关于课程设置的整体要求,校本课程的结构可以由学科拓展课程、跨学科综合课程、超学科主题课程三大类组成。

学科拓展课程,仍然以某一具体的学科领域(如数学)为知识背景,尽管这一类课程在学科知识逻辑上与相关国家课程存在相互关联,但是往往指向学生学科核心素养高阶目标的培养,课程内容的趣味性更强,课程活动组织与评价形式更加多样,是相关国家课程的重要拓展与补充。

跨学科综合课程,是指由多门具有内在联系的不同学科融合而成的新课程。通过跨学科综合课程的学习,学生学会比较不同的学科和理论观点,运用对比方法阐明一个或一系列问题,运用跨学科知识和能力解决真实情境中的复杂问题。中心目的是促进学生学习的综合化,使学生的知识结构成为一个紧密联系的整体,形成整体的知识观和世界观,以全面的观点认识世界和解决问题。

超学科主题课程,是指基于"学科课程"的、统合"学科课程"的、超越"学科课程"的,以主题为驱动、以"自主、合作、探究"为学程、以推进学生高认知水平发展为目标的新的课程形态。与学科拓展课程或者跨学科综合课程相比,超学科主题课程以任务探究为驱动,而不是以学科问题为驱动,因为对某一问题或者现象的探究所涉及的知识与技能往往并不属于某一个或几个学科,它们超越了学科的存在。

(3) 突出校本课程建设的特征

① 创新:人无我有的蜕变

校本课程的规划要根植于学校过去的课程传承、演变的历史脉络,在此基础上思考校本课程未来的发展路径与方向,特别是对原有校本课程规划的创新,在有效性、可行性、综合性等方面有所突破。上海中小学"二期课改"以来,大部分学校构建了以德育为核心、以培养学生的创新精神和实践能力为重点、以完善学习方式为特征、以应用现代信息技术为标志,关注学生学习经历和促进每一位学生发展的校本课程体系。在全面深化教育教学改革的新时期,校本课程需要呈现回应"双新""双减"新要求,在顶层规划和课程开发中呈现"人无我有的蜕变"。

② 优化：人有我优的改进

校本课程规划应该是不断完善、动态优化的过程，学校对校本课程的结构、内容、实施、评价等多要素进行持续的打磨与雕琢，使其在保持特色的同时实现精细化。结合课程政策的调整、学校育人目标的变革、教师和学生的动态变化，促进课程结构逐步向均衡性、综合性和选择性转变，更加注重以活动、项目、问题解决为主线，以实践、体验、探究为主要实施方式，课程内容及评价机制更加多元化、差异化、个性化，实现校本课程规划由"有"到"优"的改进。

③ 变革：人优我精的进阶

校本课程规划的可持续发展，要求校本课程在符合国家课程政策、满足学生特色需求的前提下，通过进一步完善、变革成为学校的精品课程，并在一定范围内产生综合影响力。校本课程的规划要体现特色课程精品化、精品课程成果化的变革，从课程成效、师生参与度、成果辐射度等方面开展课程评价，打造能够体现区域或校本课程水平、彰显课程思想的精品课程，实现由特色到精品的进阶。

二、融合课程实施探索

有学者根据融合度和实施方式，将"五育融合"划分为育内融合、育间融合、跨育融合三种形态。[①] 其中，"育内融合"是指通过特定方式使汇聚在各育内部各学科、主题、活动形成有机整体的过程，各育及其内在学科保持独立。"育间融合"是指两育之间的有机融合，以其中一育为中心辐射其他各育的融合形式。通过寻找两育之间在目标、内容、方法等方面的契合点形成融合模块，或调整两育教学进度，让具有协同效应的模块同步进行以实现两育的相互补充促进，帮助学生形成整体感知力和完整的知识结构。"跨育融合"是指通过创造真实情境，完全打破领域界限和学科逻辑，利用模块、项目、主题、探究等方式进行德、智、体、美、劳综合教育的过程。它是最接近真实情境的育人模式，以问题解决为核心，完全打破学科知识框架，在实践中整体融合"五育"要素，学生通过整体性的展演、设计、展品制作等方式实现"五育"共

---

① 刘登珲，李华."五育融合"的内涵、框架与实现[J].中国教育科学(中英文)，2020，3(5)：85－91.

育。在此基础上,结合已有文献研究与实践经验提炼,逐步形成了"五育融合"课程的实施取向和实施原则。

(一)"五育融合"课程的实施取向

学者普遍认为,课程实施具有三大取向,分别是:忠实取向、相互调适取向和课程创生取向。[①] 可借鉴这三种取向,并结合区域课程的特点,确定了属于"五育融合"课程实施的三种取向。"五育融合"课程的实施取向影响教师在教学中秉持的教育理念和教育方法,并最终影响教育结果。因此,教师必须明确体现教育观的"五育融合"课程实施取向,据此找到适切的教学策略。

1."能力拓展"取向

"五育融合"课程在中小学的实施是为了弥补国家新课程在全国统一规范的要求之下,学校在多元化需求和办学灵活性等方面的不足,给予学校开发立足自身特色,满足学生发展需要的课程的自主权。"五育融合"课程编制之初即是为了拓展学生的能力,满足学生的个性化需求。教师在实施"五育融合"课程的过程中,应当把握"五育融合"课程实施的根本目的,基于学校已有的"五育融合"课程,促进学生的能力提升。

2."超越创生"取向

"五育融合"课程注重学生的需求和个性化发展,因此,"五育融合"课程更加注重实施过程中的创生过程,即教师和学生在合作与交流中创造个人经验的过程。正如美国教育哲学家菲尼克斯(P. H. Phenix)所言,创造性的生活会将过去与现在产生连续性的有区别的新生,这种新生会进一步促成创新性的实现。学生对"五育融合"课程的理解即是"五育融合"课程的实施。

教师在"五育融合"课程在实施的过程中,必须落实自己的"五育融合"课程实施的价值取向,并以此彰显"五育融合"课程的实践价值。

3."兴趣激发"取向

兴趣是积极探索某种事物和爱好某种活动的心理倾向,学生一旦对某一事物产

---

① 张华.论课程实施的涵义与基本取向[J].全球教育展望,1999(2):28-33.

生了兴趣就会有认识事物、探索事物的动机。"五育融合"课程除了通过教师的主导推进学生能力的拓展,更为重要的是在实施的过程中激发学生的"兴趣"。此处的"兴趣"包含两方面:其一是学生学习"五育融合"课程的兴趣;其二是学生在学习"五育融合"课程的过程中融入自己已有兴趣以及形成新的兴趣的过程。因此,"兴趣激发"应当成为"五育融合"课程实施的价值取向。

(二)"五育融合"课程的实施原则

1. 强化直接经验,凸显融合学习

学生的直接经验指的是学生通过亲身参与、实际操作和直接感知所获得的知识和技能。相较于间接经验(如通过书本学习或他人传授的知识),直接经验更强调个人的主动探索和实际体验。通过视觉、听觉、触觉等多种感官的参与,学生能够更生动、直观地理解知识。通过动手操作,如制作模型、进行科学实验、参与艺术创作等,学生将理论知识有机融合并应用于实践中。基于此,教师应当设计与现实世界紧密相关的学习情境,让学生在接近实际的环境中学习,增强学习的现实感和应用性;组织角色扮演、模拟实验、现场考察等活动,让学生通过亲身体验获得直接经验;通过主题整合不同学科的内容,让学生在多学科的交叉融合中获得更为全面的理解。

2. 注重探究体验,凸显实践应用

"探究"在《现代汉语词典》中定义为"探索研究;探寻追究",即努力寻找答案、解决问题。新课改以来,探究性学习一直作为课程实施的重要形式,强调以学生为主体,在引导学生自主、合作、探究的过程中,充分发挥学生实践探索的积极性和创造性。基于此,教师应当鼓励学生提出自己感兴趣的问题,以问题为导向开展探究学习;引导学生通过观察、实验、调查等方式,自主寻找问题的答案,体验探究的过程;将探究结果应用于实际问题的解决中,让学生在实践中体会知识的力量和学习的价值。

3. 强调项目驱动,培育综合素养

项目化学习(project-based learning)已经广泛应用于我国的基础教育实践,将项目思想引入基础教育课堂,对于提升学生的批判性思维能力、协作沟通能力、问题解决能力等都有着十分重要的作用。① Markham认为,项目化学习其实是"知道"和"做到"的集合——项目化学习的重点不是重新定位课程,而是重新定位学生的教育;不是通过教材培养学生,而是通过学生的经验激活那些无形的思维能力。② 基于此,教师应当选择或设计具有挑战性的项目,这些项目应与学生的生活经验和社会发展需求相结合;鼓励学生在小组内分工合作,培养团队协作精神和沟通协调能力;在项目实施过程中,注重培养学生的批判性思维、创新能力、问题解决能力等综合素养。

(三)"五育融合"课程的实施样态与案例剖析

课程实施方式的研究与实践通过演绎与归纳双轨制进行,在区域和学校两个层面同步推进研究学科拓展、主题活动、研学旅行、项目探究、同伴互助等形态在"五育融合"课程中的突破,积累实践案例,提炼不同实施方式的原则和关注要点。区域层面鼓励支持学校、教师在区域提供的一般性实施策略基础上,围绕具体课型开展行动研究,并在实践中验证完善。

1. 学科拓展式

(1)内涵与特质

学科拓展,顾名思义,是指在学生学习某一学科的基础上,进一步拓宽学科的相关范畴。某种程度上说,学科拓展偏向于前文分类中的"育内融合"。"育内融合"的关键在于从"育人"的角度重新审视学科及其相互关系,学校课程是由功能、属性、组织方式相对一致的科目构成的"育人群"(或叫"学科群"),各"育人群"因其功能属性差异而表现为德、智、体、美、劳的不同侧面。通过学科拓展的方式,将本学科的育人功能进一步放大和凸显,拓宽五育融合的落实可能。其主要特征有:

① 交叉性:关联五育融合与学科教学

学科拓展往往涉及多个学科的知识和方法,通过交叉融合产生新的研究视角和解决方案,强调将德育、智育、体育、美育和劳动教育整合到学科教学中,形成协调统

---

① 林琳,沈书生.项目化学习中的思维能力及其形成轨迹:基于布卢姆认知领域目标视角[J].电化教育研究,2016,37(9):22-27.
② Markham, T. Project Based Learning:A Bridge Just Far Enough[J]. Teacher Librarian, 2011, 39(2):38-42.

第四章 区校行动：生活教育理论视域下推进"五育融合"区域创新实践的探索

一的教育体系，促进学生全面发展。这也倒逼研究者具备跨学科的知识背景和能力，能够综合运用不同学科的理论和方法开展学科拓展的研究与实践。

② 应用性：强调理论与实践的结合

学科拓展注重将理论知识应用于解决实际问题，强调理论与实践的结合，通过实践活动让学生体验和实践五育的各个方面，实现学以致用。而这在一定程度上又反映出其将学科知识与学生的生活经验相联系，使学科学习更加贴近学生的实际生活，提高学习的现实意义和兴趣。

③ 互动性：鼓励师生、生生的互动

学科拓展尊重学生的个性和兴趣，为学生提供多样化的学习路径和选择，满足不同学生的发展需求与个性特点。同时，鼓励学生在学科学习中主动探索和交流，通过小组合作、讨论和反思，实现知识的深入理解和内化。

（2）操作流程与关注要点

第一，研读课程标准和教材，确定教育目标。深入分析课程标准，理解学科知识体系和教学要求。研读教材内容，把握教材的深度和广度以及与课程标准的对应关系。根据学生实际情况和学习需求，确定教学目标。宝山区高境科创实验小学吴姗老师根据区级音乐学科的绿色指标调研结果发现：本校学生演唱《中华人民共和国国歌》的优良率仅为50%。而后，吴老师仔细观察了升旗仪式上学生演唱国歌时的表现，发现：有歌词出错的，有音准和节奏不准确的，有机械吟唱的……同时，设计了一份关于学生对国歌了解度的调查问卷，结果显示：学生对歌词的含义不理解的占70.2%，不理解歌曲的背景的占65.3%，不知道曲作者是谁的占32.5%，不能完整背唱整首国歌的占45.3%。为此，吴老师认真研读课标和教材，尤其是音乐教学中对学生爱国主义教育的渗透，并复盘《中华人民共和国国歌》一课的教学，希望通过本课学习，每一个学生都能准确、有感情地演唱《中华人民共和国国歌》，为自己是一个中国人而感到无比的自豪与骄傲！

第二，设计多样化学习活动，体现学科融合。设计具有挑战性和探索性的学习活动，激发学生的学习兴趣和参与度。采用项目式学习、问题解决、实验操作、案例分析等多样化的学习方式，促进学生主动学习和深入探究。通过跨学科的主题设计，将不同学科的知识和方法整合到学习活动中，实现学科融合。鼓励学生进行小组合作,培养团队协作能力和沟通交流能力。以上海市宝山区社区学院韩慧老师、上海师范大学附属宝山经纬实验中学倪赛凤老师的"色彩中的诗情画意"一课教学为例,引导学生探索中国古代绘画与诗歌在色彩运用上的相通之处,感知中国古典色彩美学,提升审美感知能力与创造能力。本项目将学生分成6个小组,每组人数在5~8人,运用小组合作的方式完成诗词插画任务,尝试以较为新颖的方式赏析古诗词,用绘画的形式再现古诗词意境,引导学生在趣味性美育活动中感受古诗词文化的魅力,并掌握绘画的构成与色彩。

第三,建立科学的评价体系,反馈助推发展。构建多元化的评价体系,包括形成性评价和总结性评价、定性评价和定量评价相结合。设计评价量规和评价标准,明确评价的内容、方法和标准,确保评价的公正性和有效性。采用自评、互评、教师评价等多种评价方式,全面了解学生的学习情况和进步空间。及时反馈评价结果,指导学生进行自我反思和自我调整,明确改进方向。同时,教师根据评价结果调整教学策略和学习活动,实现教学的持续改进和优化。

2. 主题活动式

(1)内涵与特质

在教育领域与"主题活动"有关的词汇有很多,诸如"综合主题教育、单元教学、单元主题活动、方案教学、项目活动、探索型主题活动、主题综合教育活动、主题方案教学、主题探究活动"等。这些教育活动的结构化程度不一,教师的计划性和学生主动探索的程度往往受教师的教育理念、实施过程中学生的表现、教师和学生之间的关系等因素影响。但是,它们有一个共同点,即以"主题"作为组织方式。在此,项目组参考柏匡峰关于"主题活动"的概念界定,是指围绕某个中心展开的,具有一定的时间跨度,相互关联的一系列教育教学活动的集合体。[①] 某种程度上说,"主题活动"有点类似前文分类中的"育间融合",它并不改变原来的各育的知识结构,而是在各育独立教学当中有选择地进行以活动为载体融合各育。其主要特征体现在以下三方面:

① 综合性:综合德、智、体、美、劳的五育发展

主题活动综合了学生在德、智、体、美、劳等方面的发展,不仅仅局限于知识的学

---

① 柏匡峰.幼儿园主题活动环境创设研究[D].桂林:广西师范大学,2011.

习,还包括了情感、态度、价值观的培养。这种综合性体现在主题活动的设计和实施中,要求教育者打破学科间的界限,整合多学科的知识和方法,促进学生全面而均衡的成长。

② 生活性:强调教育与学生日常生活的紧密联系

主题活动应从学生的生活经验和生活世界出发,让学生在生活场景中学习和体验,从而更好地理解知识的社会价值和应用。这种生活性体现在活动内容的选择和活动方式的安排上,注重学生的生活体验和实践参与。

③ 实践性:注重学生的亲身体验、动手操作和学科实践

在主题活动中,学生能够将理论知识应用于实际问题的解决中,培养其动手能力和问题解决能力。这种实践性要求活动设计要具有可操作性,鼓励学生主动探索、实验和创造,以实现知行合一,这与陶行知教育思想主张"教育应服务于社会和生活,培养学生的创新精神和实践能力",尤其是"六大解放"思想不谋而合。

(2) 操作流程与关注要点

第一,强调学生立场,找到主题活动与生活的连接点。主题选择应贴近学生的实际生活和兴趣点,确保学生能够感受到活动的现实意义,引发学生共鸣。在具体操作时,教师可以通过问卷调查、小组讨论等方式,让学生参与到主题的选定过程中,从而充分发挥学生的主体性。同时,教师可以利用情景模拟、案例分析等方法,帮助学生理解主题活动与现实世界的联系。以上海世外教育附属宝山大华实验学校的"致敬鲁迅"主题活动为例,为解决学生进入初三之后,学生和家长越发看重对"智育"训练的问题,他们希望老师在教学中"试卷考什么,课堂就教什么",执教者李玮璨老师努力探索在初三的课堂中落实"五育融合"的理念。

> 我发现初三年级的学生有一个很严重的问题——他们的眼里似乎看不到"人"。作为班主任,我观察到他们生活中,对家长、老师们的情感很淡漠,对社会上的新闻几乎漠不关心。作为他们的语文老师,我也发现,他们虽然可以在阅读叙事类小说的时,找到与主人公相关的句子,但是却无法准确分析人物性格,品读人物情感。虽然学习时间确实紧张,但是"德育"依旧很有必要。
>
> 我决定利用鲁迅先生的经典文章《孔乙己》,带他们去认识不同的"人"。为了

更好地观测他们的思想变化,我布置了第一次预习作业:你觉得孔乙己是一个怎样的人?请结合文章说明理由。不出所料,我得到了许多极其敷衍的回答,比如:孔乙己是一个很穷的人,因为他一直欠酒店的钱;孔乙己是一个很小气的人,他给小孩子分茴香豆按颗算……这些回答无不验证了他们的心中非黑即白,不会正确评价一个人。

为此我布置了第二次预习作业,这一次我要求他们带着核心问题:小说的结尾说"大约孔乙己的确是死了",那你觉得孔乙己是死了还是活着呢?请分析孔乙己和周围的人的情况,完成导学单(见下图)。这一次他们对孔乙己的评价客观多了。

《孔乙己》导学单

整理孔乙己的相关信息,为他填一张履历表。(出示履历表样例后,解说填表说明)

孔乙己履历表

姓名		籍贯	
年龄		出生年月	
学历		身体状况	
特长		工作单位	
家庭成员		主要社会关系	
工作生活经历		主要工作成就	
主要优点		主要缺点	
总体评价			

履历表说明:
- 社会关系——是指小说中与孔乙己发生联系的人物。(注明关系)
- 生活经历——是指小说中孔乙己做过的一些事,表达要准确清楚,可摘抄课文中语言,也可以自己概括。
- 将课文中有关孔乙己的信息都要罗列显示出来。

"我"记忆中的咸亨酒店

人物:"我"	
地点:咸亨酒店	
所见	
所闻	
所感	

人物	在咸亨酒店里的感受
小伙计"我"	
长衫主顾	
短衣帮	
掌柜	

第四章　区校行动：生活教育理论视域下推进"五育融合"区域创新实践的探索

导学单中的第一个表格就是履历表。履历表是毕业班学生都要写的，但要想给孔乙己写，势必要将自己带入孔乙己身上，这张表格就可以勾连起学生和孔乙己之间的情感。这个表格还可以帮助同学们探究如下问题：孔乙己是一个怎样的人？他具备独自存活的能力吗？想要知道答案，同学们不仅要仔细品读与孔乙己有关的人物描写，还要关注主人公的家庭情况、社会交友情况，从多个方面探究孔乙己的个人精神世界。表格二和表格三，则是引导学生关注问题：孔乙己生活的社会有怎样的特点？这是一个适宜生存的环境吗？从而引导学生在关注小说环境的时候，不仅仅关注时代大背景，更要关注小说中主人公周围的人群，感知当时的社会温度。而这些信息对深层解读文本、理解主人公命运的色彩会有很大的帮助。

第二，坚持素养取向，设计指向真实问题解决的任务或活动链。 教师应构建指向真实问题解决的任务或活动链，任务设计应具有挑战性，能够引导学生进行深入思考和实践，从而让学生在解决真实情境中的复杂问题时学习知识、掌握技能、发展素养。以宝山区第一中心小学二年级下"欢乐社区"主题活动（如表4-6所示）为例，本主题活动的目标是：从学生生活区域的周边环境、社区布局与功能等入手，通过参观、讨论、游戏、绘画、公益等活动，帮助儿童了解社区环境、发现社区生活中的美好、感受群体生活规范，初步形成社会归属感和责任感，提升社会交往能力，激发对家园的热爱之情。对应这一目标，下设"认识社区、社区寻美、我为社区献一计、我是小小志愿者"四个活动，四个活动对社区的了解与体验是逐渐递进的。

表4-6　宝山区第一中心小学"欢乐社区"主题活动链设计

	名　称	内　容
活动1	"认识社区"	通过驱动性问题，对社区中与日常生活息息相关的部门及功能有初步的了解，并在设计社区示意图的活动中加深了解自己生活的社区。
活动2	"社区寻美"	从直观的设施环境美到发现文化、行为美，通过美景摄影、好人好事访谈、文化活动记录等方式，发现、感受社区生活中的美，激发热爱生活、热爱家园的意识。

续表

名称	内容
活动3 "我为社区献一计"	围绕课前小调查,发现社区中还存在的问题或未来建设畅想。通过开展我为社区献一计活动,提升学生调查、探究、思考、社交等各项能力,探寻让社区更美好的方法,建立社区小主人的意识。
活动4 "我是小小志愿者"	观察、知道社区中很多场所有志愿者、社区人员在为大家提供帮助。通过观看视频,了解一些常见的社区志愿服务。学生小组合作,亲身体验一次小小志愿者服务的策划与实施过程,体验志愿服务的乐趣和不易,建立初步规则意识,提升沟通能力和简单问题的解决能力。

第三,提供过程指导,重视成果展示与交流分享。在活动实施过程中,教师扮演引导者和协助者的角色,为学生提供必要的支持和资源作为工具支架,支撑学生的自主探究和深度实践,在主动的认知建构中发展素养。教师鼓励学生采用多样化的学习方法,如小组合作、角色扮演、实验操作等,带领学生在校园、社区和自然环境中感受生活、亲历实践、主动探究,让学生经历观察、猜想、探索、实验等过程,以多元有趣的活动支持学生玩中学、做中学、探中学。在此基础上,教师为学生提供展示自己成果的机会,鼓励他们与同伴交流分享。通过展示活动,让学生体验成功感,增强自信心。以宝山区石洞口小学郭维老师设计的"中国美食"主题活动为例,融合画(美术)、拍(信息技术)、做(劳动)、算(数学)、写(语文)、悟(体育)、评(道法)等学科知识,实现五育融合全面发展。前期设计"我来画、拍、算"三个子任务,引导学生通过学习、观看,对美食文化有了初步的了解后,尝试动手制作自己喜爱的美食思维导图;深入了解美食背后的工序,用学到的烹饪方法,在家长的帮助下做好一道美食,并拍摄一张美食照片。在制作美食的过程中,记录一道菜从清洗到成品装盘所用的时间,从而对数学"1分钟有多长,1小时有多久"有明晰的感知。最后的成果分享环节,由"我来写、评"两个活动构成,引导学生通过化身小小美食推荐官,用笔触记录下诱人的菜谱,制作美食推荐卡,写一写主题活动的感悟与收获。同时,通过完成闯关活动对小组合作的学习效果进行互评,给予本课学习的荣誉证书。

第四,关注总结反思,强化活动后的迁移与应用。教师关注学生在活动中的点滴变化和进步,鼓励每一个学生参与问题讨论、成果分享,对自己在活动中的各种表现进行适当的反思,将评价自然地融入活动中,让评价成为促进活动的工具。活动结束后,教师组织学生进行总结反思,引导他们思考活动过程中的收获与不足。通过反思日志、讨论会等形式,帮助学生提炼经验,形成自己的见解。更重要的是,为使学生将活动中学到的知识和技能迁移到其他学习领域和生活场景中,教师可以设计相关的延伸任务或挑战,从而引导学生进一步内化迁移、实践应用。

3. 研学旅行式

（1）内涵与特质

"研学旅行"一词最早出现于2013年2月国务院办公厅印发的《国民旅游休闲纲要(2013—2020年)》。此后,作为深化素质教育改革的重要举措和探索旅游转型发展的崭新方式,引发了国内教育界及旅游界对其相关政策理论和实践探索的研究。广义的"研学旅行"是指任何旅游者处于文化求知的需要,在人生任何阶段暂时离开常住地以独立出游、结伴或团队到异地开展的文化考察活动。[①] 狭义的"研学旅行"特指"在教育部门和学校有计划的组织安排下,通过集体旅行、集中食宿方式开展的研究性学习和旅行体验相结合的校外教育活动,是学校教育和校外教育衔接的创新形式,是教育教学的重要内容,是综合实践育人的有效途径"。[②] 本研究中主要采用后者的观点。某种程度上说,研学旅行正是"跨育融合"的一种呈现方式,它强调在研学过程中综合所学发现问题、分析问题并探究尝试解决问题。

已有研究中学者主要从国家、学校和学生三个层面阐释了研学旅行的教育意义。[③] 从国家层面来看,研学旅行是贯彻《国家中长期教育改革规划和发展纲要(2010—2020年)》的行动,是培育学生践行社会主义核心价值观的重要载体,也是拓展文化旅行空间的重要举措。从学校层面来看,研学旅行是深化基础教育课程改革的重要途径,是推进实施素质教育的重要阵地,是学校教育与校外教育相结合的重

---

① 白长虹,王红玉.以优势行动价值看待研学旅游[J].南开学报(哲学社会科学版),2017(1):151-159.
② 教育部等11部门.教育部等11部门印发《关于推进中小学生研学旅行的意见》[EB/OL].(2016-12-19).[2025-3-15].https://www.gov.cn/xinwen/2016-12/19/content_5149943.htm.
③ 李军.近五年来国内研学旅行研究述评[J].北京教育学院学报,2017,31(6):13-19.

要组成部分。从学生层面来看,有学者提出研学旅行在问题解决和思考能力、人际沟通能力、信息管理能力、自我管理的学习能力、适应能力、对社会与文化的包容能力、时间及财务管理能力及自我激励和独立个人品性能力培养等方面的教育功能;[①]有学者借鉴培养创新人才所需要的心智模型,特别阐释了研学旅行在知识心智、内在动机心智、多元文化经验心智、问题发现心智、专门领域判断心智和说服传播心智方面对学生心智能力培育的影响和意义。[②] 其主要特征体现在以下三方面:

① 主体性:强调学生在研学旅行中的主体地位发挥

在研学旅行中,学生的主体性发挥是实现"五育融合"的关键。"五育融合"强调德智体美劳全面发展,这要求学生在旅行中不仅是知识的接受者,更是主动探索者和实践者。研学旅行强调将学生置于活动的核心位置,鼓励他们主动参与到旅行的规划和执行中。这种参与不仅提升了学生的主动性,还增强了他们的集体意识和团队合作精神。在这一过程中,每位学生的声音和想法都被重视,使他们成为自己学习旅程的主人。

② 开放性:超越传统课堂和教室这一学习空间的限制

研学旅行打破了传统课堂的界限,将学生带入一个更广阔的学习空间,鼓励学生走出校园,探索更宽广的世界,密切与真实世界的联系,从而促进他们的视野拓展和知识增长。在多样化的环境和文化中,学生能够通过实际体验来吸收、理解和应用新知识与技能。这样的学习方式有助于学生形成全面的世界观,促进学生在不同环境中的适应能力和创新思维的发展。

③ 探究性:关注在体验探究的学习活动中解决问题

研学旅行注重学生在亲身体验中培养探究能力、解决真实情境的复杂问题,让学生在实际环境中感知自然、了解社会,通过体验学习获得更深刻的认识和感悟,通过旅行中的观察、记录和思考,激发学生的好奇心和求知欲,将理论知识与实践相结合,形成深刻的认识和独到的见解,培养学生的研究性学习能力。正如陶行知所提倡的"教学做合一",学生通过亲身体验和实际操作,将知识内化为自己的能力,培养独立思考和解决问题的能力。

---

① 白长虹,王红玉.以优势行动价值看待研学旅游[J].南开学报(哲学社会科学版),2017(1):151-159.
② 衣新发,衣新富.研学旅行与学生创造心智培养[J].创新人才教育,2017(1):49-55.

第四章 区校行动：生活教育理论视域下推进"五育融合"区域创新实践的探索

（2）操作流程与关注要点

研学活动作为课程的重要组成，其承载着知识的传授和学生技能的培养任务，肩负思想引领与价值塑造的责任。深入挖掘区域内的独特元素和教育目标，设计具有针对性、实效性的研学主题任务活动，提炼、展示研学成果，以激发学生的积极性和创造力，培养具有高尚品德、创新精神、实践能力的社会主义建设者和接班人。其中，研学旅行的一般流程如下图4-9所示。

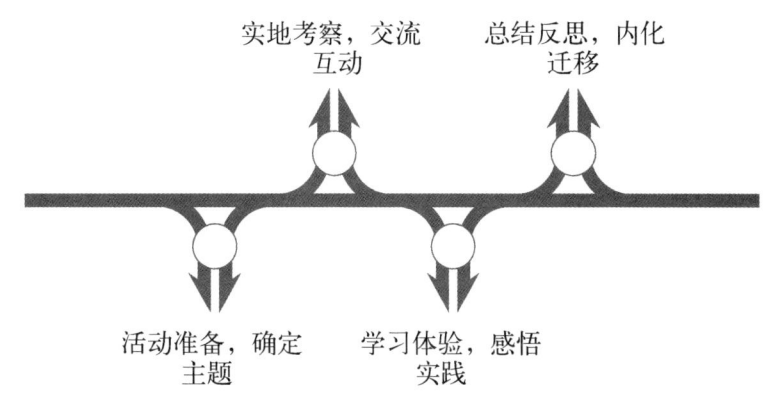

```
        实地考察，交流         总结反思，内化
            互动                     迁移
             ↑                        ↑
    ─────────○────────────────○─────────
             ↓                        ↓
        活动准备，确定           学习体验，感悟
             主题                     实践
```

图4-9 研学旅行的一般流程

第一，活动准备，确定主题。准备阶段，需要确立研学旅行的教育目标和主题，制定详细的行程安排和活动计划，联系相关的导师或专业人士，准备必要的教学材料和设备。要对参与的学生和教师进行安全教育和动员培训，确保他们了解研学旅行的目的和意义，同时对旧知识进行整合，为新知识的学习做好准备。需要注意的是，在安排研学计划时，就要充分利用校园内外的资源，包括但不限于校内教师、校外专家、社区资源、文化场馆等，从而为学生提供丰富的学习平台和体验机会，拓宽学生的学习视野和实践场域。

以"中国系列课程"为例，该环节需关注以下要点：

● 结合区域特色与思政教育目标，精选研学主题

研学主题的选择是研学活动的重点，以区域特色为载体，同思政教育目标相结合，确立研学主题。如深入挖掘区域内的红色文化资源、历史文化遗迹、自然风光等元素，将其作为研学主题资源。如，针对革命老区，选择"追寻红色足迹，传承革命精神"作为研学主题；在历史文化名城，选择"探寻历史脉络，传承文化精髓"作为研学

主题,通过具有鲜明地域特色的主题活动,来激发学生的爱国情感和民族自豪感。①

• 设计研学目标与任务,明确研学目的与成果

确立研学主题后,设计研学目标与任务,明确研学活动的目的与预期成果,从知识、技能、情感态度价值观等多维度,确保研学活动的全面性和有效性。如,"追寻红色足迹,传承革命精神"研学活动,目标设定为:了解革命历史,掌握革命知识;培养团队协作与沟通能力;增强爱国情感与民族自豪感,并根据研学目标设计研学任务。如:参观红色纪念馆、听取革命故事讲解,然后进行小组讨论交流。任务的设定应具有可操作性、挑战性,以激发学生的学习兴趣和探究欲望。最后明确研学活动的预期成果,撰写研学报告、制作研学视频资料,以便对研学活动效果进行评价。

第二,实地考察,交流互动。学生在老师或专业导师的带领下,前往具有教育意义的景点或场所,进行实地考察和学习活动,深入了解相关主题和内容。这种身临其境的学习体验,使学生能够直观地感受和理解书本上的知识,从而加深记忆和理解。在研学旅行中,学生有机会与不同文化背景的人进行交流,这不仅能够增进他们对不同文化的了解和尊重,还能够提高他们的交际能力和语言表达能力。通过参观景点、博物馆、企业等,学生可以将所学知识与实际相结合,理解知识的实际应用,提高解决实际问题的能力。

同样以"中国系列课程"为例,该环节需关注以下要点:

• 制定详细研学计划安排与保障

制定研学计划制定要充分考虑到活动的可行性、安全性和有效性,并根据研学主题和目标设计行程安排,如:研学地点的选择、参观路线的规划、活动时间的分配。通过活动组织确保研学活动顺利进行,保证学生充分接触了解研学主题,避免安全隐患。在安全保障措施制定实施中,通过配备专业的导游和安全员,负责学生安全引导和紧急情况处理,为学生购买意外伤害保险,提前对研学地点进行实地考察,确保活动场所的安全稳定,并制定应急预案,以应对可能出现的突发情况。②

• 组建研学小组,明确分工与责任

为提高研学活动质量、组建研学小组、明确分工与责任,每小组由若干名学生组

---

① 邱缙.家国情怀的大中小学思政课一体化培育研究[D].苏州:苏州大学,2022.
② 唐宇.高中思想政治课教学资源共享研究:以河南省S市的高中为例[D].喀什:喀什大学,2022.

第四章　区校行动：生活教育理论视域下推进"五育融合"区域创新实践的探索

成，其中一名组长负责协调和管理，在活动中，小组成员共同完成研学任务，通过进行交流和分享相互学习、相互帮助，共同提高。此外，确保活动的针对性和有效性，为每个小组分配具体研学任务和目标，在研学过程中，小组成员需要根据任务目标来分工合作，共同完成，通过鼓励学生在研学过程中积极提出问题和建议，以促进研学活动的持续改进和优化。

第三，学习体验，感悟实践。学生参与各种学习活动和体验项目，如文化体验、科学实验、户外探索等，通过亲身经历和实践探索知识，培养学生的动手能力、团队协作能力和独立生活能力。教师在此过程中扮演引导者和协助者的角色，指导学生进行观察、记录、思考和讨论，促进学生主动学习与合作交流。以宝山区罗店中心校的"校园巡游记"研学活动为例（见表4-7），以系统性的思维进行了"跨域融合"的尝试：融不同年级认知层级、融不同学科相关知识、融校园内外所得经验、融不同主体评价视角，提供语文、美术教材中的相关知识，勾连社会生活中的景区"导览图"，引导学生回顾旧的认知经验、应对新的问题情境，在新旧认知冲突中，建立相关知识、技能之间的联结。这个回顾的过程以及其后将不同维度关联信息整合运用的过程，将带动知识网络的完善，进而促进学生系统性思维的建构。

表4-7　"校园巡游记"研学活动子任务分工推进表

子任务	具体要求	作品表现形式	对应小组分工
校内外素材搜集整理	校外素材：景区导览图、明信片 校内素材：建筑全貌、人文信息	图片素材库	全员
图稿设计	模仿校外素材 绘制校内导览、明信片图稿	图稿若干	图稿设计组
文稿撰写	结合校内建筑信息 筛选景点，有序介绍	十景介绍片段	文稿编写组
拼音文字配注	针对一年级学生认知水平 誊抄文字，为生字词配注拼音	拼音+文字定稿	拼音文字配注组

组织学生撰写研学报告，记录研学过程与感悟。研学成果是研学活动的重要环节，在研学活动结束后，组织学生撰写相关报告，记录研学过程。研学报告包括研学主

题、目标、任务、行程安排、参观感受、学习心得等内容。通过撰写研学报告,学生可以系统地回顾和总结研学活动的过程和收获,加深对研学主题的理解和认识。在完成研学报告之后,鼓励学生进行交流和分享,通过交流分享、相互借鉴,学习他人的经验,拓宽自己的视野。并将优秀的研学报告进行评选展示,以激发学生研学的积极性。

第四,总结反思,内化迁移。研学旅行结束后,学生应将所学知识和感悟体验进行整理和归纳,并通过报告、展示、表演等形式进行分享。教师和同伴的评价以及自我反思,都是对学生学习成果的重要反馈,有助于学生总结经验、发现不足并改进不足。需要强调的是,研学旅行不是一次性的活动,而是学生持续学习和成长的过程。学校和教师应鼓励学生将在旅行中的学习体验与校内课程学习相结合,实现知识的深化和拓展。

开展研学成果交流会,分享学习心得与收获,如学生对研学主题的理解、研学任务的完成情况、团队合作的经验教训等。通过交流,加深学生了解研学活动的意义和价值。为进一步提升学生研学效果,在交流会中,还可邀请相关专家学者对学生进行点评和指导,以专业角度来分析学生的研学成果,提出改进意见和建议,同时在与学生进行互动交流中来解答学生的疑问困惑,帮助学生提升研学水平和实践能力,有效促进思政教育与学生实际生活的紧密结合。[①]

4. 项目探究式

(1) 内涵与特质

项目探究,抑或是通常所说的项目化学习,这一术语在我国有多个译名,包括"项目式学习""基于项目的学习""项目学习""设计本位学习"等,其理论基础可追溯至20世纪初杜威提出的"从做中学"。国内外学术界对项目化学习的概念界定主要有以下几种[②]:一是认为项目化学习是一种学习方式,如项目化学习是基于项目的设计、管理和实施的一种学习方式,旨在通过整合学生已有的知识经验来解决实际问题;[③]项目化学习是一种以学生为中心的学习方式,它基于三个建构主义原则:学

---

① 杨双铭.基于教赛获奖作品的技工院校教师课程思政教学能力研究[D].天津:天津职业技术师范大学,2023.
② 杨明全.核心素养时代的项目化学习:内涵重塑与价值重建[J].课程·教材·教法,2021,41(2):57-63.
③ 孙成余."项目式学习"视域下化学核心素养落地的实践应答:以"水的净化"活动设计为例[J].中学化学教学参考,2019(6):33-35.

习是在具体情境发生的、学生要积极参与学习的过程、通过社会互动和知识的分享来实现学习目标。① 二是认为项目化学习是一种教学模式,如项目化学习是一种以学生为中心的教学模式,是学生从真实世界中的基本问题出发,围绕复杂的、来自真实情境的主题,以小组方式进行周期较长的开放性探究活动,完成一系列诸如设计、计划、问题解决、决策、作品创建以及结果交流等学习任务,并最终达到知识建构与能力提升的一种教学模式。② 三是认为项目化学习是课程设计的一种方式和更综合化的教育实践形态,如项目学习是学生综合运用多学科学习成就进行自主学习的一种综合性、活动性的教育实践形态。③ 综上所述,本研究中将项目化学习界定为教师将学生的学习任务项目化,指导学生基于真实情境提出问题,利用相关知识与信息资料开展研究、设计和实践操作,最终解决问题并展示和分享项目成果的全过程。某种程度上说,项目化学习正是"跨育融合"的一种呈现方式,它强调问题驱动、探究迭代、产品制作、分享合作等关键要素。作为一种更具灵活性、开放性和生成性的新型课程形态,项目化学习对于培养学生的核心素养具有独特优势,其主要特征体现在以下三方面:

① 真实性:与学生生活情境紧密相关的真实问题

相较于传统的知识讲授方式,项目化学习紧密联系学生的生活实际,"项目"来自学生社会生活中的真实问题,这种鲜活、生动、直接的经验能够更好地调动学生的学习兴趣和需求,尤其是可以帮助低年级学生尽早建立自主学习的内驱力,让学生成为学习的主人。

② 融通性:综合运用不同学科的知识技能以解决问题

"五育融合"蕴含一种新的教育理念和育人理念,是突出整体与融合发展的教学设计,不再是传统单一学科的片面发展。项目化学习强调跨学科的综合能力,在解决项目所提出的真实情境的复杂问题时,要求学生交叉综合运用各方面的知识和技能,可以促使学生打破学科界限,以联系的视角看待知识学习,更好领悟知识的关联性。

---

① Kokotsaki D, Menzies V, Wiggins A. Project-Based Learning: A Review of the Literature[J]. Improving Schools, 2016(13): 267-268.
② 柯清超.超越与变革:翻转课堂与项目学习[M].北京:高等教育出版社,2018.
③ 郭华.项目学习的教育学意义[J].教育科学研究,2018(1):25-31.

③ 具身性：身体和心灵共同参与学生的认知过程

学者朱琳[①]就陶行知劳动教育思想中的具身特征与当代价值进行分析，陶行知所追求的"在目标上谋手脑相长、在内容上习生活教育、在方法上教学做合一"的劳动教育思想，与具身理论相契合并呈现以下四点特征：身心的一体性、心智的整全性、过程的综合性、内容的情境性。这与项目化学习的具身性特征不谋而合，学生全身心、全人格地参与到项目探究的全过程，既有知识与情感的融合、思维与行动的融合，又有智力因素与非智力因素的融合，为培养学生面向未来的科学精神、创新能力、批判性思维提供了载体，能够全方位地锻炼学生的团队合作、表达沟通等综合能力。

（2）操作流程与关注要点（见图 4-10）

图 4-10 项目化学习/项目探究的基本流程

第一，根据真实情境提出驱动性问题，并开展入项活动。项目化学习始于一个具有挑战性的问题或难题，这个问题应当与学生的生活息息相关，能够激发他们的

---

① 朱琳.陶行知劳动教育思想中的具身特征与当代价值[J].南京晓庄学院学报，2023,39(1)：16-21+123.

第四章 区校行动：生活教育理论视域下推进"五育融合"区域创新实践的探索

兴趣和探究欲望。入项活动则是为了让学生进入到问题解决的情境中，让学生理解驱动性问题的含义和范围，明确项目的目标和预期成果。学生将驱动性问题和自身产生联系，涌现出主动探索的内动力，思考项目的大方向，培育大的格局观。好的入项活动课应该具备：让学生解决这个驱动性问题的强烈愿望；让学生有探索空间，充分暴露学生对项目及其解决过程的理解；让学生产生与个人相关的联系感。以潜溪学校沙众霖老师的"水质检测：'问诊'小区河流，献策社区环保"项目为例，此次项目的驱动性问题是：学校学生主要来源于"锦秋花园"和"经纬社区"两大社区，经常会讨论和比较各自社区的异同之处。在提及小区生态环境时，两方学生讨论激烈、争执不下。两大社区中的河流可以从一定程度上反映其环境状况，提升河道周边的环境亦能极大优化小区生态环境。那么，作为社区一员，如何对各自社区内河流进行健康诊断，并给到有针对性的改善方案？

水质检测是地理学科"水文实验"中的一种，指的是对水体中的各种指标进行测量和评估，以确定水体的水质状况和环境健康水平。这种检测可以评估水体是否符合相关标准，预测其对环境和人类健康的影响，并为环境管理和污染控制提供依据。在入项阶段，老师通过抛砖引玉式的沟通方式带领同学进行头脑风暴，发挥他们的创造性思维，将驱动性问题与学生自身产生联系，进而自然进入到问题解决的场域中。

教师在学校科技节前关于校内外及周边区域的环境情况进行排摸调查，发现学生就两大社区的生态环境孰优孰劣有争议。

老师提问："两大社区的面积、树种、布局都各不相同，很难进行比较。有没有两个社区都具备且很相似的比较维度呢？"

学生回答："都有河流！而且都是自北向南的流向。"

老师提问："河流如若水质不佳，对社区环境会有什么样的影响呢？"

学生回答："会有恶臭、滋生蚊虫、污染河岸周边土壤等。"

作为社区的一分子，我们可以尝试给社区内的河流"做体检"，通过水质检测来确认河流的健康状况，来看看究竟是锦秋花园还是经纬社区的河流水质更好，还能根据"体检报告"上反映的问题，有针对性地开展环保举措。那么，我们要如何实施这一想法呢？

经过师生讨论，形成了以下子问题（任务）链：

子问题1：了解水质检测（是什么）——水质检测是地理学科"水文实验"中的一种，指的是对水体中的各种指标进行测量和评估，以确定水体的水质状况和环境健康水平。

子问题2：认识水质检测（为什么）——水质检测可以评估水体是否符合相关标准，预测其对环境和人类健康的影响，并为环境管理和污染控制提供依据。

子问题3：实施水质检测（怎么做）——实施水质检测应选定河流，区分河段，通过实地考察确定采水点；在不同时间分别采集水样，取样后立刻观察水样：观察其颜色、泡沫、漂浮物，嗅辨气味；静置水样后，取样滴入试剂，检测水质指标并做数据记录。

子问题4：利用水质检测（怎么用）——对比数据，评估水质状况，并分析可能的污染来源。将检测数据整理成报告，讨论水质问题及其对环境和健康的潜在影响。根据检测结果提出改善水质的建议或采取相应的保护措施。

在以上子问题中，最终的任务是通过实施水质检测后的分析（即子问题4），有针对性地开展社区内的环保举措，改善社区生态环境。最终制定的环保方案需要满足以下评价要求：

安全性——不仅要考虑到实施环保举措人员的安全，还要考虑到该方案是否环境友好。

科学性——需要根据水质检测的结果，结合现实案例和资料的调查，有理论、有依据地提出环保举措与制定方案。

可行性——该方案应合理且经济，符合中学生的能力范畴，贯彻"变废为宝"的低成本理念。

延续性——相较于治理河流，该方案应更偏重于预防河流污染，克服随意性、一次性，能够相对长时间地优化河道周边环境。

第二，知识与能力建构。这一阶段，学生开始搜集与问题相关的背景信息和知识，这可能涉及复习已学知识或探索新的学科领域。在此基础上，学生将新信息与已有知识相联系，构建跨学科的联系，形成对问题更全面的理解。同时，在这一阶段，学生需要发展和运用一系列技能，如研究技能、批判性思维能力、团队合作能力、沟通技能等。例如，在"水质检测：'问诊'小区河流，献策社区环保"项目中，学生通过实地考察和水样采集、进行水质检测两大主要环节，综合应用地理、科学、化学等学科知识和技能。

（1）实地考察和水样采集

学生以小组为单位，分别在指定时间前往对应的采样点进行河流水样采集。到达采样点后，需要先对采样点进行实地考察和记录，随后再开展采集工作。表1为河流采样点考察记录表。

表1 河流采样点考察记录表

河流名称		
采样点		
考察日期和时间		
小组成员		
取水点	水域周围的环境	
	是否有污水排放	
	水中生活的生物	
	水面漂浮的杂物	
水体情况	颜色	
	浊度	
	气味	
	漂浮物	
我们的想法和其他发现		

填表人：_____

每个采样点采集6瓶水样,采样器具可以借用校内的河流取水器,也可以对照视频资料DIY自制采水器并使用。水样采集务必注意安全,必须有一位成年人随行监护。

(2)进行水质检测

四人一组,进行水样的检测、记录、对比与分析。

教师根据学生的实际情况,确定符合初中学生的简易检测指标,即pH值、余氯、锌含量、生态活性和矿物质,通过PPT回顾科学的水质检测试验步骤,并引导学生阅读试剂盒中的"水质检测指标说明",明确每项指标的含义。

表2 水质检测记录表

检测日期		检测时间		检测人	
河流名称		采样时间		记录人	
	pH值	余氯	锌含量	生态活性	矿物质
采样点①					
采样点②					
采样点③					
我们的分析					

其中,pH值、余氯、锌含量及生态活性的检测均以色卡比对为主,矿物质则以检测笔的亮灯明暗为判断依据。各个小组接力填写水质检测记录表(表2所示),采样点五项指标的结果应为六瓶水样的平均情况。

在完成水质检测后,各组学生合作,开展对比分析,逐步得出各自的结论,并交流分享了心得感悟。以下为分析记录的片段:

片段一:锦秋红光河水样整体呈现灰色,有明显杂质。从检测指标结果来看,三个采样点的水样差异不大。猜测水质情况不良。但以矿泉水为对照,发现二者在pH值、钙镁含量、生态活性和矿物质等方面差别非常小。上述表现与我组

第四章　区校行动：生活教育理论视域下推进"五育融合"区域创新实践的探索

推论大相径庭。

——锦秋一家亲组　组长　李烨昆

片段二：通过检测和对比，我们发现，红光河的水质整体要优于桃浦河。结合最初的采样点实地考察记录单可知，就河流周围的生态多样性来说，红光河有更多的水草、水鸟、乌龟等动植物，可以侧面验证我们的结论。所以，水样有一定水腥味并不代表水质一定很差。

——闪光少女组　组长　陈欣栎

在生命科学的课程学习中，学生已通过"生态瓶实验"理解了对照组实验的基本思路。许多小组将知识迁移运用至水质检测之中，除了两条河流，还主动提出了用矿泉水作为参照物的构想，进一步完善了水质检测。

第三，探索与形成成果。在学习过程中，学生通过主动探索、研究和实践，将收集到的信息进行整理分析，对项目主题进行深入理解和创造性思考，并最终产出能够展示其学习成果的具体作品或解决方案。具体来看，学生需要围绕提出的驱动性问题，通过收集资料、实地考察、实验操作等多种方式进行探索。在此过程中，学生积极思考，提出假设，寻找答案。同时，项目化学习通常需要学生在小组内协作，通过分工合作、交流讨论等方式共同推进项目进展，从而提升沟通合作能力。此外，学生最后要将他们的学习成果具体化，这可以是一份研究报告、一个科学模型、一件艺术作品、一个解决方案等。而在探索形成成果的过程中，通过学生自评、互评、教师评价等方式，引导学生根据修改意见进一步进行改造设计修改。仍以"水质检测：'问诊'小区河流，献策社区环保"项目为例，探索与形成成果的主要过程如下。

（1）设计河道环境改善的环保方案

学生按照"锦秋社区"和"经纬社区"的区域落座，重新分组，进行"医师交流会"。互相交换水质检测结果，进行数据分析，汇总出两条河流的"体检报告"。

表3　_____河流体检报告

体检日期		会诊讨论时间	
	发现的问题	可能的原因	应对的举措
采水点①			
采水点②			
采水点③			
诊断结论			
后续建议			

表4　河流水质诊疗方案

河流名称		主治医生：	
时间安排		相关医护：	
活动内容			
所需工具			
所需支持			
任务分工			

医师团队签名：_____

日期：_____

周末各小队按照约定的时间和安排，在各自社区进行环保活动，并完成感想体悟的小记，为最终的报告活动做准备。

有些小组进行了河道周围垃圾的清理，有些深入居委会，了解社区对于水体保护正在采取的措施，有些则是与河边散步和钓鱼的居民们访谈，听听居民们对于社区河道的治理意见与建议。

（2）交流与评价活动

学生在教师引导下进行以小组为单位的生生互评和自我评价。教师从旁观者视角给予客观点评。学生们在评价活动中认识到什么是好的作业成果，什么是好的活动表现,并对照自己的行为引发反思,帮助学生形成尊重客观事实和不同意见的科学态度。

表5 小组评价量表

班级：_____ 姓名：_____ 组号：_____ 填表日期：_____

评价内容	水平（水平一10分，水平二20分,水平三30分）	教师评价 40%	学生自评 40%	学生互评 20%
劳动过程	水平一：小组内大多数成员被动参与小组活动。			
	水平二：小组内成员主动参与活动,能够互相配合完成任务。			
	水平三：小组内成员积极主动参活动,能够互相配合完成任务并不断优化。			
劳动成果	水平一：本小组未能完成原定的任务。			
	水平二：本小组能完成自己的任务,但未完全达成预期效果。			
	水平三：圆满完成自己的任务,小组内团结协作,活动过程较为顺利。			
劳动感悟	水平一：辛苦,比较愉快。			
	水平二：辛苦,但是喜欢这种劳动,以后会继续这种劳动。			
	水平三：辛苦,但值得,今后愿意继续参与并运用所学解决生活中的问题。			
劳动氛围	请为整个社团目前的表现打分（1分为有待提高→10分为干劲满满）。			
总分（满分100分）				
	●请写出小组"杰出贡献者"的姓名：_____（1人） ●请写出小组"进步之星"：_____（1人）			

表6 学生自我评价量表

班级：_____ 姓名：_____ 组号：_____ 填表日期：_____

序号	评价内容	学生自评（五星为最佳）
1	我能够按照步骤完成水样采集和水质检测。	
2	我可以运用跨学科思维进行综合思考，分析并归纳可能的原因。	
3	我通过对生活中常见河流的水质检测，加深对水污染问题的了解，树立了"预防＋治理"的环保意识。	
4	我能够运用工程思维，对实践活动的完善与优化提出合理有效的建议和意见。	
	总体自我表现评价	

第四，公开展示成果。项目完成后，学生将形成的成果以及他们在项目过程中所获得的知识和技能，以适当的方式展示给他人，如同学、教师或更广泛的社区，并接受评价和反馈。需要注意的是：一是成果的相关性和完整性，即展示的成果应该与项目的主题紧密相关，全面反映学生在项目中的工作和学习过程。二是展示的形式和创意，教师应鼓励学生采用多种形式（如口头报告、海报、演示、视频等）来展示他们的成果，同时注重创意和表现力。三是强调学生参与，即在展示过程中，学生应积极参与，能够清晰、自信地表达自己的观点和成果，展示团队合作能力。例如，学校在科技节结束之时组织专场汇报展示。学生代表在不同环节分别上台介绍自己的实践过程，展示各自的项目化学习成果。台下同学在汇报结束后，在问答环节进行答疑讨论，最后进行优秀小组与个人的表彰与颁奖。成果展示主要包含优秀实地考察报告展示与组长发言、水样采集微视频与制作者发言、优秀水质检测报告展示与组长发言、环保倡议书与志愿者代表发言等。校内的公开展示活动体现了多元发展的理念，充分调动了学生的积极性，团队凝聚力和个人荣誉感得以大大提升。

- 河流采样点考察与比较报告

表7　锦秋-红光河与经纬-桃浦河采样点考察与比较报告

河流名称		锦秋-红光河(中段)	经纬-桃浦河(中段)
考察日期和时间		2022.11.20　14:55	2022.11.20　13:11
小组成员		金欣悦、申欣爱	石晟凯、肖酉梁、沈佳恩
取水点	水域周围的环境	非常好	有植物
	是否有污水排放	无	是
	水中生活的生物	芦苇、鱼、青蛙、水鸟	有鱼和水鸟
	水面漂浮的杂物	树叶	相对较少
水体情况	颜色	淡黄	略微发黄
	浊度	清澈	略微浑浊
	气味	水腥味较明显	有腥味
	漂浮物	正常	落叶、塑料
其他发现		河道周围垂钓的老人较多,还有放笼子吊乌龟、甲鱼的;水温16℃	有白色水鸟盘旋,可能有就近栖息地;河道两侧有油状漂浮物;水温18℃
我们的分析		● 从取水点环境来看,红光河的自然环境更好,且人为污染更少,可能是因为该河流大部分河段都在锦秋花园小区内;桃浦河则是在各个小区之间,治理难度偏大,需要经纬各个小区联动。 ● 水样观察后发现,红光河水虽清澈,但水腥气味较浓;桃浦河水虽略有浑浊,但水腥气味偏小。难以直接确定哪种水体情况更好,需要进一步分析。	

● 水质差异的分析

表8 锦秋-红光河水质检测记录单

检测日期	2022.11.23	检测时间	13:00	检测人	韩灵如、孙潇潇
河流名称	红光河	采样时间	2022.11.20 14:30	记录人	李烨昆
	pH值	余氯	锌含量	生态活性	矿物质
采样点①	7.5	不含	中间值	活性水	有
采样点②	7.6	不含	中间值	活性水	有
采样点③	7.5	不含	中间值	活性水	有
示意图					
我们的分析	红光河酸碱性呈中性,水中的消毒物质和金属残留都在正常范围内,活性和矿物情况好。三个采样点数据差异小,整体水质情况较好。				

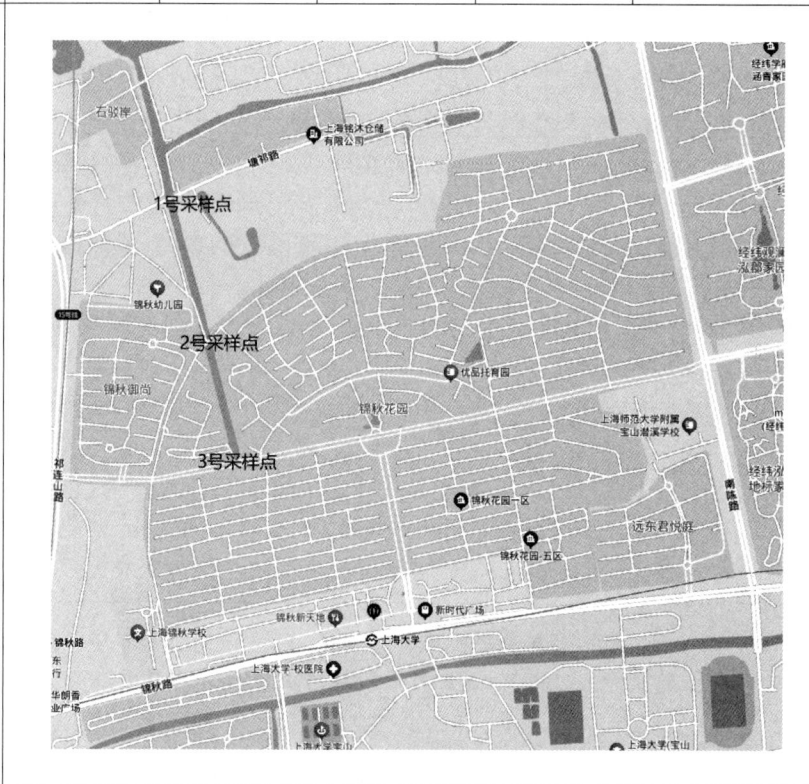

第四章 区校行动：生活教育理论视域下推进"五育融合"区域创新实践的探索

表9　经纬-桃浦河水质检测记录单

检测日期	2022.11.23	检测时间	13:00	检测人	陈欣栎、朱家池
河流名称	桃浦河	采样时间	2022.11.21 10:14	记录人	薛佳瑜、金欣悦
	pH值	余氯	锌含量	生态活性	矿物质
采样点①	7.0	微量	微量	活性水	有
采样点②	8.5	微量	大量	非活性	有
采样点③	7.6	微量	微量	活性水	有
示意图					
我们的分析	桃浦河呈中性偏碱性水，水质偏硬，水中有一定的消毒物质和金属残留，活性和矿物情况一般。整体来看，采样点2号（即经纬社区流域内的中段）水质污染最为严重。				

表10　锦秋-红光河体检报告

体检日期	2022.11.24	会诊讨论时间	12:00
	发现的问题	可能的原因	应对的举措
采水点①	一切正常	/	在河道周围进行宣传
采水点②	水腥味明显	流速慢,水循环慢	建议居委会加装水泵
采水点③	水面漂浮的水草多	从地表水转地下水	建议定期清理
诊断结论	红光河大部分的问题是偏表面性的,自然因素影响大,治理和预防的难度相对较小。		
后续建议	● 需要与居委会联动,赶在水生植物泛滥生长前做治理,效果会更好。 ● 河边社区居民活动较多,堤坝处围栏形同虚设,对于年幼的小孩有安全隐患,需要增加安全措施和标识。		

表11　经纬-桃浦河体检报告

体检日期	2022.11.24	会诊讨论时间	12:00
	发现的问题	可能的原因	应对的举措
采水点①	三段中最为健康的河段但固体塑料垃圾最多	周围都是新建或在建的小区,垃圾管理不到位	固体垃圾拾取
采水点②	三段中金属残留物污染最为严重的河段,水质呈弱碱性,活性低	周边小区和店铺多,有排污管	建议有关单位在排污管旁放活性炭包,并增加沿岸的绿植
采水点③	相对健康,水样偏浑浊	从中段开始,人类活动频率大增	进行社区专题宣传
诊断结论	桃浦河的水质问题很多是看不见的,人为因素影响大。其中中段最为严重,余氯高说明有消毒物质残留,锌含量高说明有金属物质残留,水质偏碱性,偏硬。		
后续建议	● 涉及经纬社区内的多个小区,所以要联络不止一个居委会,甚至要联络告示牌上的河道长。 ● 排污管问题超出中学生能力范畴,但可以在安全范围内略做尝试。 ● 河段长、河面宽广,施行措施的时候需要更多人手。		

第四章 区校行动:生活教育理论视域下推进"五育融合"区域创新实践的探索

综上,就两个社区内两条河的水质差异来比较,红光河整体水质和生态环境更好,基本没有污染,表面水生植物和气味的主要影响因素为自然因素;桃浦河中段的水质有轻微污染,主要影响因素为人类活动,需要重视和治理。

- 给居民的环保倡议书

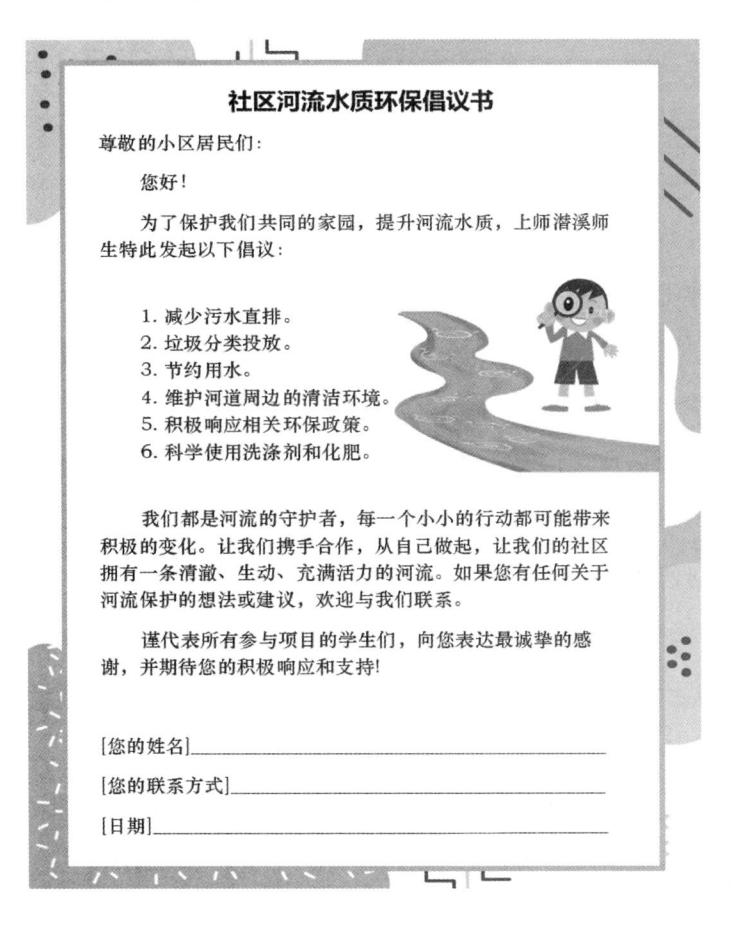

社区河流水质环保倡议书

尊敬的小区居民们:

您好!

为了保护我们共同的家园,提升河流水质,上师潜溪师生特此发起以下倡议:

1. 减少污水直排。
2. 垃圾分类投放。
3. 节约用水。
4. 维护河道周边的清洁环境。
5. 积极响应相关环保政策。
6. 科学使用洗涤剂和化肥。

我们都是河流的守护者,每一个小小的行动都可能带来积极的变化。让我们携手合作,从自己做起,让我们的社区拥有一条清澈、生动、充满活力的河流。如果您有任何关于河流保护的想法或建议,欢迎与我们联系。

谨代表所有参与项目的学生们,向您表达最诚挚的感谢,并期待您的积极响应和支持!

[您的姓名]_____
[您的联系方式]_____
[日期]_____

- 学生制作的环保标识

第五,反思与迁移。项目化学习的评价侧重于过程性评价和表现性评价,强调学生在项目中的参与度、创新性和学习过程,既有同伴评价也有教师评价。学生基于他人的评价和自身的反思,逐渐认识到自己的不足,对项目成果进行迭代改进,深化学习体验和理解。更重要的是,学生要能够将一个情境中学到的知识、技能和策略迁移应用到新情境中,从而实现深度学习。

● 学生成长案例

水质检测护河流　队长之责促成长

作为一名初中七年级的学生,我有幸被选为首次进行的社区河流水质检测活动的小组长。这次活动不仅是一次对河流水质的检测,更是一次对我们团队协作、环保意识以及领导能力的考验。

在活动开始前,我首先与团队成员进行了一次深入的讨论,明确了我们的目标和任务。随后根据我们组员个人的优势和长处,制定了详细的活动计划和分工。在活动过程中,我积极引导团队成员进行工作,鼓励他们提出自己的想法和建议。当遇到问题时,我会及时与团队成员沟通,共同寻找解决方案。

此外,我还积极向社区居民宣传环保知识,提高他们的环保意识。我带领团队成员制作了一些宣传海报和手册,详细介绍了水质检测的重要性以及如何保护水资源的方法。

我们还向沙老师建议,河流水质检测可以定期进行跟踪,采水的时候还可以邀请一些社区居民参与到我们的活动中来,让他们亲身体验水质检测的过程,从而更加深入地了解环保的重要性。

通过这次活动,我不仅学到了关于水质检测的知识和技能,更重要的是,我学会了如何与团队成员合作、如何解决问题以及如何有效地传达信息。我相信这些经验将对我未来的学习和生活产生深远的影响。

总的来说,这次活动是一次非常成功的社区环保实践。它不仅拓展了我们的知识面,提高了我们的环保意识,也增强了我个人的团队协作能力和领导能力。我相信,只要我们每个人都能积极参与到环保行动中来,我们就一定能创造一个更加美好的未来。

——七(1)班 梁念恩

- 由水质检测引发的思考

这不仅仅是一次河流健康体检

我头一次做内容那么复杂、时间跨度那么大的实践活动！说实话，我虽然天天骑车经过桃浦河，但以前都没有关注过它，直到这次担任它的"主治医生"。

通过这次学习，我直观地了解到河流中存在的污染物种类和浓度，如金属残留等。对水质污染的扩散快和范围广等特点有了更深刻的认识。

此外，我火眼金睛地发现了工业废水和生活污水排放的管道，还摸着沿岸的柳树琢磨它的肥料算不算农业污染。这些体会是坐在课堂里时所没有的，是非常新奇的体验。而且科学探究没有那么神秘了，蛮有意思的。尤其是和我的朋友们一起行动，虽然有争吵，但动手能力和交流协作能力是肉眼可见地提高不少。

在设计后续环保措施的时候，我发现作为一个中学生，力量非常微薄。人类活动引发的问题很难低成本又快速地解决，污染最严重的河段恰恰是最繁忙热闹的地方。如何在经济发展与环境保护之间取得平衡，实现可持续发展？落到实际好难啊。或许很多居民和曾经的我一样，之前根本没注意过这条桃浦河，甚至不知道它的名字、它的来处和它的去向。于是我们在经纬社区的各个小区内发起倡议、向大家宣传，争取能提高公众对河流水质的环保意识。我还做了个标识挂在河道栏杆旁，提醒大家不要乱扔塑料瓶。

最后，说到社会责任和担当，我们目前只是把两条河流分别诊断和治理，但其实他们可以是一个整体，都是我们美丽家园的一部分。或许我们可以尝试再做一些有意思的东西把他们俩关联起来！我爷爷两边都经常去钓鱼的，以下是我关于未来两条河流的环保所想的计划——锦秋经纬沿河生态活动点位推荐（编者注：见下页附图）！

总之，这不仅仅是一次河流健康体检，还是一次意义深远的启发之旅！

——七(2)班 凌清轩

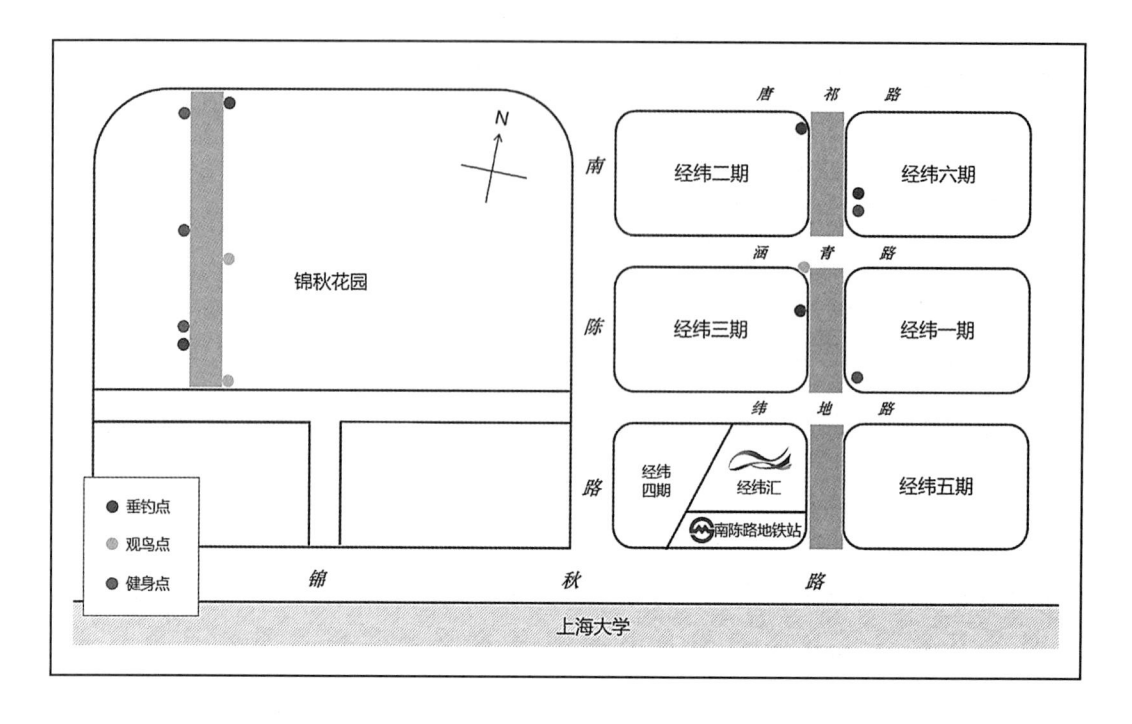

可见,学生普遍对"河流水质检测"跨学科融合初中地理项目化学习反响热烈,十分积极主动地进行各项实践活动,作业成果的完成度远超预期。在水样采集、实地考察、水质检测等活动中,学生勤观察、巧动手,充分发挥了区域地理和地理实践力,迁移运用了科学、生命科学、劳动技术等学科的知识和实验理念,诞生出许多别出心裁的创意与巧思。通过具有一定时间跨度的项目化学习,拓展了水质调查相关的知识,锻炼了自己的学习策略和时间管理能力,加深了对水污染等环境问题的认识,牢牢树立了人地和谐的环境观。通过项目探究式的课程实施,达成了跨学科融合培育学生地理课程核心素养的深层目标。

5. 同伴互助式

(1) 内涵与特质

当今,新课程实施以来,教学发生了根本的变化,学生成为学习的主人,教师成为学习活动的组织者、引导者与参与者。学生的思维方式、智力活动水平、个性特点、兴趣特长等都是不一样的,同一个班级的学生之间在许多方面都存在差异,个体思考问题的方法、解决问题的策略、心理需求、能力兴趣等也都有着各自的特点。"同伴互助",或者说"同伴教同伴",在某种程度上就成为一种有效的学习路径,能够通过这种方式融通各种资源为我所用,看到彼此间的差异和特长进而扬长避短,这

第四章 区校行动：生活教育理论视域下推进"五育融合"区域创新实践的探索

与陶行知的"艺友制"和"小先生制"的思想以及"五育融合"的核心内涵都不谋而合。

"艺友制"教育思想是陶行知根据当时的国情提出来的改革师范教育的方法，他在《艺友制师范教育答客问》中较详细地讲述了艺友制的内涵、起因、方法和使用，他指出："艺是艺术，也可作手艺解，友就是朋友，凡用朋友之道教人学做艺术或手艺便是艺友制。"艺友制教育的根本方法是"教学做合一"，"事如何做便如何学，如何学便如何教。教法根据学法，学法根据做法。先行先知的在做上教，后行后知的在做上学。共教、共学、共做方为真正的艺友制，亦惟艺友制始能彻底实现教学做合一之原则"。[①] 艺友制提倡民主平等，互学互助，"艺友"之间吸收了"友"的一概好处，艺友双方在共教、共学、共做中取得进步。"小先生"和"小先生制"则是陶行知为了解决"经费匮乏""谋生与教育难以兼顾""女子教育困难"等问题而提出的，创立了晓庄实验学校来践行这一思想，并给出了"即知即传"的行为方法，即用自己读的书教人，一面温习，一面把学问传给他人。

无论是"艺友制"还是"小先生制"，核心都是强调同伴互助的课堂教学模式。这是一种教学相长、相学相师的模式，注重学生已有知识和经验，鼓励学生之间以学习内容为载体进行合作探究，先学的学生可以指导后学的学生，学生主动学习，积极参与课堂对话，教师作为引导者、合作者、促进者、对话者。当学生在学习过程中遇到疑问时，教师及时给予指导，组织学生进行有效学习，自我建构知识。其主要特征可以概括为以下三方面：

① 愉悦性：课堂中建立积极关注的心理氛围

师生之间有时会产生一定的距离感，有些孩子的自尊感也非常强，所以孩子的真问题在课堂上往往不敢问。同伴互助式课堂就是吸收了"友"的好处，注重孩子积极心理品质的培养，因此，教师首先需要在课堂上给到孩子一个民主、平等、和谐、安全、愉悦的心理氛围，这样孩子才有敢问、敢说、不怕说错的勇气。有了表达的勇气，表达就会更具真实性，从而促进相互分享、相互学习。

② 平等性：强调师生、生生之间互帮互助

师生共同构建亦师亦友的课堂氛围，以朋友之道教人艺术。课堂上大家一起学

---

① 陶行知全集编委会.陶行知全集：第二卷[M].成都：四川教育出版社，2005.

习,教师不是绝对的标准和权威,有时候教师不一定要马上给到学生对或错的反馈,可以通过小组合作学习、组际间交流、师生和生生之间的持续性追问,甚至学生自己的反思让学习持续发生,让学习主动发生,让学习深度发生。

③ 互动性:重视师生、生生间的互动交流

改变教师教学生这种单一的教学模式,将教师"教"的角色渐渐后退,主张亦师亦友的学习模式。生生间组建合作小组,同学伙伴可以成为自己的老师,将课堂还给学生。让学生真正成为一个个自主、自在、自觉、自由的学习者的同时还能"学会交往",在发展自身学科素养、学习素养的同时,让各自的社会化技能和素养,包括如何与他人沟通、对话,如何在团队中承担责任,如何面对异己的观点,如何学会坚持和妥协,如何对他人保持理解与宽容等等,都获得长足的发展。

(2) 操作流程与关注要点(图 4-11)

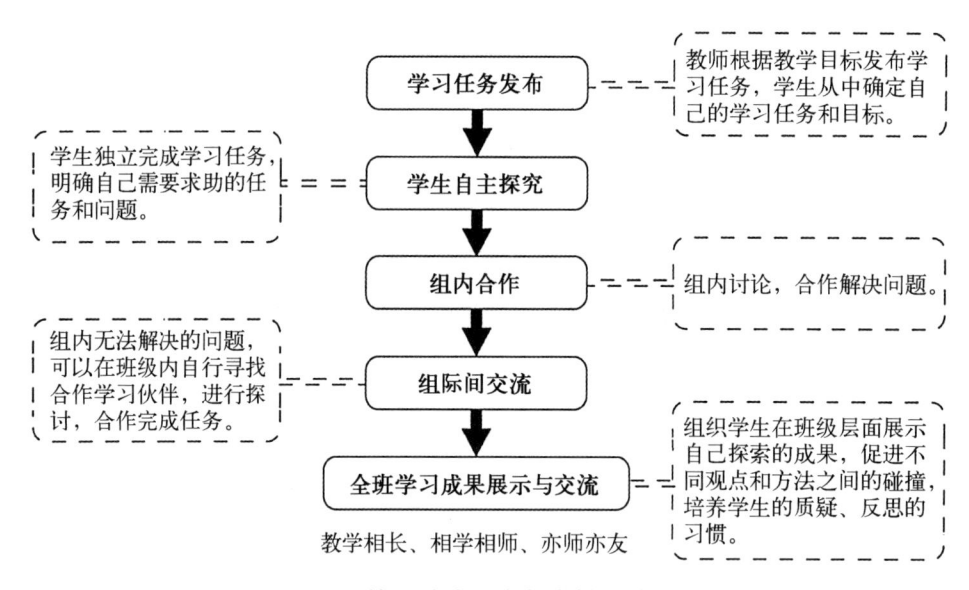

图 4-11 同伴互助式课堂教学模式的一般流程

第一,发布学习任务。根据具体的教学目标,教师引导发布学习任务,准确阐述学习任务,让学生的学习更具指向性。学生提出问题,教师尽可能照顾到每个同学,让学生表述自己的问题;教师根据学生的问题,梳理确定本堂课应解决的问题。要确定具体核心的问题作为本节课的重点。需要强调的是,学习问题须具有一定的挑战性,考虑到学生的最近发展区。当部分学生参与度还不高时,教师还可以通过设

第四章 区校行动:生活教育理论视域下推进"五育融合"区域创新实践的探索

计协作支架,倒逼成员参与学习讨论。以宝山区大场镇小学的数学课"垂直"为例,其目标是认识理解两条直线互相垂直的位置关系,建立垂直的表象。核心问题是:平面上有两条直线,它们的位置关系是怎样的呢?根据这个核心问题,教师带领学生一起确定三个层层递进的任务:1. 在一张 A4 纸上,两条直线存在怎样的位置关系呢?请你想象一下。2. 你能把你想象的这种关系画出来吗?3. 画好之后能和艺友伙伴交流一下吗?围绕"有怎样的位置关系"这一核心问题,教师通过"想、画、说"三个小任务,学生根据具体任务探索,一步步解决核心问题。

第二,学生自主探究。与同伴交往互动之前的独立思考能够帮助学习者本身理清思路,寻找信息源。学生通过独立思考,分离知与未知两部分,提出自己的疑问,明确自己不懂的问题。在此过程中,有的学生会出现无法分离出"知""不知""能""不能"。教师要作为亦师亦友的伙伴,走到学生中,倾听学生回答,观察学生合作状态,并适时引导其将大问题分解成小问题。如在宝山区大场镇小学的"平行四边形的面积"一课教学中,执教教师将问题情境设置为,"铺一块平行四边形草坪,每平方米要30元,一共要花多少元?"通过情境设计,学生达成共识,确定出核心问题:"需要知道平行四边形的面积"。确定了核心问题后学生们开始独立尝试,思考计算得出了两个结论。"猜测一:邻边相乘　35平方米(路径:长方形面积——拉拉直)""猜测二:底乘高　28平方米(路径:剪,拼成长方形)"。

第三,开展组内合作。组内讨论,合作解决问题。此时可实行流动组长制,以语文教学为例,当需要小组合作朗读时,组内选择平时朗读能力比较好的那位同学当组长;当需要概括文章大意的时候,选择概括能力比较好的同学当组长。根据教学目标的不同要求,组内自行商定随时切换组长。组长在小组中发挥着把控全局的作用,教师前期对全班同学进行培训,明确组长的职责,组长需根据所发布的问题,对组内成员进行分工,比如发言交流顺序、谁适时做记录、谁做最后的总结等。

> 在宝山区大场镇小学的语文课《鸟的天堂》教学中,小组围绕"卧"字展开讨论:
> 生1:"卧"让我感觉这株大榕树很安静。
> 生2:我不同意你的看法,"卧"只能说明大榕树很大。
> 生3:也不能说安静吧,应该是静态描写。

> 生1：对，单元导语让我们体会课文中的静态描写，那"卧"就是写出了大榕树的静。
>
> 生2：那我们加一加，"卧"不仅写出了这株大榕树很大，还表达了大榕树的静态美。
>
> 生1、3：同意！同意！

这是一组艺友伙伴在品读文字时的一段对话，在这场头脑风暴中，他们不仅能够互相倾听，同时每个人都表达了自己对"卧"字的理解。当意见产生分歧时，他们合作交流、辨析观点，最终达成一致。同伴互助式课堂中学生之间都能成为会倾听、会思考、会辨析、会合作的艺友伙伴。

第四，开展组际间交流。从组内合作到组际交流，进一步扩大交流场域，让亦师亦友的氛围和成效更大化。在课堂讨论环节学生既可以招收"艺友"，也可以成为别人的"艺友"，既可以在自己小组交流互动，也可以去他组"找友"互动。交流从固定的几个同学转变成全班的任一同学，学生随时可以离开座位，与其他艺友伙伴讨论。在课堂中，学生打破了原有的小组分配，流动成新的两人、三人、四人、五人小组，相互帮忙解答问题。

> 以宝山区大场镇小学的"平行四边形的面积"一课教学为例，在学生自主探究得出两个结论后，开展艺友交流，教师追问：这两种方法有什么相同与不同？你们的选择是？
>
> （1）首先，如果没有队员毛遂自荐，队长会先行交流自己的观点，有质疑的队员可以当场辩驳，引发讨论和验证。
>
> （2）队长会要求每个队员发表观点，对于实在有困难的队员他会在队内求助。例如，小A同学表态他选择方案一，可说理环节中有点讲不清会求助小B同学帮助。
>
> （3）如遇队内争议解决不了，可以举牌跨队求助外援，教师可作为流动艺友。
>
> （4）队员一一交流完毕后，队长记录结果并分配展示任务，A队员说想法、B队员学具配合验证、其他队员补充说明。

第五,开展全班学习成果展示与交流。每个小组派一位学生上讲台,展示小组的学习结果,小组内成员如有补充,可以补充,教师对小组汇报中出现的错误和问题,及时纠正、引导和提升;教师要给每个小组展示的机会,认真倾听学生的展示;教师要给学生充分的时间,让学生表述自己的想法,尽可能让有不同想法的学生表达意见;教师简要总结本节课的知识点,应用图标、知识树等方式,让学生能够获得整体知识体系。

> 在宝山区大场镇小学的"平行四边形的面积"一课的教学中,对于草坪的面积进行充分的讨论过后,艺友小组来到属于自己的舞台进行分享。成果展示要求:
> (1) 意见一致站在同一边,意见不一致站在另一边。
> (2) 以小队为单位分享想法,过程中可以补充,不同想法可以质疑,下面的同学可以补充。
> 例如,A组说一定要确定高,B组会质疑:高的作用是什么?
> 　　A组推演高就是长方形的宽以说服对方。
> (3) 两队同学在交流中可以调整站位以表达自己的观点。
> (4) 教师的任务是秩序引导,学具辅助,适当质疑。

第二节 生活教育理论视域下推进"五育融合"区域创新实践的融合主体培养探索

一、生活教育理论视域下推进"五育融合"区域创新实践的教师素养探索

(一) 生活教育理论视域下推进"五育融合"区域创新实践的教师素养要求

1. 陶行知对教师素养构成要素的认识

陶行知所处时代是中国教育较为落后、人民群众难以接受最基本教育的时代。

由于教育的落后,民智没有得到开发,整个国家陷入落后、挨打的局面。陶行知深刻体会到这一点,积极主张要通过教育来开启民智,提高民众的素质,以实现国家的富强。这是陶行知一直为之奋斗的事业,贯穿陶行知的整个教育生涯。普及教育面临的最紧迫的问题就是师资问题,只有有合格的师资队伍,全民教育的普及才有希望。陶行知从当时的实际情况出发,提出了系统的师范教育方案,并且付诸实践,形成了其丰富的教师教育理论,陶行知对教师的素质、教师培养等问题有系统的思考。

(1) 关于教师本质的阐述

陶行知在《师范生应有之观念》一文中指出:"今世界有四种教育家:一、政客教育家,借教育以图政治上之活动;二、空想教育家,有空想而未能实行;三、经验教育家,以经验自居,不肯研究理论;四、科学教育家,则实用科学以办教育者。中国现在教育家只有政客、空想、经验三种,但教育以科学教育为最重要,故男女师范生当专心致志、抱定主义、以教育为专门职业,则何人不可几,何事不可为耶?"① 以上除科学的教育家外,其他如政客的、书生的、空想的、经验的教育家,此四者表现了官僚、教书匠、无理想盲干等恶习,均不是陶行知所希望的教育家,他所希望的教育家是第一流的教育家,其要素有二:一是试验精神即是创造精神;不怕辛苦,不畏失败,敢探未发明的新理;二是开辟精神;敢入为开化的边疆,做个边疆教育的先锋。所以陶行知认为:在教育界,有胆量创造的人即是创造的教育家;有胆量开辟的人即为开辟的教育家,均是第一流的人物。

在《智育大纲》一文中,其首先强调以"致诚求真"作为师范生之智育目标,也即养成教育家的先决条件;同时,陶行知期盼当时的教育家、教育工作者,最不宜做个政客、书生的教育家,去追逐权图谋官位,忽视教育的创造与开辟精神,而断送教育之生路。此一种观点需要引起现代教育者的深思。其次,陶行知所强调的第一流教育家,不同于旧师范学校所培养的保守、刻板的教师。第一流的教育家除了要具备开辟、创造精神外,必须具备陶行知所提出的求真、民胞、教育为公等精神,如此一来,能使第一流的教育家之含义更加周延。但这一理想是否能够实现,却值得深思。

---

① 华中师范学院教育科学研究所.陶行知全集:第一卷[M].长沙:湖南教育出版社,1984.

（2）对各类教师发展目标的阐释

① 乡村教师发展目标

陶行知结合当时社会发展和学校教育的实际，对当时乡村教育普及所需要的教师的素质提出较为系统的认识，主要包括康健的体魄、农夫的身手、科学的头脑、艺术的兴趣和改造社会的精神。具体来看：

第一，"健康是生活的出发点，也是教育的出发点"。其强调教师的责任是要培养健康的儿童，造就健康的民族，期勉幼儿园教师应当做康健之神。第二，从事乡村教育必须有农夫的身手，"反对农夫的身手就是反革命"。乡村教师要拜农人作先生，能做"农人的工作"，了解农民的困难和问题，帮助他们，并利用闲暇做园艺等工作。如此，在乡间才有办学之乐，而减少办学之苦，有助于乡村教育之推展。第三，要重视教师"科学的头脑"训练——"没有经过自然科学训练的，不配做现代教师"。教师必须要用科学观念来引导儿童学习，如此才是现代优良教师。第四，艺术的兴趣可诗化苦难与挫折，美化人生，涵泳人文气质。这是乡村教师必要之培养目标，亦符合其美的人生观要求。第五，"教育就是社会改造，教师就是社会改造的领导者"。因此，乡村教师要有改造社会的精神。

乡村教师是中国普及教育的基石，陶行知对乡村教师培养目标的界定包括身体素质、知识、艺术和道德要求，总体上符合一般教师的特征，但要求较高，特别是对教师的科学、技能、艺术方面的要求，显示了陶行知对中国社会改造的一种思考。

② 大众教师及民主教师发展目标

民主教育师资以培养民主的教师为主要目的，以"工师养成所"目标为例说明，这是在"工学团"中招收艺友，以培养未来教人做工之先生，称之为"工师"，其目标有四：一是培养新工师以创立新的工学团；二是化固有之教员为工师，将学校改为工学团；三是化固有之工人、农人为工师，将一般社会组成工学团；四是继续不断地培养在职之工师，使与社会学术共进于无疆。

（3）对教师素养的认识

陶行知还对教师涵养有界定，对师范生、新教师、乡村教师、大众教师提出不同的界定，显然陶行知已经意识到教师类型的多样性，每一类教师其素养构成有很大的差异，这是陶行知一个很重要的贡献。

① 师范生的涵养

陶行知希望师范生通过学习,掌握一定的本领,提高自身的涵养。第一变,是变个有远虑、有理想,抱着目的去访师、求学的人;第二变,是变个小孩子,才配做小孩子的先生。此外还要具有以下涵养:要推广教育,多到没有学校的地方去办学校;要加强自身修养,抱持"做事即修养,修养即做事"的精神;要有以教育为终生志业的理想,男师范生要以教育为妻,女师范生以教育为夫,有此定力,则赴汤蹈火,在所不辞。

② 新教员的涵养

"新教员不重在教,重在引导学生怎样去学。"其次还要具备以下几项涵养:第一,要有信仰心,认定教育是大可为的事;第二,要有责任心,从事教育非得终身不可;第三,要有共和精神,要和学生共甘苦,表同情;第四,要有开辟精神,富有传教精神,到乡下去办教育;第五,要有实验精神,不依成例行事。

③ 乡村教师的涵养

在陶行知草拟的《我们的信条》一文中,对教师涵养的要求主要体现在:一是基本的教育信念,教育是国家万年根本大计,生活是教育的中心,教法、学法、做法合一,配置生活力。二是健康信念:"健康是生活的出发点,也就是教育的出发点。"三是教师的人格修养信念:以身作则,"师生共生活、共甘苦",要有奋斗的、高尚的精神。四是科学信念,将环境的阻力化为助力,要有科学的头脑,用科学的方法去征服自然,用最少的经费办最好的教育。五是改造社会的精神信念:做人民的朋友,用美术的观念去改造社会,学校应当做改造乡村生活的中心,教师应当做改造乡村生活的灵魂,具有改造社会的精神。

在1928年的《乡村小学师范学校标准案》中,他指出:"(一)乡村小学师范之宗旨,在培养乡村儿童和人民所敬爱之导师,其目标如下:农人的身手;科学的头脑;艺术的兴趣;改造社会的精神。(二)方法须采取'教学做合一'。(三)师生须共同生活。"

④ 大众教师的涵养

大众教师,主要包含六层含义:一是追求真理,即"追求的是行动的真理,真理的行动";二是讲真话,即"说真话、不说假话""让真理赤裸地出来";三是驳假话,即"要

第四章 区校行动：生活教育理论视域下推进"五育融合"区域创新实践的探索

有勇气站起来驳假话"；四是跟学生学，即"要教你的学生教你怎样去教他"；五是教你的学生做先生，即"必须教你的学生把真理公开给大众"；六是教师须和学生、大众站在一条战线，为真理而战，方是前进的教育。

⑤ 民主教师的涵养

所谓民主的教师，主要包括三层含义：一是积极方面，必须虚心、宽容、与学生共甘苦、跟民众学习、跟小孩学习，否则是专制的教师。二是消极方面，必须肃清形式、先生的价值、师生的严格界限。同时必须有"真知灼见而无偏见""敢说真话、不说假话"的求真之涵养。进而认为，民主教师要客观地根据儿童需要和能力，以疏导儿童的欲望，启发他们的自觉活动；也要跟儿童学，教儿童而启示自己如何将儿童教得更合理。就是要做一个合理的、引导的新教师。三是民主教师最重要的还要能教学自由、读书自由、讨论自由，以及试验和选择教科书自由。由此可以看出，陶行知已经注意到教师专业自主发展。

综上所述，陶行知对教师素养的界定大致包括如下几个方面：**坚定的教育信念，创造与开辟的精神，健全的人格，追求真理与民主，扮演学习者或引导者，改造社会的精神以及文化知识之传递**。

2."五育融合"对教师素养提出的新要求

"五育融合"不仅意味着德、智、体、美、劳五育的有机统一，而且还意味着人的一切教育活动都内在包含着生命、知识、道德和审美四个基本方面。只有这样的教育，才真正具有丰富性、全面性和完整性，才能真正服务于人的全面发展。① 从"双基"到"三维目标"再到"核心素养"的教学目标转型过程，某种程度上也在引领着教师教育领域对教师培养目标的重心转移，呈现为学界对教师素养不断提出新要求的过程。正如核心素养是课程育人价值的集中体现，是学生通过课程学习逐步形成的正确价值观、必备品格和关键能力，教师素养也需要体现整合性。

郭少英等人提出，教师素养包括教师基础性素养、教师专业素养和复合型素养三大种类。过去的教师教育把教师专业素养放在首位，而在"五育融合"的视角下，

---

① 项贤明."五育"何以"融合"[J].教育研究，2024，45(1)：41-51.

需要将教师视为生命、知识、道德和审美的统一体。① 有别于教师专业素养,"五育融合"实践的教师素养与其有共同之处,但在偏向上不同,要求的是复合型素养、跨学科素养、社会参与、创新素养、学会学习等。② 换言之,"五育融合"视角下的教师素养,是指在"五育融合"过程中或是课程综合化过程中,教师从过去本专业、单一学科的素养提升转变为复合型跨学科素养的学习。③ 要做到教师的基础性素养与专业素养相融合,上升为复合型素养,主要体现在以下四方面:

(1) 知识素养:跨学科素养

基础教育课程与教学改革将育人作为课程价值的根本,将核心素养培育作为基础,将课程内容的整合作为改革的突破口,课程整合或综合课程的构建都需要教师和研究人员具备较高的跨学科素养。这就意味着,在未来教学、学习和科研中,教师除了要精通本门学科知识外,还要习得其他学科的通识知识、生活技能、劳动技能和体育技能等。④ 若要做到"五育融合",教师应对五育的知识做到粗要全面理解、细要各个击破,并在此基础上有机协调五育之间的关系,灵活补位,实现"五育融合"的育人价值最大化。

(2) 能力素养:创新实践能力

当今世界正经历百年未有之大变局,科技进步日新月异,网络新媒体迅速普及,人们生活、学习、工作方式不断改变,儿童青少年成长环境深刻变化,人才培养面临新挑战。学校课程发展正朝着综合性发展的方向迈进,这就意味着教师正越来越多地面临跨学科教学、学科交叉的综合课程和校本课程的教学。若要做到"五育融合",教师在课程开发、课堂教学、班级管理等教育教学实践中都更要关注批判性思维、真实情境的复杂问题解决、实践创新能力等。教师的身份不再只是"教"的工作,而要转变为学习促进者、科研合作者、改革创新者等。

(3) 品格素养:崇高的职业理想

百年大计,教育为本。教育大计,教师为本。教师作为立教之本、兴教之源,是

---

① 郭少英,朱成科."教师素养"与"教师专业素养"诸概念辨[J].河北师范大学学报(教育科学版),2013(10):67-71.
② 周子卿.五育融合实践的教师素养提升策略研究[J].教育观察,2021,10(19):56-58+61.
③ 同上。
④ 邵朝友,徐立蒙.回应跨学科素养的教师教育:欧盟经验与启示[J].当代教育科学,2018(4):42-46.

第四章　区校行动：生活教育理论视域下推进"五育融合"区域创新实践的探索

教育发展的第一资源，是建设高质量教育体系的根本力量。党的十八大以来，习近平总书记高度重视教育发展和教师工作，多次围绕教师队伍建设发表重要讲话、作出重要指示。在致全国优秀教师代表的信中，习近平总书记要求全国广大教师以教育家为榜样，大力弘扬教育家精神，并从"心有大我、至诚报国的理想信念，言为士则、行为世范的道德情操，启智润心、因材施教的育人智慧，勤学笃行、求是创新的躬耕态度，乐教爱生、甘于奉献的仁爱之心，胸怀天下、以文化人的弘道追求"六个维度对教育家精神作出深刻阐释。在这样的背景下，教师首先要摆正自己的位置，秉持崇高的职业理想，善于寻找不足、勇于突破自己，对五育中仍欠缺的地方保持不断学习。

（4）价值观素养：终身学习

面对"五育融合"，教师在教育教学信念上除要具有教育基本观念外，即对教学本质、教学操作、学习过程、学习能力等的认识，也要意识到这些认识并非静态的而是不断变化的，是要通过终身学习不断更新的。终身学习是一种持续不断地追求知识和个人发展的态度，它蕴含着几个重要的价值观：一是永不满足。终身学习的人永远都不会满足于现状，他们始终保持着一种追求进步的心态。二是独立思考。终身学习的人具备独立思考的能力，他们不是被动接受知识，而更懂得质疑、善于反思，并逐渐形成自己的见解和观点。三是持续成长。终身学习的人相信人的成长是一个持续的过程，不会因为年龄或职位的增长而停止学习。

3. 生活教育理论视域下推进"五育融合"区域创新实践的教师素养要求

实际上，学界关于教师素养的研究基础并不薄弱，在研究内容上主要体现在教师专业素养的内涵与结构、教师队伍建设及教师素养发展的现状和对策上；在研究视角上主要围绕信息技术与教师素养发展或教师专业发展的研究以及学科课程与教师素养的研究，所结合的课程主要集中在基础教育学校以及高校的语文、英语、思政和体育等科目，缺少基础教育改革下课程标准与教学改革、"五育融合"等视角下对教师素养发展的研究。本研究将生活教育理论与"五育融合"相结合，共同为区域教师专业素养要求擘画提供理论参照和实践指引。

当前中国教育处在转型期，基础改革与发展的关键是高素质教师队伍的培养。站在培养全面发展的人的角度，只有身心健康、人格健全的教师才能培育出合格的未来人才。在此基础上,项目组尝试结合当前区域教育的整体背景,深入吸收陶行知生活教育理论的核心思想,同时兼顾"五育融合"对教师素养提出的新要求,将生活教育理论视域下推进"五育融合"区域创新实践的教师素养要求概括为以下几个方面:

(1) 健全的人格

陶行知十分注重人的全面发展,认为一个全面发展的人,不仅要有健康的身体、独立的思想,而且要有独立的职业。他强调要全面研究为学之法,无论准备从事何种职业,都要学会手脑并用,"学农的人要有科学的脑筋和农夫的手;学工的人,也要有科学的脑筋和工人的手。这样他才可以学得好",才可以有独立的职业,才能称得上是一个全面发展的人。

(2) 求真的科学精神

求真的科学精神是个体对某一对象所持的评价和行为倾向,它是由认知、情感和意向三因素构成的,稳定、持久的个体内在的结构,是调节外界刺激与个体反应的中介因素。包括实事求是、不主观臆断、不弄虚作假,严谨踏实、勤奋努力、一丝不苟、精益求精、谦虚谨慎、乐于并善于合作,高度责任感,果断坚持性等方面。一个具备求真的科学精神的教师对他人对世界都会有正确的评价和认知,能够很好地处理工作、学习、生活中的事情,秉持严谨求实的态度对待周围的人和物。

(3) 跨学科素养

素养导向的教师教育要求教师成为终身学习者、各方的合作者、学生学习促进者,同时为跨学科素养匹配了相应的教师素养要求。作为一名教师,必须系统掌握教师专业结构的知识和技能,以丰富的专业化知识作为支撑,这样才能做到视野开阔,认清教育发展的趋势。同时,"五育融合"的课程改革又需要教师在精通本门学科知识的基础上习得其他学科的通识知识与主要技能,才有可能实现五育之间的有机协调、育人价值最大化。

(4) 创新实践能力

教师应注重不断学习培养自己创造的能力和品格,在工作中解放思想,勇于突破现状,在内容上、形式上和手段上创新,做创新型教师。具体而言,教师的创新实践能力应包括:突出的创新能力,即适应改革创新的要求,强化自我的反思研究能力,不断在创新状态下形成的创新能力;良好的科研能力,即发现问题、分析问题并用科学研究的方法解决问题的能力；有效的协调能力，即具有表达说服能力，评价反馈能力，与他人沟通、合作、交往的能力，以及班级管理协调能力等。

(5) 终身学习的态度

保持终身学习，这既是教师职业发展的需要，也能帮助教师适应不断变化的教育环境。随着科技的飞速发展和社会环境的不断变化，教育领域也面临着前所未有的挑战，这要求教师随时应对不断变化的课程内容和教学方式，持续更新自己的教育教学理念和实践经验，保持终身学习的意识和谦逊态度，做一名成长型的教师。

(二) 生活教育理论视域下推进"五育融合"区域创新实践的教师素养培育

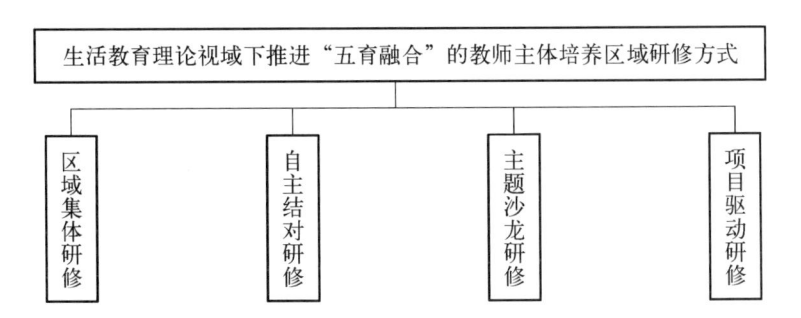

1. 生活教育理论视域下推进"五育融合"的教师主体培养区域整体架构

通过文献研究与区域实践调研现状相结合，项目组凝练出生活教育理论视域下推进"五育融合"的教师素养要求（见图4-12），主要表现为：健全的人格、求真的科学精神、跨学科素养、创新实践能力、终身学习的态度。基于此，区域层面以素养要求为目标指向，探索不同组织形式的教师主体培养区域研修方式，以期让教师素养的发展能够匹配目标要求。经实践探索和理论梳理，项目组按照组织形式将区域研修方式划分为"区域集体研修、自主结对研修、主题沙龙研修、项目驱动研修"四类（图4-13所示）。

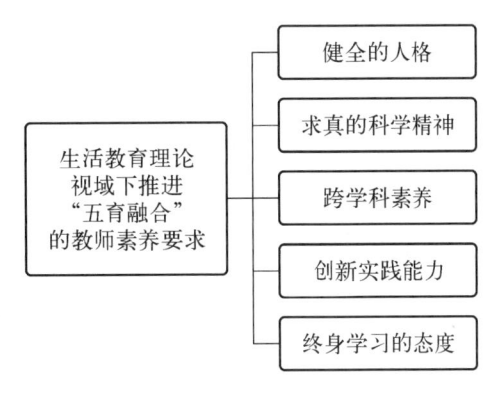

图4-12 生活教育理论视域下推进"五育融合"的教师素养要求

图4-13 生活教育理论视域下推进"五育融合"的教师主体培养区域研修方式

2. 生活教育理论视域下推进"五育融合"的教师主体培养区域研修方式探索

（1）区域集体研修

① 内涵解读

区域集体研修，是指在特定行政区域内，由教育局或教育学院全面动员、系统设计、精心组织的集体性研修活动。这种研修活动旨在改进教学和学生学习的共同愿景，通过组织教师群体学习研修活动，促进教师专业发展，提升教育教学质量，最终实现学生素养培育的价值追求。它鼓励教师们分享经验、相互启发，共同解决教育教学实践中遇到的问题。通过动员教师群体参与集体研修，不仅促进了教师之间的交流合作，也为他们的专业成长提供了有益平台。

② 流程与关注要点梳理

第一，确定研修主体。 区域集体研修的研修主体是区域全体教师，考虑到不同研修活动有针对性的目的，在全区范围内征集匹配的教师群体作为研修主体。以宝山区骨干教师区域研修课程开发为例，从区域实践着手，我们发现：宝山区的教师数量在上海市的各区域中排前列，不管是每年新上任的见习教师，还是区域教师的总培训人数，都给宝山区的教师教育培训带来挑战和压力。而其中，占据最大比重的当数骨干教师，他们也构成了我区教师队伍的主要力量。考虑到骨干教师作为区域教师队伍主要力量这一定位，区域层面想培养一批区域范围内师德高尚、对职业充满理性激情、具有一定的学科理论知识和丰富的教学实践知识的优秀骨干教师，以在区域教师队伍的发展中发挥模范带头作用。对应这一目标要求，由此确定本课程的研修主体。

第二，选择研修主题。 一般而言，区域集体研修的主题多由区域层面各个职能科室单独或协商讨论确定，多来源于国家上位政策、前沿教育改革理论、区域重大项目推进等对教师素养提出的新要求，以及区校实践中发现的教师素养存在的共性问题等。仍以宝山区骨干教师区域研修课程开发为例，项目组通过调查和梳理区域骨干教师教学实践知识的现状，了解和提炼骨干教师教学实践知识的特征发现，骨干教师在学科知识、课程知识、教学经验方面有较强的积累，但在宏观视野、把握前沿、整体设计方面存在一定的不足；不同学科、学段、教龄是影响教师教学实践知识的重要因素，在"课程与教师教学知识""学科知识与学科教学知识"和"环境与自我认识"

第四章 区校行动：生活教育理论视域下推进"五育融合"区域创新实践的探索

三个维度上均存在显著差异。对应上述调研中发现的骨干教师在素养方面存在的共性问题，有针对性地开发骨干教师区域研修课程，确定研修主题，即骨干教师教学实践性知识，并重点围绕骨干教师的"课程与教师教学知识、学科知识与学科教学知识、环境与自我认识"这三个素养薄弱点展开。

第三，设计体验式主题培训。教师的教学实践知识在很大程度上是通过案例的模仿、实践、反思来实现突破的。大量的优秀教师正是因为能够在模仿的过程中注重创新实践，在实践中不断积累情境知识，经过持续的反思，最终形成自己的教学风格和教学实践智慧。就教学实践知识而言，教师能够从日常的课例中提出自己的新想法，进行教学设计，并将这些理念落实在课堂行为中，根据实践结果进行新的矫正和反思，经过多轮的反思和实践，教师的教学实践知识才能得到提升。基于此，区域集体研修需要聚焦某一核心主题，让参训教师在培训过程中体会模仿、内化、实践、体验、反思、应用的全过程，进而实现素养的整体提升。仍以宝山区骨干教师区域研修课程开发为例，项目组针对"骨干教师教学实践性知识"这一主题，基于知识、能力与素养的相互转化，基于情境学习理论的特征，从课程与教师教学知识、学科知识与学科教学知识、环境与自我认识三个维度出发，在理解内化的基础上体验反思，在迁移应用的过程中得以提升能力。

第四，实施分阶段研修活动。第一阶段为"理解内化阶段"，即通过专题讲座、案例分析、辨析研讨，达到教师能够理解核心知识技能、领会关键点的目的，并将理解的技能内化吸收。第二阶段为"体验反思阶段"，即注重教师的深度学习：先独立完成相关主题任务，再在小组交流成果、相互点评，分享异质性，丰富元认知，加深对技能、关键点的理解和应用，不断反思并积累经验。第三阶段为"应用提升阶段"，即注重教师对他人的指导，他们在所在学校开设专题讲座、指导一线教师做研究，在新领域、新情境中应用，并参与区级平台的展示与交流以及高层次的研修活动。其具体实施路径可归纳如下页的图4-14所示。

(2) 自主结对研修

① 内涵解读

自主结对研修，是一种灵活的学习方式，它允许教师根据自己的兴趣和专业发展需求，自由选择合作伙伴，形成学习小组或伙伴关系，共同进行研究、探讨和学习。

```
专题讲座 → 案例分析 → 辨析研讨        独立完成相关主题任务 → 小组交流成果相互点评 → 分享异质性丰富元认知        指导（在所在学校开设专题讲座、指导一线教师做研究）→ 在新领域、新情境中应用 → 区级平台的展示与交流参与高层次研修活动

理解内化 ⇒ 体验反思 ⇒ 应用提升
```

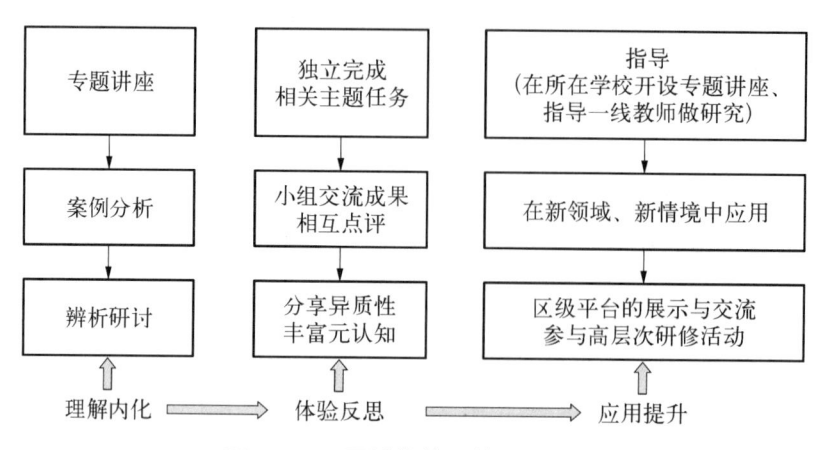

图 4-14 区域集体研修实施路径

这种研修通常没有固定的课程或指导，而是依赖于参与者之间的相互协商和合作。

本研究中，考虑到"五育融合"对教师跨学科素养提出的新要求，我们强调的是"自主结对研修"，是指根据区域教师跨学科能力培育项目建设方案的相关要求，由区域提出指导性要求，区域内具有跨学科教学经验的学校教师自主申报，经区域招募和选拔后确定成为项目领衔人，领衔人按需从不同学校自主招募与选拔若干名具有跨学科教学兴趣的学科教师组建成"跨学科研修共同体"。共同体自主拟定发展目标，通过项目式的跨学科研修任务，完成相关实践与研究，形成可视化的研修成果，诸如研发区级跨学科教师培训课程资源，积累教学活动案例并形成学生跨学科课程资源等。

② 流程与关注要点梳理

第一，区域层面提出跨学科研修共同体的指导性要求，学校教师对标对表，区域审核通过与否。具体要求有：**一是团队教师多样化**。为了融合创新、辐射引领，鼓励跨学科、跨学段组建团队。每个承担跨学科研修项目的共同体教师必须由不同学科教师（3种学科以上）、不同学校教师（2所学校以上）组成。**二是项目运作自主化**。为了最大化地发挥教师的教学创造力与主观能动性，共同体的研修内容、实施过程与方法、研修成果等皆由团队根据区域项目建设要求自主制定与安排。**三是实施过程清晰化**。为了保证项目的有效实施与推进，每个共同体的研修项目方案要体现出明晰的实施环节与步骤，并将总的研修目标与任务分解到每一个环节步骤中。**四是研修成果可视化**。为了有效评价研修目标达成情况，每个共同体需要根据目标与任

务确定可视化的研修成果,建议在项目方案中以任务与成果清单的形式列出。(注:每个共同体的研修项目周期为1～2年,如周期为2年的,需明确列出第1年可视化、可评价的研修任务。)

第二,各研修共同体充分发挥主观能动性,自定发展目标,形成研修方案。教师们可以根据自己的教学实践和研究兴趣,共同确定研修的主题和内容,通过定期的交流和讨论,相互启发和促进专业成长。以"中学生物地理教师跨学科观念提升与教学行为转化研修"共同体为例,上海市行知中学生物教师闫白洋、地理教师毛其凯,宝山区教育学院初中生物教研员黄成、初中地理教研员谭志良,宝山区部分高中地理、生物教师,宝山区"强校工程"初中部分生物教师和地理教师,共同组成了跨学科研修共同体,头脑风暴后形成了研修方案,确定了如下表4-8所示的研修目标和任务。

表4-8 "中学生物地理教师跨学科观念提升与教学行为转化研修"共同体目标任务

研 修 目 标	研 修 任 务
1. 通过跨学科研修共同体,提高学科教师的育人观念及专业水平,打造一支在宝山区能长效引领示范作用的高端教师队伍,引领区域教师专业优质发展。 2. 提高教师的跨学科案例设计能力与跨学科课堂教学能力,全面培养学生的跨学科素养,着重提高学生对跨学科案例的分析能力和解决能力。 3. 建立"跨学科研究共同体"研修机制、路径以及策略等,形成具有较强辐射价值的"跨学科研究共同体"的研修范式。	1. 建立"跨学科研究共同体"研修机制、路径以及策略。 2. 培养学科教师跨学科案例设计能力,形成跨学科优质案例集。 3. 构建跨学科教学的课堂形态,进行跨学科教学实践,形成跨学科教学优质课堂实录。

生物地理跨学科研修共同体之所以形成如上的研修目标和任务,主要基于两方面考量:一方面,《普通高中课程方案(2017年版2020年修订)》和《义务教育课程方案(2022年版)》指明了基础教育课程改革的方向是发展学生核心素养、落实立德树人的根本任务,而要使发展学生核心素养真正落地,必然要培养学生的跨学科素养,培养学生在真实情境中的复杂问题解决能力;另一方面,2021年,上海市在教育改革中首先尝试将地理生物跨学科案例分析引入中考评价中,通过评价引导学校教育对

学生跨学科素养的重视。基于此,区域内志同道合的地理和生物老师一同组成了跨学科研修共同体,以此为研修方向,培养优秀的跨学科教师,进行跨学科案例设计以及课堂教学,切实提升学生的跨学科素养。

第三,就某一主题开展跨学科研修活动,经过多轮实践迭代,探索形成不同的跨学科研修模式,目前比较典型的模式如下表4-9所示:

表4-9 三种典型的跨学科研修模式

模　　式	流程(循环迭代)
项目式跨学科研修模式	入项活动、团队交流研讨、探索与形成成果、评论与修订、公开成果、反思与迁移
主题式跨学科研修模式	主题确定、目标制定、研修准备、研修实践、评价生成
体验式跨学科研修模式	实作体验、分享交流、资源开发、应用教学

一是项目式跨学科研修模式,是指通过某一个项目的团队合作研究,经历研修过程并产生研修成果,分为以下六个研修环节,分别是:入项活动——结合真实情境,确定跨学科研修主题;知识与能力建构——团队交流研讨,明确所需的知识技能;探索与形成成果——突破关键问题的解决,形成跨学科学习方案;评论与修订——开展跨学科教学实践,交流评价改进;公开成果——公开教学研讨,形成跨学科学习案例;反思与迁移——反思开发过程,形成可分享的研修路径。

二是主题式跨学科研修模式,是指在了解教师在跨学科教学方面的疑惑、问题、需求与困难等基础上,形成研修主题,通过主题化、系列化的研修,帮助教师解决问题、发展能力,其主要步骤包括背景分析、主题确定、目标制定、研修准备、研修实践、评价生成等。这六个步骤是反复循环、螺旋式上升的,使教师在主题研修中不断学习、实践、提升。以"中学生物地理教师跨学科观念提升与教学行为转化"研修团队领衔人之一、区初中地理学科教研员组织团队教师开展的主题式研修活动为例,根据政策分析以及教师的问题与需求,确定研修主题,即"夯实基础性课程教学,跟进跨学科案例分析"。组织团队骨干教师编写《初中地理跨学科基础知识的梳理与关键能力的培养》和《初中地理跨学科案例教学设计示例》示范文本,为主题研修做好学习、研讨与实践的准备。在"领悟相关文件精神,树立跨学科意识;明确初中地理跨学科基础知识的梳理与关键能力的培养;学习初中地理跨学科案例教学设计,基于学科课程标准及教学基本要求,落实基础知识与知识框架建构,尝试进行跨学科情境教学"三个研修目标指引下,团队将"研修实践"拆解为"解读《宝山区初中学校跨学科案例分析教学指导意见》""解读《初中地理跨学科基础知识的梳理与关键能力的培养》""研讨《初中地理跨学科案例教学设计示例——以俄罗斯为例》""开展初中地理跨学科案例教学设计比赛"等环节。对应目标开展评价进而发现新的问题,开启新一轮研修的时间迭代。

三是体验式跨学科研修模式,以"实践—认识—再实践—再认识"的认识论规律为总体指导思想,可以分为"实作体验、分享交流、资源开发、应用教学"四个循环的步骤环节。以宝山区顾村中心校周斌与上大附中汪玥辉两位老师领衔的"基于自然物创意物化的跨学科实践活动开发"项目团队开展的体验式研修为例,"实作体验"环节,参研教师呈现在新技术支持下,以自然物创意物化为载体的工程设计制作全过程;"分享交流"环节,参研教师交流各自的实作体验,分享方法步骤与问题的解决,提出重难点并交流讨论解决的方法等;"资源开发"环节,参研教师结合自身的跨学科实作体验进行相关的学生跨学科学习案例、教学学具等资源开发;"应用教学"环节,参研教师结合开发的资源进行跨学科教学实践研讨,反思调整与优化。

(3) 主题沙龙研修

① 内涵解读

主题沙龙研修是一种以特定教育主题为中心,通过开放式讨论和交流,促进教师专业成长和知识共享的研修形式。在本研究中,尤其强调校外导师通过多轮主题沙龙研修,进入学校与学校教师共同开发课程。它倡导教师之间的互动和合作,鼓励参与者在轻松的氛围中探讨教育问题,分享经验,激发创新思维。其具有互动性、灵活性、实践性、共享性等特点,即通过讨论和交流促进教师之间的思想碰撞,研讨主题、内容和具体形式都可以根据教师的兴趣和需求灵活调整,强调将讨论成果转化为教师的教育教学实践以助力教师的真实问题解决,鼓励教师分享资源和经验,实现知识共享。

② 流程与关注要点梳理

第一,区域培训先行,明确区域统一要求,商定意向课程、学段、学校。区域层面组织研修活动,对校外导师进行面上的统一培训,聚焦区域内不同学段学生特点、"劳模进校园"课程设置的基本要求、宝山区"劳模进校园"课程建设申报表的规格体例(包括劳模简介、课程简介、课程目标、课程特色、课程模块、课程评价等内容),以及纯视频、纯研学课程样例、技能类课程助教样例、综合性课程样例等不同类型课例的具体介绍等。

第二,校外导师进入学校,与学校教师持续沟通,共同开发适合学生学习的课程。考虑到37个劳模要对接区域内70所学校,有些导师必然会同时对接2~3所学校,而这些学校有各自的学情特点,甚至有些是跨不同学段的学校。即便是同一课程内容,也离不开校外导师与校内教师一同根据学生的具体学情进行灵活调整。以上海阿为特精密机械股份有限公司工程部经理熊朝林面向上海市宝山区顾村中心校三年级学生开设的"走近精密大工匠,传承初心的力量"课程和面向上海市存志附属宝山实验学校六、七年级学生开设的"'铁杆'磨成'件',精密机械中的工匠精神"课程为例:

课程名称:"走近精密大工匠,传承初心的力量"

课程对象:上海市宝山区顾村中心校三年级学生

课程目标:

1.通过与劳模的交流以及技术理论的学习,让学生认识一些精密仪器,并在劳模的指导下学习看图纸、用卡尺测量仪器的方法,锻炼学生的动手能力和解决问题的能力。

2.在实践过程中,学生体会劳模工匠精益求精的工作态度和专注执着的敬业精神。通过动手实践,培养学生的动手能力和创造力,为学生未来的职业发展提供有益的指导,并培养学生团队合作的能力。

3.通过研学之旅和专家讲座交流,学生能够近距离感受劳模工匠的风采魅力和匠人精神,让学生近距离接触劳模,感受劳模精神,激发学生对劳动的热爱和对工匠精神的追求。劳模的成功经验能够激发学生的创新意识和创造力。

第四章 区校行动：生活教育理论视域下推进"五育融合"区域创新实践的探索

课程内容：

模块主题	模块内容	主 要 任 务	课时
模块一：认知篇	聆听劳模成长之路（微课）	聆听劳模讲述成长路——从绿皮火车开启的工匠之路。劳模用"童言童语"讲述初心的力量，通过分享自己的成长故事和工作经历，鼓励大家从小树立正确的劳动观念和职业态度，传递匠人匠心匠品。	1
	科普精密制造知识（微课）	聆听劳模分享精密制造知识科普、成果分享、生命教育与社会责任、理想与未来等内容，了解劳模从学徒到高级技师、首席技师再到"上海工匠"都归功于他的坚持初心和不断学习、探索、创新的勇气。熊朝林老师以具有代表性的发明案例为线索，讲述自身的发明经历，讲述对劳模精神、工匠精神的理解。	1
模块二：研学篇	参观劳模工作场地（研学）	以实地参观或观看视频的形式参观劳模的工作环境、技能操作、团队创作等情况，感受劳模不忘初心、砥砺前行的精神。	1
	认识观摩精密仪器（研学）	通过与劳模的交流以及技术理论的学习，认识一些精密仪器，并在实践活动中做好劳动保护，确保学生人身安全。	1
	实践操作看图测量（研学）	以小组的形式汇报研学收获，体会巧思与匠艺，并在劳模的指导下学习看图纸、用卡尺测量仪器的方法，锻炼学生的动手能力和解决问题的能力。	1
模块三：展示篇	组织学生作品展示（评价）	合理选用身边的材料制作简易、实用的创意作品，举办学生作品展览、招募学生讲解员、邀请家长参与评价。	1

课程评价：

评价维度	评 价 内 容	自评	互评	师评	家长评
劳动观念	尊重劳动、尊重劳动者、劳动创造美好生活。	☆☆☆	☆☆☆	☆☆☆	☆☆☆
劳动技能	能够正确熟练掌握使用劳动工具，能够独立思考，提出独特的创意和想法。	☆☆☆	☆☆☆	☆☆☆	☆☆☆

续表

评价维度	评价内容	自评	互评	师评	家长评
劳动习惯	安全劳动、规范劳动,有始有终,劳动态度积极认真,自主探索学习。	☆☆☆	☆☆☆	☆☆☆	☆☆☆
团队协作	积极参与团队合作,与团队成员配合默契,主动承担,共同完成任务。	☆☆☆	☆☆☆	☆☆☆	☆☆☆
工匠精神	学习和体会劳模工匠的敬业精神、专注态度和对工作的热爱,积极践行。	☆☆☆	☆☆☆	☆☆☆	☆☆☆

我向劳模学习:

课程名称:"'铁杵'磨成'件',精密机械中的工匠精神"

课程对象: 上海市存志附属宝山实验学校六、七年级学生

课程目标:

1. 通过了解熊朝林劳模的生平事迹,体悟爱岗敬业、艰苦奋斗、勇于创新、甘于奉献的劳模精神,精益求精的工匠精神及其在工作中的重要性,感悟传承的意义。

2. 通过学习精密机械的基础知识和实际应用,提升对各类职业兴趣和职业规划意识。

3. 通过了解精密机械创新发展历程,理解创新是推动人类社会发展的重要力量,以匠心之火筑时代强国,明晰社会责任和使命担当。

4. 通过创意环保作品展示,增强生态环保意识,激发创新灵感,提升动手实践能力和团队合作能力。

课程内容：

模块主题	模块内容	主要任务	课时
模块一：听中学	聆听劳模成长逆袭故事	劳模讲堂第一课，学生聆听劳模亲自讲述成长故事。绿皮火车开启的工匠之路—艰难的邂逅—创新的工匠—传承的力量四大板块，从中感悟生活的艰辛、奋斗的力量、工匠的精神。	1
	了解精密机械技术应用	劳模讲堂第二课，学生通过讲座了解精密制造科普知识、精密机械成果分享（医学、科学仪器、航空、半导体、光学、汽车、机器人等领域）、生命教育及社会责任、理想与未来四大板块内容，提升对各类职业兴趣和职业规划意识。	1
模块二：探中学	走进劳模创新工作室	以实地参观和微视频形式深入了解熊朝林劳模创新工作室简介、团队构成与特色、创新成果与荣誉、工作室案例分享、未来展望等方面的情况。	1
	体验精密机械技师职业	以实地参观和微视频形式了解劳模工作环境、工作内容与技能展示、团队领导与协作等，了解劳模日常工作流程等。	1
	设计创意环保小作品	以实地操作和微视频形式，结合所学精密机械基础知识与应用，同时结合绿色学校、无废校园的要求，利用身边的材料，进行创意环保创意设计。根据学生的年龄和兴趣，设计一个或几个创意环保制作案例。	1
模块三：创中学	创意环保作品设计展	在校园里举办学生创意环保作品展览，小组合作完成作品并进行展出、讲解、展示，大家分工明确。邀请劳模、家长、教师、学生自管会成员共同参与评价。	1
模块四：评中学	以评促学促全面发展	通过各方评价，学生对自己的创意环保作品有了更深入的了解和认识，意识到自己在创新精神和环保意识方面还有哪些地方有待提高，在动手能力和实践能力方面有哪些地方欠缺。激励自己在今后的学习和创作中积极聆听同学、老师和家长的建议，努力改进自己的不足之处，提高自己的综合素质。在今后的劳动中不断创新，提升解决实际问题的能力。	1

课程评价：

评价维度	评价内容	自评	互评	师评	家长评
工匠精神	体悟劳模爱岗敬业、艰苦奋斗、勇于创新、甘于奉献的劳模精神，精益求精的工匠精神及其在工作中的重要性，感悟传承的意义。	☆☆☆☆☆	☆☆☆☆☆	☆☆☆☆☆	☆☆☆☆☆
职业规划	了解精密机械的基础知识和实际应用，提升对各类职业的兴趣和职业规划意识。	☆☆☆☆☆	☆☆☆☆☆	☆☆☆☆☆	☆☆☆☆☆
创新思维	了解精密机械创新发展历程，理解创新是推动人类社会发展的重要力量，以匠心之火筑时代强国，明晰社会责任和使命担当。	☆☆☆☆☆	☆☆☆☆☆	☆☆☆☆☆	☆☆☆☆☆
团队协作	积极参与团队合作，与团队成员配合默契，主动承担，共同完成任务。	☆☆☆☆☆	☆☆☆☆☆	☆☆☆☆☆	☆☆☆☆☆
创意作品	积极参与创意环保作品展示，增强生态环保意识，制作出设计新颖、有实用性的作品。	☆☆☆☆☆	☆☆☆☆☆	☆☆☆☆☆	☆☆☆☆☆
劳动表现	主动参与项目化活动，劳动态度积极认真，自主探索学习。	☆☆☆☆☆	☆☆☆☆☆	☆☆☆☆☆	☆☆☆☆☆

第三，区域、学校、校外导师联合打磨课程，形成模块式的任务清单引导校外导师进一步迭代优化原有课程。 具体综合目前开发的几十门课程，我们发现，大致可以分为几个类型：一是科普类微课，重在把前沿知识"带进来"给学生；二是手工操作类微课，学生通过观看教师微课指导操作的具体流程和步骤，并对应流程步骤进行多轮实践尝试；三是强调知识学习基础上的学生研学和成果展示，以劳模自身成长史为引入，引发学生兴趣，并进一步介绍本课程的相关前沿知识，2课时左右。在此

基础上，请学生以小组合作的形式，带着研学单走出校园，进入校外实践场地，完成相应的学习任务，大约2～4课时。最后，用2课时开展成果展示汇报活动。前面提到的熊朝林的两门课程都是比较典型的这类课例。

(4) 项目驱动研修

① 内涵解读

项目驱动研修，是一种以具体的教育项目为依托的，教师进行深入研究和实践，实现有针对性的专业成长的研修方式。教师们在项目实施过程中，不仅能够将理论知识应用于实践，还能够通过团队合作解决问题，提升项目管理和执行能力。

本研究中，我们根据研修对象和目的的不同，将项目分为三类：一是面向全体(普通)教师的新时代行动研究，引导学校和教师遵循"问题—归因—规划—行动—反思"的路径方法，有效提升教师创造性地解决教育教学中真实问题的能力；面向(高端)骨干教师的区域重大项目，聚焦区域层面课程教学改革的重难点问题解决，以项目为引领，发挥骨干教师的区域辐射影响力；面向青年教师的青陶联盟，聚焦青年教师的课堂问题解决，以任务为驱动，助力青年教师实现学习、研究、实践的三位一体。

② 流程与关注要点梳理

A. 面向全体(普通)教师的新时代行动研究(图4-15所示)

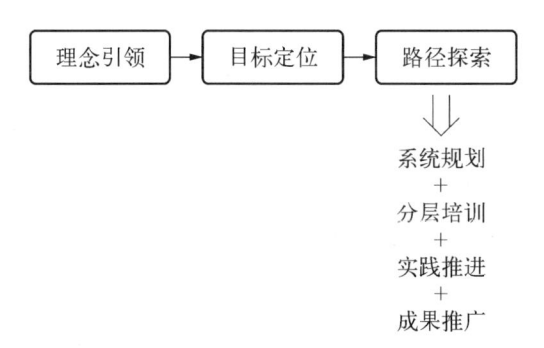

图4-15 面向全体(普通)教师的新时代行动研究的一般流程

进入新时期后，教与学的变革对教师的专业素养发展提出了更高的要求，宝山区结合打造"陶行知教育创新发展区"的目标定位，扎实推进具有陶研特质、宝山特色的行动研究，鼓励教师成为研究者，基于教育教学实践，开展有针对性的问题解决研究设计，积累个性化研究资料，关注研究实践过程中的行动与反思，从而获得能够直接指向真实教育教学问题解决的策略与方法，形成科学且有应用价值的研究结论。

第一，确定新时期开展行动研究的理念引领。在宝山教育人持续追寻"陶行知教育理论何以能够传承于世、历久弥新"的深层逻辑过程中，我们逐渐认识到学陶师陶，不仅仅要学习"生活教育理论""六大解放思想"，更要学习陶行知先生学贯中西、勇于创新并超越的境界，遵循理论并不囿于理论的精神，以及敢于实践、在实践中检验理论并不断创新理论的魄力，还应该学习先生投身教育改革，以实际行动证悟"知行难题"，以期让国家"焕一时之新颜，成一派之新学，立一世之新风"的宏图壮志。基于此，我们确定了新时期开展行动研究的理念，"以行知高位合一，谋更好的教育"。具体来说，"行知高位合一"，是指行动中的研究、研究中的行动、行动与研究中的创新与超越，包括对实践的创新和对理论的创新，对前人的超越和对自己的超越，最终实现理论与实践的深层次融合。"谋更好的教育"，是指以投身和推动新时期教育改革为己任，以行动研究的方式解决教育改革中的难题，助推教育的改革，达成更好的、更贴近人的个性化发展需求的教育境界。

第二，明晰新时期开展行动研究的目标定位。基于理念，宝山区确立了在新时期开展行动研究的目标定位：引导并支持教师乐于学习，勇于实践，敢于创新，在宝山培养一批投身教育改革浪潮，掌握先进教育理论，并具有实干精神、创新能力的"教育家"型教师，为宝山教育在新时期迈上新台阶储备力量；引导并支持学校以行动研究的方式开展教育教学改革，助推学校打造科研品牌，形成办学特色。

第三，探索新时期开展行动研究的行动路径。

一是成立"行动研究"中心组，开展"行动研究之研究"的系统规划。宝山区教育学院科研室成立了"行动研究"中心组，并引入市级专家资源，借脑借智，做好宝山教育行动研究之"行动"的引路人。在中心组引领下，在区域层面开展对行动研究本身的研究，厘清其内涵、特质，打造行动研究的实践案例，发挥对区域行动研究的引领作用，寻求以行动研究引领教师转变内隐思维、实现专业发展、解决实践问题的新路径。

二是组建"行动研究"指导团队，按需分层组织区域内教师开展系统而深入的行动研究学习与培训活动。如，编撰《宝山教育学刊》行动研究专刊，为全区教师的行动研究提供理论指引和案例参照,引导有志于开展行动研究的教师,在深度掌握行动研究特质等的基础上去实践;再如,邀请市级专家通过"硕博联盟"和"长三角陶行知教育青年荟"等,组织青年教师以案例剖析的形式进行行动研究专项培训,指导青年教师基于陶行知教育理论针对新时期的新应用、新发展进行深度实践,解决青年教师开展行动研究中的具体问题。

三是遵循"行知合一"特质,多途径开展行动研究实践。一方面,**是基于在研课题研究内容的行动研究实践**。梳理区内在研课题主题分类,寻找有价值的选点,并调研课题负责人意愿,组建各级、各类课题的"行动研究共同体",开展基于在研课题研究内容的行动研究实践。在此过程中,积累案例,并通过对案例的分析,让教师把握以"共同体"方式推进行动研究的要素和环节,即相近的研究问题、共同的研究意愿、多元的行动方式、阶段性的研究结果交流。例如,为解决"把学习建立在小学生解决真实数学问题的过程之上"这一核心问题,小学数学建立了行动研究组,具体包括素养导向下的小学数学"四探"课堂研究、小学数学问题系统建构促进学生数学思维的实践、小学数学课堂深度追问的教学策略研究等。同时,依托课题研究推进多元主体的行动研究,能够拓展教师的理论视野,提升教师对理论的驾驭和转化能力,实现"反思"与"实践"的多维度结合。更为重要的是,在此过程中,共同体成员能够亲历行动研究的过程,并通过信息交流、资源共享、同侪共进,帮助教师内化对行动研究的元认知,让教师对行动研究的认识转化为以行动研究的方式推进教学改革的"行动"与习惯。**另一方面,是聚焦小微问题解决的行动研究实践**。根植教育现场、基于一线教师的实际需求,开展了聚焦小微问题解决的行动研究实践,并在指导实践中逐步明晰了微小问题解决的行动研究过程:真实的、具体而微问题的抓取—多元、有深度的问题归因—扎实、落地的行动过程与客观、多视角的信息收集—及时的行动结果梳理与行动改进——科学的效果分析与反思。以上海市行知中学陈思佳老师的《学习情境共振,走进历史现场——提升奏疏类文本理解能力的行动研究》为例,行动缘起于高一下学期的一篇古文——《谏逐客书》,这是新教材三篇奏疏类文本的第一篇,对学生能否掌握该类文本的阅读策略有重要引导作用。学生的经验和《谏逐客书》的历史情境差距很大,但教材上的学习提示以及学习任务恰恰要求学生能够结合时代背景,分析作者的表达策略。所以怎样才能缩小学生与文本情境的距离,从而实现教学目标呢?基于此,陈老师开展了前后三轮行动实践,分别运用了"为学生提供相关背景资料、请学生劝说父母外出游玩、请学生模仿《谏逐客书》给老师写一份劝谏书"三种不同的情境创设方式。结果发现:从效果来看,三种方式效果依次递增,真实情境代入后学生不仅能整体把握文本,更意识到身份差处境、目的对内容与语言的影响。

四是分阶段组织行动研究成果推广,诸如过程推进阶段的行动研究"比武"和"征文评比",成果展示阶段的行动研究"故事会"。行动研究"比武",旨在引导教师说一说小微问题的解决思路、已经开展的行动、研究推进中的问题等,帮助教师进一步完善自己的行动研究框架,便于后续研究的开展与成果提炼。行动研究"征文评比",旨在帮助教师梳理行动研究报告的框架要素,包括明确的研究主体说明(主体构成及研究中的角色分配)、真实的研究问题剖析(问题的来源、归因与本质)、系统的研究方案呈现(依据的理论、信息的来源、采集方式、对行动方式的预设)、明晰的行动过程概述(行动的方式、策略、轮次,过程中对研究方案的动态调整与完善)、可信的研究成效分析(用证据说话,有各轮次行动效果对比分析)、深度的反思与讨论(对产生行动效果背后原因的追寻,形成实践智慧)。"行动研究故事会",旨在帮助教师设计行动研究故事的"叙事架构",包括故事的背景(问题的表现、发现与归因分析)、故事发展的前提(理论依据的确立)、故事的发展过程(具体的行动措施、更迭及优化分析)、故事的结局(几轮次行动的效果剖析与对比)、故事的延续(对当下行动研究的反思与进一步开展行动研究的展望)。

B. 面向(高端)骨干教师的区域重大项目(图4-16所示)

第一,聚焦区域教育改革重难点问题,确定项目主题。 面向(高端)骨干教师的区域重大项目每三年一轮,立足"五育融合"素养要求与区域重点攻关项目相结合的基本原则,将区域教育"十四五"规划所关注的重点突破点转化为面向高端骨干教师的重大项目。以上一轮为例,区域围绕"陶行知教育体系创新实践、数字化转型的宝山探索、五育融合育人的区域课程建设"三个方面确定了八大项目,分别是"陶

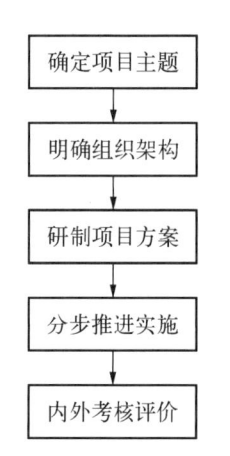

图4-16 面向(高端)骨干教师的区域重大项目的一般流程

[流程图:确定项目主题 → 明确组织架构 → 研制项目方案 → 分步推进实施 → 内外考核评价]

第四章 区校行动：生活教育理论视域下推进"五育融合"区域创新实践的探索

行知教育思想创新实践研究、基础教育阶段劳动教育体系建设、大中小幼一体化心理健康教育服务体系建设、同侪课堂资源包建设、学科知识图谱建设、思政课程改革创新研究、五育融合视域下美育跨学科综合课程建设、校外教育机构广域课程建设"八大项目。

第二，明确组织架构，研制项目方案。根据区域首席教师各自的专业优势和特长，由区教育局、教育学院指定某首席教师作为项目领衔人，由项目领衔人面向区域骨干教师进行项目发布，有意向的教师自主申报。人选确定其实是"双向选择"的过程，其中，子项目组的数量和内容分工以及子项目负责人的人选选定，由项目领衔人确定；骨干教师自主申报，由项目领衔人和子项目负责人共同讨论后确定本项目组和下设的若干子项目团队成员。在此基础上，项目领衔人、子项目负责人和成员一同头脑风暴，研制项目方案。以上一轮八大项目之一的"陶行知教育思想创新实践研究"为例，下设机制创新组、资源建设组、普特融合组、队伍建设组、理论研究组、孵化实践组六个子项目。项目组以方案研制为载体，明确项目三年总目标、分年度目标，以及六个子项目的目标、任务分解和人员分工。本项目旨在不断深入挖掘陶行知教育理论的精神内核，寻找其与新时期教育改革的契合点，实现陶行知教育理论在新时期的新解读，为宝山教育注入新活力。

第三，根据项目方案，分步骤有重点地实施推进。各子项目组根据总项目方案要求，形成本子项目组的具体实施方案（见表4-10），并实施推进，在推进过程中与原有方案进行理论与实践的双向互动，优化完善原有设计。

表4-10 "陶行知教育思想创新实践研究"子项目组任务一览

子项目组	任务
机制创新组	任务一：支持系统构建。构建协同平台，让平台发挥组织协调、资源整合和管理评估等功能；梳理平台的构成要素，提炼构建平台的策略与方法，形成平台的运行模式和管理机制。 任务二：行动路径探索。预设生活教育理论视域下推进"五育融合"区域实践的行动路径，并在实践中检验、完善。 任务三：保障机制研究。从立德树人任务落实的保障需求出发，基于实践案例剖析，探究构建学校之间、学校与家庭、社会之间及教育系统与其他行业之间多向联动的机制，提炼机制构建的关注要点和原则。

续 表

子项目组	任 务
资源建设组	任务一：校外资源中"导师"立德树人素养的培养研究。探究校外资源中"导师"立德树人素养培养的途径与策略。 任务二：区域内外教育资源的融合运用研究。在陶行知生活教育理论引领下，探究指向立德树人根本任务达成的区域内外教育资源融合的内容、方式和运用策略。
普特融合组	任务一：新时期特殊教育的发展趋势、特点研究。探究新时期对特殊教育的发展需求，探索未来发展趋势与特点。 任务二：特殊教育与普通教育融合的路径、策略研究。基于学校实践，探究普特融合路径与策略。
队伍建设组	任务一：新时期陶行知教育思想引领下的教师素养内涵研究。从新时期立德树人的根本任务出发，通过研究形成陶行知教育思想引领下的教师素养内涵架构。 任务二：新时期陶行知教育思想引领下的教师素养培养途径研究。探讨新时期教师素养培养的具体路径。 任务三：新时期陶行知教育思想引领下的教师素养培养方式研究。预设以区域集体研训、跨学科融合教研、不同学科自主结对研修等方式开展教师素养培养，在研究中积累实践案例，提炼方法策略。
理论研究组	任务一：通过历史还原法，系统梳理陶行知生活教育理论的内涵，挖掘其在"教育的本质"等方面的多维度架构，揭示其与时代的关系。 任务二：借助当前认知科学、教育学等的研究成果，对生活教育理论的内涵和要素进行新的解读和诠释。 任务三：从立德树人的内涵、价值与实践瓶颈入手，探寻生活教育理论与立德树人实践的深层结合点，挖掘生活教育理论视域下推进立德树人区域实践的内涵。
孵化实践组	任务：陶行知教育思想学校创新实践案例研究。运用本项目及其他项目的研究成果开展陶行知教育思想的学校创新实践，积累实践案例，验证各项目组的研究效果。

第四，充分发挥评价的"重指导、促发展"作用，采用内部分层考核评价和外部专家考核评价相结合的方式进行。一方面，项目内部团队协商制定考核标准，更加关注项目成果中"五育融合"教师素养的凸显，也以此引领团队成员的项目过程实践推进。首席教师作为项目领衔人，对子项目组负责人进行考核；子项目组负责人对团队骨干教师进行考核。另一方面，区域层面每年外请专家，在聆听八大项目领衔人

第四章 区校行动：生活教育理论视域下推进"五育融合"区域创新实践的探索

的现场汇报后进行考核打分。考核内容包括：各项目组根据方案具体开展了什么活动（含这些活动的目的是什么）、做出了什么成果（如陶行知相关理论，跨学科、五育融合的相关研究），以及对团队教师跨年段、跨学科、五育融合能力提升方面有什么成效等。仍以"陶行知教育思想创新实践研究"为例，主要成果有：深化理论研究，引领行动研究的迭代优化；孵化样本学校，实现打造陶行知教育创新发展区的点上突破；整合家校社资源，构建与实施课后服务共享课程；开展区域教师队伍建设行动，提炼培养策略（含宝山区教师跨学科能力培育项目）；开发评价案例，探索"五育融合"理念下的学生评价；推进随班就读，探索生活教育理论下的普特融合新路径。

C. 面向青年教师的青陶联盟

青陶联盟，即长三角青年陶行知教育研究联盟，于2021年由四个区域（上海市宝山区、江苏省南京晓庄学院、浙江省杭州市、安徽省黄山市歙县）通过自主申请、择优遴选，共推荐300名青年教师成为青陶联盟第一期学员，并获上海市教育发展基金会的资助和支持。联盟采用"核心平台引领、研究任务驱动、多向联动实践、成果交流提升"的运行机制（图4-17），配合导师培养，一位学员配备一位导师，形成精准培养效应，联盟内成立临时党支部，跟随党的精神引领，形成教师学习共同体，协力开辟学陶、师陶、研陶的新模式。

制定建设方案 → 加强思想引领 → 搭建交流平台 → 任务驱动成果
明确目标方向　　夯实学陶基石　　培育师陶新苗　　厚植研陶沃土

图4-17 面向青年教师的青陶联盟的一般流程

第一，制定建设方案，明确目标指向。联盟组建的指导思想是，组建团队，搭设平台，让联盟成员承担项目，展示成果，促进其开展研究，开创实践，做出"产品"，做出贡献。进而，以联盟成员的实践探索，带动全区教师的实践探索。目标指向是"一个团队、一个平台、三个产出"，其中，**"一个团队"**是要把联盟建设成为一个投身项目研究、教育探索，并不断产生学术思想和实践突破的团队。**"一个平台"**是要把联盟建设成一个集获取信息、获得项目、展示成果、展现价值等功能于一身的平台。在联盟平台上，力争实现三个产出：**一出"实践"**，涌现一批具有开创性的思想与实践，并实现"成果化"、有所辐射，尤其是课程结构优化、教学设计与育人方式转型等方面的实践与成果；二出"人才"，锻炼、涌现出一批有想法，有行动，形成精品论文、讲座或著作的教师；三出"生态"，在联盟里形成一种人人做研究、人人投身实践探索、人人追求教育真理并争做贡献的学术氛围，进而辐射全区，撬动宝山教师积极参与教育教学改革。基于此，我们将联盟定位为，既是宝山教育系统内的一个高水平学术研究团队，又是一个注重"接项目，晒成果"的学术交流平台。

第二，加强思想引领，夯实学陶基石。习近平总书记指出，教师思想政治状况具有很强的示范性，要坚持教育者先受教育，让教师更好地担当起成为学生健康成长指导者和引路人的责任。青陶联盟在临时党支部指导下，开展党性教育、思想引领等活动，引导陶行知研究联盟成员树立正确的教育观念和研究态度，自觉把党的教育方针贯彻到教育教学工作全过程，指导联盟成员制定正确的研究方向，确保研究符合时代发展的需要。要把师德师风建设摆在首要位置，引导广大教师继承发扬老一辈教育工作者"捧着一颗心来，不带半根草去"的精神，以赤诚之心、奉献之心、仁爱之心投身教育事业。联盟成员积极参与"党员的样子"征文、建党100周年献礼、集体学习陶行知理论，感受陶行知先生教育理论和红色情怀的脉动，自觉做中国特色社会主义的坚定信仰者和忠实实践者，忠诚于党和人民的教育事业。一系列党的精神引领活动无形中增强了联盟的凝聚力和向心力，为联盟深入开展研究活动打下了坚实的基础。

第三，搭建交流平台，培育师陶新苗。青陶联盟以立德树人为根本任务，为青年教师们搭建了四大交流平台，分别为"一月一论坛"平台、联合教研平台、一课一报告成果评比平台、优秀成果展示与发表平台。通过四大平台建设，引导并支持教师乐于学习，勇于实践，敢于创新，培养一批有良好综合素质，掌握先进教育理论，有实干精神、创新能力的"青年陶行知"教师。**一方面，共享研究资源**。青陶联盟整合了四地的研究资源，这四地是陶行知先生出生或办学的地方，有丰富的历史现场、历史资料、纪念馆、历史当事人等资源；四地对陶行知教育思想均有较好的理论研究和实践创新，有专家资源和实践现场资源；四地还有《生活教育》《宝山教育学刊》等资源，供联盟成员发表、推广成果。通过共享优秀的研究理念、研究方法和研究经验，帮助教师提升专业水平。**另一方面，建立合作机制**。青陶联盟鼓励各地教师互相合作，以小组的形式共同探究、解决问题。通过平台组织课题研究、项目评比等活动，制定教师发展计划,倒逼教师在实践中深入探究教育问题,让教师在交流过程中不断自我调整、自我建构,从而获得持续不断的专业成长,也让教师个体的实践智慧转化为群体教师的实践理论,并让这些理论具有更广阔的实践土壤。

第四,任务驱动成果,厚植研陶沃土。陶行知先生强调:"生活教育内之教与学,必须是以做为中心。做是发明,是创造,是实验,是建设,是探寻出路。"故而联盟以任务为驱动,引导青年教师经历一个过程:**一次"寻找陶行知"的深度学习、探索的活动;优化四项能力**:课程开发能力——开发一门课程;教学设计能力——上出一节好课;行动研究能力——做一项行动研究,完成研究报告;带教能力——带教一名教师,指导教师开展如上研究。勉励青年教师以"做"为始,面对教育教学中遇到的"真问题"确立研究方向,坚持"学习—研究—实践"的方法和策略,形成良性循环,并将研究成果转化为实际教育实践。同时,联盟开展了"数据采集与量化分析"与"情报与课例研究"等专题培训、"新时期名师成长与专业要求""与坚持梦想者同行"等讲座,与区骨干团队、学科教研员开展联合教研活动,以讲练结合的方式为联盟成员研究提供了深入的、有针对性的指导。

二、生活教育理论视域下推进"五育融合"区域创新实践的学生主体意识培养

通过梳理国内外已有文献,明确生活教育理论视域下推进"五育融合"区域创新实践中学生主体意识培养的必要性与重要性,以及存在的现实困境与可能的培养路径。在此基础上,结合区校具体实践,提炼学生主体意识培养的方式、流程和关注要点。

(一)学生主体意识培养的学理分析

主体性是我国教育研究领域的经典议题。1981 年,顾明远首次提出"学生不仅是教育的客体,而且应该是教育的主体"[1],之后,以叶澜[2]、王道俊与郭文安[3]、王策

---

[1] 顾明远.现代生产与现代教育[J].外国教育动态,1981(1):1-8.
[2] 叶澜.论影响人发展的诸因素及其与发展主体的动态关系[J].中国社会科学,1986(3):83-98.
[3] 王道俊,郭文安.让学生真正成为教育的主体[J].教育研究,1989,10(9):14-18.

三[①]、裴娣娜[②]为代表的众多学者从理论层面出发围绕主体性进行了系统的论述;河南安阳人民大道小学的"少年儿童主体性发展教育实验与研究"[③]、湖北荆门象山小学的"小学生主体性素质构建实验"[④]等教育实验的开展亦在实践层面积累了宝贵的行动经验。

1. 学生主体意识培养的必要性

主体性教育是以承认受教育者的主体地位、尊重受教育者主体尊严为前提,对受教育者主体意识和主体能力的培养。[⑤] 在这一点上,陶行知提出:"活的乡村教育要用活的环境,不用死的书本。它要运用环境中的活势力,去发展学生的活本领,征服自然改造社会的活本领。"这一观点与指向学生主体性发展的教育目标不谋而合。一方面,生活教育理论强调教育应与学生的生活实际紧密相连,认为教育应当服务于学生的生活实践和个性发展。在这一理论指导下,培养学生的主体意识意味着让他们成为自己生活的主人,能够自主地探索、选择和创造,从而更好地适应和改善自己的生活。正如教育不仅是为当下的社会培养人才,也要为未来的社会培养人才,通过教育帮助学生发展核心素养,即学生应具备的,能够适应终身发展和社会发展需要的正确价值观、必备品格和关键能力。另一方面,21世纪知识经济的崛起,必然使信息革命导向一个学习意识普遍化和学习行为社会化的学习型社会。[⑥] 学习也将从过去的被动状态转为更加主动的状态,成为学习者自觉贯穿整个人生过程和整个社会的活动。学生主体意识的培养有助于学生形成自主学习的习惯,具备持续学习和自我教育的能力。

"五育融合"以人的全面发展为出发点,注重人的德、智、体、美、劳各方面的协调发展,试图打破以往"五育并举"陷入的"加法式"误区,指向基于"融合"的教育教学

[①] 王策三.教育主体哲学刍议[J].北京师范大学学报(社会科学版),1994(4):80-87.
[②] 裴娣娜.主体教育理论研究的范畴及基本问题[J].教育研究,2004(6):13-15.
[③] 郭华.我国教师专业发展的实践探索:主体教育实验18年回顾[J].北京师范大学学报(社会科学版),2010(5):21-27.
[④] 湖北荆门市象山小学课题组,解玉文,周克文,周友富.以主体性品质培养为主旨的整体改革实验研究报告[J].教育研究与实验,1998(4):66-70.
[⑤] 白媛媛,牛海彬.陶行知生活教育理论及其现代价值[J].鞍山师范学院学报,2007(1):94-96.
[⑥] 同上。

践行路径,以回应进入新时期我国面临的"如何培养人"的关键问题。[①] 在"五育融合"的研究视角下,学生主体意识的培养显得尤为必要,因为它是实现德育、智育、体育、美育和劳动教育全面发展的关键。这种培养能够确保学生在道德修养、知识学习、身体锻炼、审美体验和劳动实践中都能发挥主动性和创造性,从而促进他们成为能够自主思考、自我管理和自我提升的个体。通过强化学生的主体意识,教育不仅能够满足他们个性化成长的需求,还能帮助他们建立起积极的社会责任感和终身学习的动力,使他们成为能够自我驱动、自我管理和自我实现的个体,从而为未来社会的发展培养出具有创新精神和实践能力的人才。因此,学生主体意识的培养是"五育融合"教育实践中不可或缺的一环,它对于激发学生的内在潜能、塑造健全人格、实现教育的最终目标具有至关重要的作用。

2.学生主体意识培养的现实困境

(1)学生主体性被压迫

按照保罗·弗莱雷对"压迫"的解读,"任何'一方'客观地剥削'另一方'或阻碍'另一方'追求作为可负责的人的自我肯定,这种情况均属于压迫",[②]如果学生在教与学的过程中不能充分彰显自我的主体地位,即可理解为一种"主体性被压迫"的现象,尤其是在传统的灌输式教学中,教学被降格为机械的庸俗的知识灌输,非但不能给学生带来真正的生命成长,反而会抑制其主观能动性的发挥。

(2)学生主体性假象

佐藤学用"主体性的假象"这一概念代指这样一种教学现象——"小学教室里的特征是'闹哄哄'(发言过剩),而初中、高中教室的特征是'静悄悄(拒绝发言)。"[③] 其实,"闹哄哄"或"静悄悄"只是课堂教学的一种外在表现形态,并未真正触及主体教育的核心——学生在意识层面的能动参与。正是因为一些"闹哄哄"的课堂过于看重在教师引导甚至规训下形成的所谓学生"主体性",而缺乏对内在层面的学生主体意识的关注,导致其随着学生年级的递增而逐渐变得"静悄悄"也就不足为怪了。

---

① 王冰婷,王碧梅.从分立到融合:我国"五育"教育的政策话语流变[J].成都师范学院学报,2024,40(2):37-45.
② 保罗·弗莱雷.被压迫者教育学[M].顾建新,赵友华,何曙荣,译.上海:华东师范大学出版社,2001.
③ 佐藤学.静悄悄的革命:课堂改变,学校就会改变[M].李季湄,译.北京:教育科学出版社,2014.

(3) 学生主体性异化

"所谓教育,不过是人对人的主体间灵肉交流活动。"[①] 但是,在真实的教学实践中却不同程度地存在着师生交流的异化,其中较为典型的就是一些教师将公开课的每一环节都提前"彩排",将本是教师与学生"主体间灵肉交流"的教学异化为庸俗的表演性教学,最终很有可能导致童年的消逝——"儿童的天真无邪、可塑性和好奇心逐渐退化,然后扭曲成为伪成人的劣等面目。"[②]

3. 学生主体意识培养的可能路径

胡江霞[③]建议教育者可从学生主体地位的搭建和营造、"示弱法"的施展和运用、多样化人际互动渠道的疏通和开拓,以及对个体成长规律与个性特征的理解和尊重等方面来唤醒和培植学生的主体意识。焦会银[④]提出学生主体意识生发的路向转换,即从方法论层面的"唤醒"到主体论层面的"觉醒",换言之,"学生自身必须成为主体意识生发的能动主体"。而这并不意味着教师无所作为,而应当积极为学生创设有益于主体意识觉醒的教学氛围,而后静待"种子萌芽"。具体做法有:反思教学惯性,重塑协作共生的教学认知;破除教学壁垒,构建多元融合的教学交往;纾解教学焦虑,补充增值性教学评价等。

(二)学生主体意识培养的关注要点、实施样态与案例剖析

在五育融合的区域创新实践中,我们提炼了学生自主性主体培养的主要原则:

强化学生的自主学习意识——充分尊重学生学习的主体地位,设计符合学生主体实际的思政课程内容、思政学习任务等,激活学生自主、合作、探究学习意识,使学生在主动探索、积极思考、实践验证中,逐步形成独立思考和解决问题的能力。

促进合作学习与问题探究——利用"小先生制""小行家"等创新实践模式,促进学生合作学习探究,以讨论、交流与分享为主要形式,促进学生实际问题的共同解决,增强学生的团队协作意识,发展学生的批判性思维能力,同时有效深化学生对思

---

① 卡尔·雅斯贝尔斯.什么是教育[M].邹进,译.北京:生活·读书·新知三联书店,1991.
② 尼尔·波兹曼.童年的消逝[M].吴燕莛,译.北京:中信出版社,2015.
③ 胡江霞.学生主体意识的唤醒与培植[J].中国教育学刊,2011(2):79-81.
④ 焦会银.教师对学生主体意识觉醒的影响及其实现:基于教师"平庸之恶"的反思[J].教育研究与实验,2021(6):42-48.

政知识的理解与实践应用。

展示项目成果与反馈评价——提供思政项目研究成果的展示平台,为学生创造机会。比如,实施课堂展示、校园展览以及线上分享,最大程度拓展展示渠道,增强学生自信心,使学生在此过程中获得成就感,促进学生的可持续发展与进步。

在实践中从区域支持、学校行动两方面提供保障,并在课程开发与实践参与中彰显了学生的主体地位,形成了一定的关注要点与实施样态,积累了典型案例可供参考。

1. 学生主体意识培养的区域支持

(1) 区域资源开放共享

① 区域资源开放共享的背景缘由

生活教育理论强调教育应回归生活、服务社会,倡导教育不应局限于学校的围墙之内,而应与学生的日常生活、家庭环境和社会实际紧密相连,以促进学生五育融合的全面发展。通过区域资源的开放共享,可以打破学校与社会之间的壁垒,将教育资源与社区资源相结合,为学生提供更加丰富、多元的学习体验。与此同时,区域资源开放共享还体现了校家社协同的理念,即家庭、学校和社会三方共同参与教育过程,形成教育合力。这种协同不仅能够增强教育资源的有效利用,还能够促进教育公平,让不同背景的学生都能享受到优质的教育资源。家庭的参与为学校教育提供了支持和补充,社区资源的融入则为学生提供了实践和体验的机会,使得教育更加贴近学生的生活实际,更具有实践性和生活性。

② 区域资源开放共享的流程方法

阶段一:区域资源开放共享的初级阶段,学校各自为政、单兵作战。学校要对学生开展红色教育,单纯依托区域内某一场馆资源,如"上海淞沪抗战纪念馆",开展参观学习活动,此时,学生是被动的资源应用者,且区域没有进行顶层设计,学校层面各自单兵作战,缺乏统整意识,容易造成资源浪费、资源单一等问题。

阶段二:区域资源开放共享的进阶阶段,区域统整、顶层设计,全面摸排区域资源后形成清单供学校自主选择。仍以红色教育为例,区教育局、教育学院组织专门队伍全面摸排区域内红色资源,形成红色资源菜单(见表4-11)。

表 4-11 区域红色资源菜单

序号	板块	名称
1	淞宝板块	上海淞沪抗战纪念馆
2		上海解放纪念馆
3		宝山劳模工匠风采馆
4	长江路板块	"一·二八"无名英雄纪念碑
5	月杨板块	上海战役月浦攻坚战纪念碑
6	大场板块	南京路上好八连
7	沪太路板块	藻北小学复名缘记碑
8		侵华日军小川沙登陆处(罗泾涵养林)
9		红十字纪念碑
10		税务局第十二所雷锋馆

学校层面统一组织相关活动、集体发布学习任务(或导学单),但是具体落实时则通过家校社协同的方式支持学生自主选择、自主挑战,如幼儿园、小学低年级学生可以采用校外亲子活动的方式进行,家长带着孩子一同来到区域内某一场馆,如"上海淞沪抗战纪念馆",共同完成相关学习任务;小学高年级、初高中学生则可以以同伴合作、自主组织的方式完成相关学习活动。如此一来,学生主体性在应用资源的过程中得到一定程度的彰显,区域内资源也由此实现统整和联通。

阶段三:区域资源开放共享的进阶+阶段,学生实现由资源应用者向资源开发者的转变。仍以红色教育为例,学生在学习的过程中不再是单纯地应用资源,而是更为积极主动地开发资源,生成红色微课。小学、初中低年级学生以寻找、发掘身边的红色资源为主,如"藻北小学复名缘记碑"等;初中高年级、高中学生则从自己的视角出发,以自己在活动中的经历为背景,查阅资料,挖掘资源的深层价值,形成运用资源开展活动的新方式或新视角,从而开发形成"自己的"微课,如行知中学学生"我眼中的子青路"等。

藻北小学复名缘记碑

(一) 挖掘资源,建立红色教育基地

上海市宝山区共富新村小学的前身是藻北小学,藻北小学创办于1944年秋。抗日战争和解放战争时期,藻北小学是中国共产党上海地下组织在上海北郊的重要活动基地。他们勤奋办学,努力传播革命真理,真诚为群众服务,与国民党反动派进行了多种形式的合法斗争,深入开展工农群众运动,配合中国人民解放军为解放上海作出了贡献。

中华人民共和国成立前夕,藻北小学被毁。中华人民共和国成立之初重建易名为胡庄小学。为了铭记历史,以史育人,1987年4月,中共宝山县委在藻北小学竖了一块纪念碑——藻北小学复名缘记碑,以纪念藻北小学这段光辉的岁月。

1997年9月,为配合政府发展地区建设,学校再次迁建,更名为宝山区共富新村小学,2004年藻北小学复名缘记碑迁入共富新村小学。

2006年10月,"藻北小学复名缘记碑"被宝山区人民政府列入爱国主义教育基地。2018年6月,又被宝山区委列为党性教育现场教育点。"藻北小学复名缘记碑"真正成为一个有本土历史文化的红色教育基地。

(二) 环境建设,营造浸润式教育氛围

建碑以来,学校收集了《宝山县藻北地区革命斗争史料》,先后走访当时健在的地下党同志,编写了《红色沃土》基地宣传材料,并于2017年修缮和拓建了以纪念碑为主体的纪念广场(也称"红枫纪念广场")。

在以纪念碑为主题的纪念广场周围,通过一块块橱窗专栏图文并茂地介绍了一段段属于顾村的红色故事,让每一位队员能牢记中国共产党在顾村的战斗史和奋斗史,在"看、听、思、悟"的过程中,又一次接受精神和思想上的洗礼,重温了革命先烈为解放不懈斗争的峥嵘岁月。浸润式的学习环境,使学生们知党爱党,懂得今天的幸福生活来之不易,知道家乡的革命者的足迹、知道学校的光辉历史。

(三)课程开发,编写校本学材

1. 开设"红色沃土"校本德育课程

学校在发掘历史材料、丰富活动的基础上编写了《红色沃土》校本学材,内容由"序言""历史篇""人物篇""故事篇"等组成,旨在让后人了解学校的光荣革命历史。《红色沃土》是对师生开展爱党、爱国、爱人民教育的生动教材。与此同时,积极开展了适合学生的学习活动,利用好学校的红色资源,为孩子们量身打造教材,把爱国主义精神融入血脉。

2. 编写《争做藻北好少年》校本学材

继开设《红色沃土》校本德育课程后,近阶段学校计划完成《争做藻北好少年》五册校本学材的编写。目前,已完成第一册学材的编写及印刷工作。主要学习对象是一年级新生。学材设计符合一年级学生的年龄特点,包含"藻北地区,红色沃土""领袖风采,少年故事""革命先烈,不朽业绩"三个主题,不仅讲述了学校的光荣历史,还设计了"演讲员当起来""小脑瓜转起来""小故事听起来""小小手牵起来"等活动板块,使学生得到实践体验的同时了解历史、走进历史,领会到先驱者的革命形象和革命思想境界,并且在平时的行动中不断完善德育感悟。

(四)实践创新,开展多路径教育活动

1. 建设红领巾广播站宣传阵地

学校充分利用红领巾广播站作为宣传阵地,开展党史故事宣讲活动,设立"红领巾学党史"栏目。开播以来,"高风亮节不老松——李西坪""红色沃土上的领路人——周克""无衔将军——诸敏""红色小英雄——杨逸"等英雄人物的故事通过电波传到每位学生心里。学生不但听得认真,还盼望着能成为"小小讲解员",亲口讲述英雄故事。

2. 创建"党—团—队"台阶式研学模式

学校开展"藻北学子学党史,争做党的好少年"学党史主题活动,引导少年儿童们学习了解党史故事。学校分学段,通过创建"党—团—队"台阶式研学模式,为学生开设专题讲座、微课学习,先后开设了"重走藻北路"党史教育课,开展了"党史研学"等活动。2019年在"学习强国"发布《"四史"学习教育研学云课堂》,

2020年在"宝山党建"发表了《"四史"微党课——藻北精神代代相传》。通过校史、队史、党史的学习,提升学生的道德素养,弘扬红色精神,培养爱国情怀。

3. 开展红色寻访活动

每年,学校会号召全体学生在父母的带领下参观走访红色教育基地、收集整理宝山历史、讲述宝山红色故事,感受宝山"撤二建一"30多年来的新面貌、新形象,引导学生回顾宝山历史,展望家乡未来,激发爱国、爱家乡的美好情怀。

4. 强化仪式教育活动

依托"藻北小学复名缘记碑",学校每年组织开展清明祭扫活动、烈士纪念日活动、新教师入职第一课、学生入队仪式、党员宣誓仪式等,形成了"追求真理、不忘初心、聪明睿智、自强不息"的藻北精神。

5. 加强"小小讲解员"和高素质教师专业队伍建设

几年来,基地培养了一批学生的小小讲解员、演讲者、小剧社队伍,教师的讲解志愿者队伍,让红色故事传遍藻北地区。

6. 提升基地教育影响力

同时基地为宝山区内外的各机关、学校、医院、部队、社区等党组织提供学习教育活动,使受教育者了解藻北地区的光荣革命历史,铭记中国革命与解放的奋斗历程,全身心地投入革命与建设的洪流中去,不忘初心,不辱使命,为今后的工作与学习提供不竭的动力。

"藻北小学复名缘记碑"是中国共产党带领人民推翻黑暗统治、追求光明的见证,是中国共产党在宝山发展、壮大的历史印记。我们将紧紧抓住发展机遇,充分发挥"藻北小学复名缘记碑"的革命传统教育作用,让红色精神代代相传。

(2) 学习经历互认

① 学习经历互认的背景缘由

从学生成长的横向协同性来看,学生的发展不仅仅局限于单一的学校环境或教育体系,而是需要跨学科、跨领域、跨文化的综合素养提升。通过学习经历互认,尊重学生成长经验积累的连贯性与完整性,确保学生在不同教育阶段、不同教育环境和不同学习模式下所获得的知识和技能得到认可和累积,从而促进学生学习的连续性和整体性。

生活教育理论强调教育应当与学生的实际生活紧密结合,认为教育应当服务于学生的生活实践和个性发展。从这一理论视角出发,学生学习经历互认正是对教育与生活实践相结合原则的体现。它认可学生在非正式学习环境(如家庭、社区等)中获得的学习经验,并将这些经验视为正式教育的一部分,从而拓宽了教育的边界,使得教育更加贴近学生的真实生活。如此一来,通过集团内、学区内、学校与资源所在地、学校与家庭、校家社共同协作等多元路径实现学生五育的全面发展,为学生提供了更丰富的学习路径选择,使他们能够根据自己的需求和节奏开展学习,从而更好地满足学生个性化和多样化的学习需求,促进学生素养的全面发展。

② 学习经历互认的流程方法

一是建立学习经历互认机制,开发科学的评估工具。在学习经历互认的一定范围内,制定明确的学生学习经历互认政策和程序,包括评估标准、认证流程和记录方法等。通过评估工具开发,对学生在不同学习环境中获得的知识和技能进行评估和认证。

二是明确学生培养目标,建立学生学习档案。通过建立学习档案,记录学生在不同学习环境中的学习经历和成就,为后续开展学习经历互认提供第一手资料。同时,在幼、小、初、高一体化育人过程中,明确一条学生培养目标的发展主轴,引领各校在学生培养时的方向和重心。以宝山区高境科创实验小学为例,学校在花样跳绳课程实施过程中,以榜样激励让学生,引导他们在实现冠军梦的过程中,完善健身、坚持、创新、合作等个人与团队品质。

三是鼓励教师研训一体,为学习经历互认提供充分保障。教师专业发展与学生发展之间存在着密切的关系,对学生的发展具有重要的影响。通过对教师开展培训,提高他们对学生学习经历互认的认识和实施能力。仍以宝山区高境科创实验小学为例,学校定期组织协同学校体育教师开展花样跳绳分层培训,以集中培训和自主培训两种形式为主。集中培训主要是协作体学校体育教师集中于高境科创实验小学,以花样跳绳专业教练为主教,高境科创实验小学体育教师陪同协教,小视频辅教的组织形式进行培训;自主培训主要由高境科创实验小学体育教师走进协作体学

第四章　区校行动：生活教育理论视域下推进"五育融合"区域创新实践的探索

校,按需对协作体学校进行专项指导或个别指导。比如,像近期在高境科创实验小学举办的上海市课后服务教师培训花样跳绳,就是属于集中培训的一种。

四是倡导资源整合,为学生的可持续性发展奠定基石。将学校内外的教育资源进行有效整合,包括图书馆、实验室、社区中心、在线课程等,这些资源为学生提供了更广泛的学习机会,而学习经历互认则确保这些校外学习经历得到正式教育体系的认可。仍以高境科创实验小学为例,学校以"绳舞飞扬"校本课程为基石,依据《中共中央国务院关于加强青少年体育增强青少年体质的意见》与《体育与健康课程标准》,研发了更符合学生身心发展特点的《轻松学跳绳》(图4-18),贯通小学、初中和高中,确保了学材的完整性与系统性,为学生的可持续性发展奠定了基础。此外,学校为保证幼—小—中运动队连贯输送与发展,各学段训练实现资源配置统一、训练方法统一、训练时间统一,确保训练效果只增不减,从而实现运动员队伍的可持续发展。

图4-18　高境科创实验小学《轻松学跳绳》共享资源

2.学生主体意识培养的学校行动

(1)从"资源应用者"到"资源开发者"

在认识层面,学生逐渐意识到自己是学习和生活的主体,自己的兴趣、需求和潜能是推动个人发展的关键。在行动层面,学生能够主动探索和利用各种学习资源,包括课堂学习、社会实践、网络资源等,以满足自己的学习需求和兴趣追求;教师鼓励学生在学习和生活中进行创新实践,如参与项目研究、社区服务、艺术创作等,通过项目实践将理论知识转化为实际能力,发展"五育"综合素养。具体如下:

一是全面梳理课程资源。以高中历史学科为例,在《普通高中历史课程标准

(2017年版2020年修订)》中指出:"凡是对实现教学目标有利的因素都是课程资源。历史课程资源既包括教材、教学设备、图书、实物、网络以及遗迹和文物等物质资源,也包括教师、学生、家长以及社会各界人士等人力资源。"即能够帮助完成教学目标的因素就是课程资源,因此课程资源是多元化的。

二是合理引进课程资源。首先,课程资源的合理引进要符合正确的价值导向,遵循国家课程标准和课程理念不能逾越,不能随意引进课堂进行使用,要以正向的价值观、世界观为取舍标准,符合积极向上的价值取向,形成对祖国、对中华民族的认同感和正确的国家观和民族观,增强维护国家统一、铸牢中华民族共同体意识。其次,课程资源的合理引进要以渗透学科核心素养为目标。最后,课程资源的合理引进要忠于课程标准和教材本身,适应既定的课程目标。

三是调适性运用课程资源。调适性运用具体指在教学实践中有系统、有针对地对各类课程资源,不论是文本性资源的或是人力资源通过调适性运用帮助学生激发学习兴趣,提高自主学习的能力,从"想我学"转向"我想学",体现以学生为主体的课程价值导向。一方面,课程资源的运用要适应学情,符合学生年龄特点和认知发展规律。另一方面,课程资源的运用要调动师生主观能动性,积极参与课堂构建。以通河中学张憨超老师的一节课堂实录切片为例,本课中有许多学生的兴趣点,因此在授课时,张老师让学生先回家找资料,然后在课上交流。对法老感兴趣的学生查阅资料后制作了PPT,并在课堂上介绍了自己感兴趣的法老以及与法老有关的一系列建筑和物品。有意思的是,这名学生在找资料的过程中,他的学习心理也发生了一系列的变化,比如他先觉得法老的陪葬品非常昂贵,可以说是富丽堂皇,从而引发其进一步思考:"为什么法老可以用这么多昂贵的物品?除了法老还有人可以拥有这么丰厚的陪葬品吗?"等一系列问题,而在课程中,他找到了自己想要的答案,当时古埃及高度集中的法老专制统治为法老王们带来了这一切。再如,对木乃伊感兴趣的学生,她在网上查阅资料时不仅了解了木乃伊的制作过程,更发现了原来法老并非全都为男性,比如她找到了大名鼎鼎的埃及艳后——克里奥帕特拉七世,其后她再回到历史课本中去翻阅,发现了第二位就是历史书上所提及的哈特谢普苏特女王。而这段介绍是书本小字拓展部分的内容,这是平时上课中许多学生即使翻开书本也不会仔细去阅读的部分。

四是让学生成为课程资源开发的主体。学生通过主动探索和实践,将个人兴趣与学科知识相结合,参与到课程内容的选择、设计和实施的全过程中去。这样的参与不局限于课堂学习,也扩展到课外活动和社会实践,使得课程资源更加丰富多元,更贴近学生的生活经验和社会需求。通过学生的主体参与,课程资源开发变得更加动态和开放,能够及时反映时代变化和社会发展趋势。此外,将学生纳入课程资源开发的过程,还能够促进校家社的协同合作,形成教育共同体,共同发挥教育合力。在宝山区沙浦路幼儿园时琪凤老师组织的"我是中国人"主题演讲活动中,幼儿可讲述自己在阅读绘本时所整理的与爱国主义相关的材料,也可借此拓展"家庭小调查",家长带着孩子调查身边的红色故事,体察红色经验。与此同时,幼儿可以用绘画的方式记录自己要演讲的内容和调查的结果,与同伴进行分享,还能动手一起粘贴活动标语,利用废旧材料来制作演讲所需要的道具等,并完成对演讲活动的小舞台设计。再如,在宝山区青苹果幼儿园"红色博物馆"的诞生记中,幼儿园组织小朋友外出参观红色博物馆,家长也会利用课外时间以亲子活动的方式带着小朋友参观红色博物馆。但是,参观不是结束而是开始,回到幼儿园之后,小朋友通过绘画、图+文、口述、录音的方式把自己参观红色博物馆的感受,以及自己脑海中想象的"如果我要建红色博物馆,它是什么样的?"等呈现出来,从而在幼儿园生成一个自己的红色博物馆……

(2)从"倾听者"到"志愿者"

陶行知先生"整个社会是生活的场所,亦即教育之场所"的认识,让学校与社会统一,把社会办成一个大学校,形成家庭教育、社会教育在内的大教育体系。在这样的理论指引下,学校与各类社会资源,如博物馆、图书馆、科技馆等场馆建立合作关系,为学生提供参与场馆活动的多样化机会。通过参与这些活动,学生不仅能够作为"倾听者"吸收知识,更能够作为"志愿者"积极参与到场馆的日常运营和活动策划中,如担任讲解员、导览员,或参与现场活动的筹备和组织工作,培养团队合作精神和项目管理能力。这种主动参与和志愿服务的经历,不仅丰富了学生的个人成长经历,也为他们的未来发展奠定了坚实的基础,帮助他们成长为具有社会责任感、创新精神和实践能力的合格公民。具体如下:

一是校内先导,组建团队,确定选题。校内先导阶段是整个学习过程的起点,组建由教师和学生组成的多元化团队,共同确定研究的选题。在这一阶段,学生在教师的引导下,通过观察、讨论和思考,发现问题并提出研究假设。他们通过任务单的指引,明确研究任务,开展项目式学习,这不仅激发了学生的探究兴趣,也为后续的实践活动打下了坚实的基础。

二是场馆实践,合作探究,形成成果。 场馆实践阶段是将理论知识应用于现实情境的关键时期。在这一阶段,学生们走出校园,进入各类场馆进行实地考察和实践操作。他们以小组为单位,通过合作学习,共同探究问题,收集数据,分析信息,并最终形成具体的研究成果。这一过程中,学生们各自取长补短,逐渐形成团队文化,不仅锻炼了实践能力,还培养了团队合作精神和责任感,为他们的全面发展奠定了实践基础。

三是校内总结,多元评价,展示交流。 校内总结阶段是对整个学习过程的回顾和评价。在这一阶段,学生们将他们的研究成果带回校园,通过多元评价的方式进行展示和交流,既包括对学习成果的评价,如小论文、作品制作、交流展示等,也包括对学习过程的评价,如个人参与度、意见表达、团队合作精神等,以及对学习效果的评价,如教师评价、学生个人的自我评价和学习小组对个人的学习评价等。通过这样的总结和交流,学生们不仅能够反思自己的学习过程,还能够从同伴和教师那里获得宝贵的反馈,为未来的学习和成长提供指导。

● 典型案例剖析

赓续红色基因,争做强国少年

一、课程设计背景

习近平总书记曾提出:红色资源是我们党艰辛而辉煌奋斗历程的见证,是最宝贵的精神财富。红色血脉是中国共产党政治本色的集中体现,是新时代中国共产党人的精神力量源泉。我们必须始终赓续红色血脉,用党的奋斗历程和伟大成就鼓舞斗志、指引方向,用党的光荣传统和优良作风坚定信念、凝聚力量。

对于身处物质丰盈、和平安宁年代的少先队员们而言,仅凭口头讲述难以深刻体会红色历史的厚重与深远。因此,鼓励队员走出教室,走进历史,通过实地考察、亲身体验,深刻感受红色历史的独特魅力。通过"赓续红色基因,争做强国少年"主题队会分享活动,进一步激发了他们的爱国情怀和民族自豪感,为新时代的少年成长注入了强大的精神动力。

二、教学目标

1. 政治认知:通过打卡红色场馆、读书行动、寻找身边红色印记,感受红色精神,坚定队员的理想信念,提升队员的爱国情怀。

2. 政治情感:通过制作红色模型、探访新四军、情景剧演绎、争做红领巾讲解员的方式,传承红色基因。树立热爱中国共产党、永远跟党走的坚定信念。

3. 政治意识引导:通过小队讨论,树立人生目标,从而激发队员们的学习热情和动力,引导队员从小学先锋、长大做先锋。

三、教学重难点

重点:增强队员的爱国情感和使命感,树立远大梦想。

难点:将"红心向党"的情感转化为实际行动,规划并实现个人梦想。

四、教学思路

此次主题活动以"赓续红色基因"为主线开展,通过不同的活动内容和形式,深化少先队员对红色文化的认识与情感。例如,活动可以通过感悟习近平总书记的红色情怀,引导队员深思新时代赋予少先队员的使命与责任;还可以通过打卡红色展馆、编制红色记忆故事、采访老红军、争当红领巾讲解员等实践活动,点燃队员们传承红色基因的热情,坚定他们以实际行动践行红色精神的决心。

活动的实施应紧密结合中队实际,充分利用红色纪念馆、爱国主义教育基地等丰富资源;活动筹备可安排于暑期或双休日,确保每位队员都能积极参与。可以在建队纪念日,甚至可以延伸至入团教育,与其他主题教育活动相衔接,共同打造一场意义深远的红色教育盛宴。

课后,我们将此次活动的学习成果融入日常教育,将红色基因的传承作为常态工作,携手家庭与社区,共同搭建爱党爱国教育的广阔舞台。通过亲子红色阅读、社区红色宣讲等形式,让红色文化在家庭中生根发芽,在社区中传唱不息,不断深化队员们对红色基因的理解与认同。

五、教学过程

活动一：红色历史 我寻访

（1）制·红色模型

活动意图：以上海解放纪念馆模型制作为教育载体，队员通过线上展馆学习，了解解放战争时期革命烈士的精神；又通过红色制作模型，进一步加深红色精神内涵的理解认识，既是一次党史重温学习，也是一次革命情怀感悟。

主持人：队员们，清明节前夕，中队辅导员带领我们一起到学校对面的宝山烈士陵园进行清明祭扫活动，用实际行动表达对革命烈士的敬仰和追思。中队集体活动之后，扬帆小队还继续深入实践，寻访了上海解放纪念馆，让我们来听听队员代表的分享。

（红色模型制作分享）

（2）演·红色故事

活动意图：希望通过读书，联系实际，做到知行合一，学以致用。中队开展读书行动，小队通过参与创作，用情景剧的形式，亲身演绎红色经典人物的光辉事迹，争做红色传人。

主持人：感谢扬帆小队的分享。星火小队来到了宝山图书馆查阅资料，在红色经典中获得了丰富的精神营养和无限的革命力量，我们一起来欣赏一下他们的作品《赵一曼》。

（情景剧表演）

（3）访·红色人物

活动意图：革命先烈、英模人物的榜样力量，是优良传统的人格化身，是红色基因的鲜活体现。引导队员不忘初心、牢记使命，走进社区，采访身边的退伍老兵，聆听前辈亲口讲述真实感人的革命故事，直接接受革命传统教育。

主持人：感谢星火小队的精彩表演。在友谊路社区服务办朱主任和宝山十村居委会的关心下，追风小队成功地寻访到了新四军施沛祥老爷爷，接下来有请追风小队和我们分享他们的采访经历。

（分享采访经历）

辅导员点评：队员们以小队为单位，利用课余时间，探访家门口的红色印记，了解宝山的乡土历史与革命先辈身上的坚毅品格，他们是我们永远的学习典范。希望你们怀着一颗感恩的心，让红色基因在心中生根发芽！

活动二：红色基因　我传承

活动意图：激活队员身上的红色基因，引导队员们用力所能及的方式传承、弘扬红色精神。队员利用身边丰富的红色资源，发掘故事素材，建构话语体系，激活尘封的记忆，让红色基因通过一个个故事传播开来，并一代代传承下去。

主持人：在我们宝山的这片热土上，红色基因融入队员们的血脉，根植于队员们心中。光明小队争做红领巾讲解员，实地打卡淞沪抗战纪念馆，向公众讲述宝山的历史故事。欢迎光明小队和我们分享。

（红领巾讲解员分享）

辅导员点评：光明小队是我们的先行者，是先锋队。他们的实践活动给我们做了一个很好的示范，从小课堂走进社会大课堂，做历史的参与者和见证者。队员们，我们要立志向、修品行、练本领，把红色资源利用好，把红色传统发扬好，把红色基因传承好。

活动三：强国有我　我奋进

（1）相约青春，畅想强国梦

活动意图：为引导队员感受祖国的辉煌发展历史，进一步培养队员的家国情怀，畅谈队员心中的强国梦，为建设社会主义现代化强国梦做好全面准备。

主持人：习近平总书记曾强调"少年强则国强"。我们这代青少年既是实现第一个百年奋斗目标的经历者、见证者，更是实现第二个百年奋斗目标、建设社会主义现代化强国的生力军。作为青少年，你们梦想中的未来中国是怎样的？

（队员交流）

（2）拥抱青春，向梦想启航

活动意图：加强思想政治引领，协助队员自我探索，提高自我认知能力，认清自身的人生目标，帮助激发队员对自己未来生涯规划的意识和动力，促进队员认清自身人生目标并为强国梦而奋斗。

主持人：作为青少年，我们身上肩负着建设中国的重任。同时作为宝山学子，聚焦宝山"北转型"，我们应该如何为宝山打造"科创之城、开放之城、生态之城、幸福之城"出力呢？你的近期、长期奋斗目标是什么，你有哪些行动？请大家把它写在心愿卡上，我们一起来装扮我们的心愿树。

（队员分享、贴心愿树）

六、队会课反思与改进

（一）红色教育需长期坚持

红色教育是一项深远且持久的任务，不能期望通过单次活动就实现其目标。为了将红色精神深植学生心中，我们必须将其融入日常教学与管理之中。在课堂上，可以巧妙地穿插红色历史故事，让学生在知识的海洋中感受革命先烈的英勇与伟大。此外，定期举办红色主题队会，通过讨论、分享等形式，加深学生对红色文化的理解与认同。同时，组织红色社会实践活动，如参观革命遗址、参与志愿服务等，让学生在亲身体验中感悟红色精神。此外，加强与家长的沟通与合作，共同营造浓厚的红色教育氛围，形成家校共育的良好局面。通过这些综合措施，让红色精神真正内化为学生的自觉行动，成为他们成长道路上的宝贵财富。

（二）加强活动创新与趣味性

在本次班会活动中，尽管内容丰富多样，但在创新性和趣味性方面仍有待提升。例如，演红色故事环节若能采用赵一曼母子隔空对话的创新形式，定能更激发学生的兴趣和情感共鸣。又如，本次活动中，围绕上海解放纪念馆等场馆展开，但周边还有世界反法西斯战争纪念馆等值得探索。我们计划利用这些场馆的丰富历史内涵，设计原创模型课程，结合"看、听、做、想"全方位体验，让队员们更深入地感受历史。未来，我们将持续用小模型铸就大情怀，设计更多校外少先队活动课，并组成系列课程推广，让更多队员在欢乐学习中传承红色基因，成为红色精神的传播者和践行者。

未来，我们应更加注重活动的创意与趣味性设计，利用现代科技手段，如VR、AR等，让学生身临其境地感受红色历史，增强体验感和参与感。同时，结合学生的年龄特点和兴趣爱好，设计趣味游戏、互动问答等环节，使红色教育更加生动有趣。通过这些创新举措,不仅能让红色基因在学生心中生根发芽,还能激发他们的学习热情,让红色精神在新时代绽放更加璀璨的光芒。

(三) 注重活动的实践性和实效性

红色教育不仅要注重知识的传授与情感的熏陶,更需强化其实践性和实效性。在本次班会中,尽管学生们深化了对红色历史文化的理解,但在实践锻炼上仍有不足。未来活动中,我们应着重将理论与实践相结合,通过组织学生实地参观红色教育基地、参与红色志愿服务等,让他们在亲身实践中深刻感受红色精神的伟大。此外,设置实践任务、开展实践活动,如模拟革命战争场景、进行红色故事演讲等,既能检验学生对红色精神的理解,又能锻炼他们的实践能力和团队协作能力。通过这些举措,红色教育将更具生命力,更有效地激发学生的爱国情怀和责任感。

本次红色主题教育活动成果显著,队员们对党、对祖国的情感真挚而热烈。他们不仅深入了解了红色历史,更在心灵深处种下了红色精神的种子。为了将这份红色情怀延续下去,中队队员们将继续深耕红色资源,厚植红色底蕴,让红色精神真正内化于心、外化于行。

在未来的日子里,我们将扬起实践教育的风帆,以红色精神为指引,引领队员们一路向阳而行。通过更多的实践活动、创意比赛和志愿服务,让队员们在实践中感受红色精神的伟大力量,培养他们的爱国情怀、社会责任感和奉献精神。

我们相信,在红色精神的照耀下,队员们定能茁壮成长,成为新时代的强国少年,为实现中华民族伟大复兴的中国梦贡献自己的力量!

【分析】

选择"赓续红色基因"主题,引导孩子们深入了解红色历史,传承红色基因,培养坚强的意志和崇高的理想。课前,队员们就红色基因传承现状进行了随机采访并收集意见。提出的问题聚焦于:"作为学校的一员,你认为我们学校最近举行的一次烈士纪念日活动的意义何在?"遗憾的是,队员们的反馈并未完全达到预期。有的孩子反映活动时间过长,长时间站立导致身体不适;有的觉得纪念日活动仅限于演讲形式,缺乏师生间的互动参与;更有学生觉得历史仿佛遥不可及,对历史细节的记忆模糊不清;甚至有人觉得活动主题与自己生活脱节,难以产生共鸣。这些反馈凸显出孩子们对红色历史的认知缺失与忽视,亟须我们进一步引导与强化红色基因的传承。

于是,教师鼓励队员以小队为单位,以学校作为出发点,巧妙地运用了"15分钟幸福活动圈"与"三公里社会实践圈"的便利,自主策划并实施一系列寻找红色基因的实践活动。在准备过程中,采取了以下策略来激发学生作为主体的潜能。

策略一:树立责任感,传承红色基因。

在主题教育活动中,首要任务是引导队员们树立责任感。通过寻访红色足迹、查阅革命历史资料、亲手制作红色主题备品等活动,让队员们亲身感受革命先烈的英勇事迹和崇高精神。在参与这些活动的过程中,我们要不断提醒队员们铭记责任与使命,将红色基因中的责任感深深根植于心。让他们明白,作为新时代的青少年,他们肩负着传承红色精神、弘扬革命传统的历史重任。

策略二:树立使命感,弘扬红色精神。

为了进一步增强队员们的使命感,教师组织队员走访宝山十村的新四军老战士,聆听老一辈的英勇故事,参观红色场馆,并鼓励队员们积极担任红领巾讲解员。通过这些活动,激发队员们的先锋意识,树立为祖国而学习的崇高目标。同时,我们也要让队员们深刻认识到,作为社会主义接班人,他们肩负着传承和弘扬红色精神的重要使命,必须时刻保持对党和祖国的忠诚与热爱。

策略三:树立荣誉感,铭记红色历史。

在红色主题教育活动中,我们还要注重培养队员们的荣誉感。通过设立红色勋章,对在寻访过程中表现突出、完成任务的小队成员进行表彰和奖励。这不仅是对队员们辛勤付出的肯定和鼓励,更是对他们铭记红色历史、传承红色基因的认可。通过这样的方式,进一步增强队员们的荣誉感与成就感,激励他们更加积极地参与到红色主题教育活动中来。

通过实践活动,队员们不仅深化了对宝山本土红色历史与文化的认识,更在心灵深处树立了对红色精神的强烈认同与自豪感。活动中,各小队成员踊跃分享他们的所见所闻、所思所悟,这场思想的交流与碰撞,不仅触发了学生们对未来人生规划的深刻反思,更激发了他们为宝山打造"科创之城、开放之城、生态之城、幸福之城"贡献力量的热情与决心。队员在实践中体会到了红色精神的真谛,也让他们更加珍惜当下的幸福生活,并立志要为家乡的未来发展贡献自己的力量。具体成果和收获如下:

第一,深化红色基因认知度。队员们在宝山烈士陵园瞻仰宣誓,聆听"初心讲堂",深入了解烈士英勇事迹;参观上海解放纪念馆,亲手拼搭场馆模型,加深历史理解;在宝山图书馆学习党史,演绎历史人物,直观感受先烈贡献,深刻理解党的光辉历程和红色精神。通过参与队会活动,学生们深刻感受到了红色历史的厚重和红色精神的伟大。他们开始更加关注红色文化,主动学习和传承红色基因。在课余时间,学生们纷纷借阅红色书籍、观看红色影片,走访学校周边更多的红色展馆,了解革命历史,感受红色精神的魅力。

第二,激发"爱国情"红色传承。红色故事、歌曲、影片和知识竞赛等活动,都让学生们的心灵受到了深刻的触动。特别是在采访了宝山十村的新四军老爷爷之后,走访宝山十村新四军老战士,队员们感受其爱党情怀,深刻理解忠诚与奉献。课余时,队员们争当"红领巾小小讲解员",在淞沪抗战纪念馆向更多的人讲述红色故事,深化历史理解,成为历史的积极参与者和见证者。传承红色基因,需内化于心、外化于行,每位青少年都应肩负此责。

第三,强化团队"共筑红"精神。在队会筹备与进行期间,学生们展现出极高的团队协作精神。他们分工明确,各司其职,共同推进各项任务的完成。在合作中,学生们相互帮助、相互支持,共同面对并克服了种种困难。他们的默契配合使得活动得以顺利进行,并取得了圆满成功。这一过程不仅锻炼了学生们的组织协调能力,更在无形中凝聚了红色精神,让他们深刻体会到团结协作的力量,为未来的学习和生活奠定了坚实的基础。

(3) 从"单一评价主体"到"校家社协同评价主体"

学生从"被评价者"转为"评价主体",意味着学生在评价过程中拥有更多的参与权和决策权,评价不仅仅是对学生学习成果的单向度量,而且成为一种双向互动和自我反思的过程。充分发挥评价的激励功能,让评价成为学生自我认识、自我激励和自我提升的工具,通过自我、同伴、教师和家长等多元主体的评价,让学生能够更清晰地认识到自己的优势和不足,从而更有针对性地制定学习计划和目标,为学生学习提供持续的动力和支持,促进学生的自我成长和全面发展。

在校家社协同评价中,家长参与到研学活动等"五育融合"课程当中,家长和孩子共同制定研学计划,准备研学材料,参与研学实践活动等等;另外,还需要重点关注孩子在研学活动实践中的实际表现、感受等,家长需要及时地给予孩子鼓励与支持。学校发挥组织者作用,从内容、形式、实践方案等多个方面提高课程质量。比如,邀请专家讲座、组织实地考察等方式,以此来为家长、学生提供更为丰富的学习资源与实践机会。社区则充分挖掘社区资源、作用,比如场地、设施,协助学校组织实践活动;另外,还可以利用社区独有的优势和思政资源,为"五育融合"课程提供丰富的主题与内容。

● 典型案例剖析(本案例内容由上海市宝山区顾村中心校张逸冰及其团队教师提供)

合作社"小先生"闪耀社区,"蔬"香乐园绿意正浓

——基于"社区小先生制2.0版"少先队活动课程设计案例

一、活动设计背景

(一) 开展"社会实践劳动教育"活动,顺应了时代对少先队员核心素养培养的要求

劳动教育是全面贯彻党的教育方针的基本要求,是落实立德树人根本任务的有效途径,也是全体少先队员全面健康成长的内在需要。2022年,共青团中央、教育部、全国少工委印发《全面构建新时代少先队社会化工作体系实施方案(2022—2025年)》,文件中指出,要引导少先队组织和少先队员到营地(基地)开展社会实践活动。

(二) 开展"社区劳动教育"活动,是落实和实践区少工委"小先生制"开展社区实践要求的需要

宝山是伟大的教育家陶行知先生的第二故乡,他提出的"即知即传人"的小先生制影响深远。宝山区少工委正推行"社区小先生制2.0版",在1.0版基础上优化设计闯关任务,增加了选做×任务,鼓励队员根据区域实际,在所在社区内

自主策划、设计、组织开展一项特色任务,鼓励队员从参与活动到组织活动,引导其成为真正的社区小主人。

(三)开展"基于'小先生制'视角下的社区劳动实践活动",是拓展和丰富学校劳动教育的需要

1. 传承

我校红领巾小社团"小海狮劳动合作社"的队员们在经历学校"有点田"小农场、羌家村校外实践基地的劳动体验后,培养了一定的劳动能力,具备了一定的劳动素养,自主能力有所提高。"小海狮劳动合作社"的队员们在活动中体验到了成长和进步的快乐的同时,也希望将劳动的空间进一步拓展到其熟悉的社区里,并在思考怎么样通过"我的劳动"让社区变得更好的问题。

2. 发展

2024年3月,我校开展区级一般课题"基于'小先生制'视角下的小学少先队劳动主题活动的实践研究"的研究,主要目的是设计并通过实践形成"小先生制"视角下的劳动教育主题活动方案及操作宝典,并验证其可行性和有效性。

为此,我校大队部结合"社区小先生制2.0版"设计""蔬'香乐园"这一少先队活动课。我们的设计思路是:根据少先队员所在小区的实际情况和队员的年龄特点,积极开发利用社区劳动教育资源。引导少先队员在"小先生竞聘劳动任务"驱动下,自主开展社区劳动实践活动。在"五步操作""三自策略"和"三方保障"的融合过程中(见下图),培养他们的劳动素养,逐步养成自主品质。

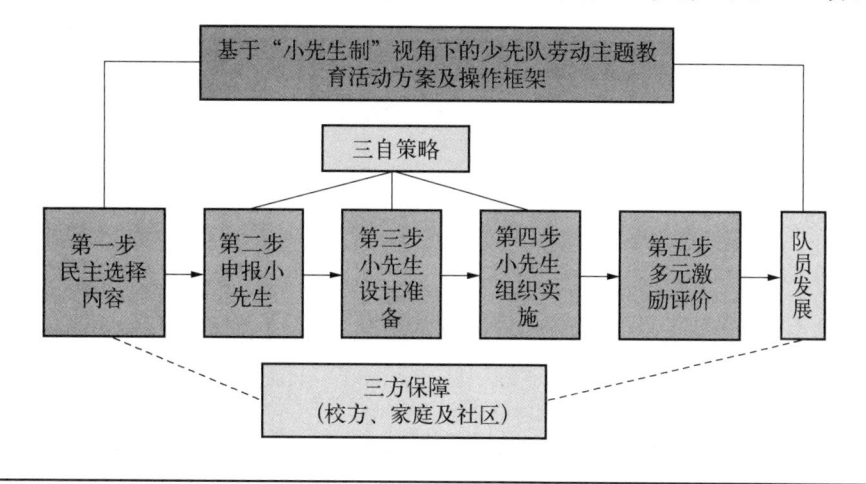

```
         基于"小先生制"视角下的少先队劳动主题教
              育活动方案及操作框架
                     │
                 ┌───────┐
                 │ 三自策略 │
                 └───────┘
                     │
┌──────┐ ┌──────┐ ┌──────┐ ┌──────┐ ┌──────┐ ┌────┐
│第一步 │→│第二步 │→│第三步 │→│第四步 │→│第五步 │→│队员│
│民主选择│ │申报小 │ │小先生 │ │小先生 │ │多元激│ │发展│
│ 内容 │ │ 先生 │ │设计准 │ │组织实 │ │励评价│ │    │
│      │ │      │ │  备  │ │  施  │ │      │ │    │
└──────┘ └──────┘ └──────┘ └──────┘ └──────┘ └────┘
                     │
                 ┌───────────┐
                 │ 三方保障    │
                 │(校方、家庭及社区)│
                 └───────────┘
```

二、活动目标

（一）总目标

以"蔬"香乐园少先队活动为平台，结合"社区小先生制2.0版"的实施，通过设计并开展一系列富有创意和教育意义的少先队劳动新任务，进一步培养少先队员的自主性、实践能力和社会责任感，让他们在劳动实践中收获快乐、满足与成长，同时推动社区文化的建设和发展。

（二）分目标

1. 提升劳动技能

通过参与"蔬"香乐园的劳动实践，队员们能够掌握蔬菜种植、养护、采摘等基本技能，提升动手能力和实践能力。

2. 培养自主性与责任感

鼓励队员们在"社区小先生制"模式下，自主策划、设计、组织开展劳动新任务，培养自主性、创新能力和团队合作精神。通过劳动实践，让队员们意识到自己的劳动成果对社区的影响，培养他们的责任感和使命感。

3. 增进家庭、社区的参与与融合

深入了解社区，增进与社区居民的交流和互动，鼓励家长担任社区辅导员，促进社区的融合与和谐。鼓励队员们将劳动成果与社区居民分享，提升他们的社会责任感和奉献精神。

4. 培养劳动精神

通过学习实践，让队员们感受到劳动的价值和意义，鼓励他们将劳动实践与国家发展相结合，培养奉献精神。

三、活动重难点

（一）活动重点

1. 培养劳动技能

确保每位参与活动的少先队员能掌握蔬菜种植、养护、采摘等基本技能。

2. 提升自主性与责任感

培养队员们的自主性和责任感。通过鼓励他们自主策划、设计、组织开展劳动新任务,激发他们的创新能力和团队合作精神。同时,通过劳动实践,让队员们意识到自己的劳动成果对社区的影响,提升他们的责任感和使命感。

3. 促进家庭、社区共同参与

引导队员与社区居民的交流和互动,促进社区和谐发展。通过组织相关活动,如蔬菜展览、烹饪比赛等,让队员们与家长、社区居民共同参与,提升他们的社会责任感和奉献精神。

4. 培育榜样精神

通过学习劳动种植方面有关榜样、劳模(如袁隆平、李振声、李登海)的事迹,了解他们用自己的智慧和汗水为中国的粮食安全和农业发展做出的杰出贡献,培养队员们坚持不懈、精益求精的劳动品质。

(二)活动难点

1. 活动策划与实施的复杂性

活动涉及多个环节和多个参与方,如学校、社区、少先队员、家长和社区居民等,需要精心策划、积极沟通协调,确保活动的顺利进行。同时,还需要考虑活动的安全性和可行性。

2. 自主性的培养

"小海狮劳动合作社"中少先队员的年龄和背景不同,他们的劳动技能和知识水平也存在差异。在活动过程中,需要针对不同队员的实际情况,发挥混龄小队的优势,借助小先生制使每位队员都能获得个性化的成长,进一步提高自主性。

3. 评价与反馈

由于本活动涉及多个方面和多个参与方,因此评价可能存在一定的困难和挑战。需要制定科学合理的评价方案,并加强与各方的沟通和协作,确保评价结果的准确性和可靠性。

四、活动思路

(一)活动前

1. 活动准备

通过问卷调查、访谈等方式,了解少先队员和社区居民对劳动教育的需求和期望,以及社区内可用于开展活动的资源情况。同时,与社区未保干部建立良好的沟通机制,确保活动的顺利进行。

2. 方案制定

明确"蔬"香乐园活动的具体内容和目标,包括劳动技能的培养、自主性与责任感的提升、社区参与与融合的促进等方面。结合"社区小先生制2.0版"、社区实际情况和"小海狮劳动合作社"队员的兴趣点,由队员主导、辅导员协助制定详细的活动方案以及配套的"合作社小先生争章要求"等。

(二) 活动时

1. 自主选择小先生

队员对照"合作社小先生争章要求",自主选择承担小先生岗位(如引领小先生、互助小先生、宣传小先生和展示小先生)。

2. 完成"小先生任务单"

根据小先生岗位,设计、准备。如引领小先生收集种子,讲讲种子的故事。宣传小先生讲讲劳模的故事、设计展示的板块。互助小先生负责植物的日常管理和生长记录图示(照片或者绘画);提出问题的卡片、解答问题的卡片。展示小先生则负责劳动安全的提示,完成"小先生任务单"的填写。

3. 小先生组织实施活动

队员日常管理小菜园,通过观察发现植物的变化(每周一次)。

(三) 活动后

1. 成果分享

开展一次"蔬"香满园成果分享会,通过蔬菜展览、烹饪比赛等方式,展示劳动成果,感受劳动的价值和意义,体验丰收的快乐以及分享的乐趣。

2. 多元评价

在小先生自己评、队员评、社区评、家长评、辅导员评中,完成争章评价。

3. 经验分享

组织队员在社区内进行经验分享和交流,以更好地开展劳动教育活动,推动社区文化的建设和发展服务。

五、活动过程

（一）活动启动与准备阶段

1. 任务发布会

召开"小海狮劳动合作社"新任务——"蔬"香乐园发布会。在发布会上，介绍活动背景、目的、意义及具体安排，激发合作社队员的参与热情。

2. 资源整合与分配

与社区未保干部确定活动场地（如社区空地、闲置花坛等）。合作社队员自由组队，确定小队长以及一名家长辅导员。

（二）活动实施阶段

步骤一：队员自主结伴成种植互助小组，自主讨论决定社区小菜园种植内容。

步骤二：队员对照"小先生争章要求"，自主选择承担小先生岗位（如劳动引领小先生、劳动互助小先生、劳动宣传小先生和劳动展示小先生）。

步骤三：小先生设计准备。如收集种子；讲讲种子的故事、劳模的故事；植物的日常管理和生长记录图示（照片或者绘画）；提出问题的卡片、解答问题的卡片；设计展示的板块；劳动安全的提示，完成"小先生任务单"的填写。辅导员对其进行评价。

步骤四：小先生的组织实施活动。队员日常管理小菜园，通过观察发现植物的变化。

步骤五：多元评价。进行小先生自评，以及中队辅导员和其他队员的评价，分析后得出结果。

（三）活动总结与分享阶段

1. 成果分享会

策划并举办"蔬"香满园成果分享会，邀请社区代表、家长辅导员代表及全体合作社队员参加。通过蔬菜展览、烹饪比赛等方式，展示队员们的劳动成果和创意作品。队员们分享种植过程中的趣事、收获和感悟，感受丰收的快乐和分享的乐趣。

2. 多元评价

采用少先队争章模式,通过小先生自评、队员互评、社区评价和辅导员评价相结合的方式,对队员们的表现进行全面评价。根据评价结果,评选出金、银、铜牌劳动小先生以及劳动小先生积极分子等奖项,并给予表彰。

3. 经验总结与交流

组织少先队员和社区居民进行经验分享和交流,探讨活动中的成功经验和不足之处。撰写活动总结报告,记录活动过程中的精彩瞬间和感人故事,为今后的活动提供参考和借鉴。

4. 后续规划

根据活动总结和经验交流的结果,制定下一期"蔬"香满园的活动规划和改进方案。鼓励队员自主将劳动教育成果转化为实际行动,继续组织开展"社区小先生制2.0版"活动,持续参与社区绿化和美化工作,为社区文化建设贡献力量。

【分析】

第一,精心架构主题活动内容,体现多维度"整合性"。充分考虑主题目标,根据社区特点、队员年龄特点,并围绕目标达成的操作方法、操作步骤、服务保障机制等多维度进行"整合",让活动目标达成看得见,体现社区小先生劳动主题教育内容扎实、有效。以"'蔬'香满园之小巴'辣'子"为例(如表4-12所示)。

表4-12 "'蔬'香满园之小巴'辣'子"的主题教育内容

活动单元	活动内容	活动方式	三级服务
我要做劳动小先生	我来当个小先生	主题队会活动	中队辅导员、小队长带头。
	写小先生计划	交流、撰写	队内交流。中队辅导员批阅,优秀的在中队环境中展示。
小巴"辣"子的秘密	种辣椒	种植活动	社区未保干部菜地划分、安全提示。大队部提供小农具。

第四章 区校行动:生活教育理论视域下推进"五育融合"区域创新实践的探索

续　表

活动单元	活动内容	活动方式	三级服务
小巴"辣"子的秘密	怎么办	主题队会沙龙活动	中队辅导员主持。
	劳模、榜样的故事		小先生主持。
	问答墙	中队环境	小先生自主解答。
小巴"辣"子分享会	"小先生"争章	主题队会活动	中队辅导员主持。
	小巴"辣"子展览	成果校内展示和分享	以小队为单位自主设计。大、中队辅导员协助。
	小巴"辣"子美食分享会		大队辅导员与食堂协调;或在社区内开展。

从表4-12中可以看出,"'蔬'香满园之小巴'辣'子"的主题教育内容的构建,是根据实践顺序分为三个劳动单元,分别是"我要做劳动小先生""小巴'辣'子的秘密""小巴'辣'子分享会"。每个单元的劳动内容,是把队员种植和管理植物、推进自主品质的养成,以及学校、社区的服务这三个维度进行有效整合。如在第一单元"我要做劳动小先生"中,"我来当个小先生""写小先生计划"等是活动内容整合;"种植活动""沙龙活动""成果分享与展示"等是多种组织形式的整合;"学校""社区"的服务是保障措施的整合等。上述三个维度的融合能较好地达成社区劳动主题目标。

第二,巧妙设计"争章任务单",用任务驱动"主动性"。在完成社区主题劳动活动的过程中,面对整合性的活动内容、活动方式和服务保障,我们用"任务驱动"的方法,去激励队员们在"任务动机"驱动下,主动积极去探索、实施和完成活动,达成活动目标。设计的"小先生争章任务单"见表4-13,由此能较好地用完成任务的方式,驱动少先队员自主性发展。

从上述任务单中可以看出,队员填写任务单是一个积极参与、自主思考、自主努力学习和接受评价的过程。他们是根据自己的情况,去确定申领哪一种小先生,有的队员比较大胆、善于学习,就承担"引领小先生"岗位;有的队员有互助精神,愿意分享即帮助他人,就承担"互助小先生"岗位;有的队员愿意在展示、宣传方面出力,就承担"宣传小先生"和"展示小先生"的岗位。

表 4-13 小先生争章任务单

姓名		班级		种植内容		完成时间
你担任的小先生（在方框内打√）				引领小先生☑　互助小先生□ 宣传小先生□　展示小先生□		活动初期
你的任务 （提示：收集种子。讲讲种子的故事、劳模的故事。植物的日常管理和生长记录图示，如照片、绘画等。提出问题的卡片。解答问题的卡片。设计展示的板块。劳动安全的提示。）						
你的努力 （用文字记录内容和次数）	查阅资料					活动中间
	向辅导员请教					
	求助家长（和同伴商量）					
	其他（可注明）					
评价内容 评价方式	自主评价 （打√）	老师评价 （打√）	同伴评价 （打√）	社区评价 （打√）	终评 （打√）	活动末期
金牌小先生						
银牌小先生						
铜牌小先生						
小先生积极分子						

在任务完成的过程中，队员在"要做好小先生"的任务即愿望驱动下，会主动去学习和参与，去发现问题后尝试用"查阅资料""向老师请教""求助家长""和同伴商量"等方式解决问题。小先生们也会客观地去"自主评价"，还能获得"老师评价""同伴评价""社区评价"等，这些多元化的评价让队员们有积极的情感体验，并愿意参加下一次社区劳动主题活动。

第三，小先生乐争章，用"队"的方式培养"内驱力"。"小海狮劳动章"是学校少工委为了培养队员们的内驱力，激发他们参与"蔬"香满园主题劳动活动的热情和责任感而设立的一项荣誉争章活动，有比较明确的争章细则。通过参与劳动实践，队员们能够学会自我驱动，主动承担责任，培养良好的劳动习惯和团队协作能力。

学生对照争章要求,学会自我驱动。第一,积极参与"蔬"香满园活动:队员们需积极参与学校的"蔬"香满园活动,选择成为一类或一类以上小先生,如劳动引领小先生、劳动互助小先生、劳动宣传小先生和劳动展示小先生等,通过亲身体验感受劳动的乐趣和收获。第二,制定小先生计划:根据自己选择的小先生类型,队员们需制定详细的小先生计划,明确自己的任务和目标,确保劳动活动有序进行。第三,认真完成小先生计划中的各项任务:队员们需按照计划认真执行,不怕苦、不怕累,努力完成各项任务,展现少先队员的责任感和担当精神。第四,遇到问题主动解决:在劳动过程中,队员们遇到问题时需在中队主题队会、小队会上通过自助、互助的方式尝试解决,培养其解决问题的能力和团队合作精神。第五,积极参与小巴"辣"子展览、美食分享会:队员们还需积极参与学校组织的小巴"辣"子展览、美食分享会等活动,通过展示劳动成果和分享美食,进一步激发劳动热情,增强集体荣誉感。

争章评价采用自评、小队评、社区评、辅导员评和综合评价相结合的方式进行。队员们需根据自己的表现进行自评,同时接受小队成员、社区人员和辅导员的评价。最终,根据各项评价的综合结果,确定是否能争得"小海狮劳动章"。活动通过设定明确的目标和奖励机制,激发队员的内在动力,使他们更加主动地参与学习、实践。队员们可以根据自己的兴趣和特长选择适合自己的小先生岗位,从而在个性化的学习中实现自我价值的最大化。在追求奖章的过程中,队员们会不断挑战自我,提升自我,从而实现个人能力的全面提升。争章活动需要在团队中进行,队员学会了与他人合作,共同完成任务。通过团队合作,队员们能够增强集体荣誉感,学会相互支持、共同进步,培养团队精神和社会责任感。

第四,按需开展主题队会,推进任务完成"灵活性"。"蔬"香满园少先队活动如火如荼地进行中,队员们满怀热情地投入蔬菜种植、养护、收获等各项实践活动,他们在活动中也会碰到各式各样的难题。对于一些小问题,如蔬菜病虫害的初步识别、简单的种植技巧等,队员们通常能够迅速通过查阅资料、向经验丰富的同学或家长请教等方式找到答案。这种自我解决问题的过程,不仅锻炼了队员们的自主学习能力和问题解决能力,也加深了他们对蔬菜种植知识的理解和记忆。

第五,社区赋能点赞,满足劳动"情感"需求,深化校社融合新体验。活动让队员们主动走进社区开展活动,学校教育与社区教育的深度融合满足了队员们劳动"情感"的需求,为他们带来全新的体验。社区的未保干部积极参与活动的组织与管理,拉近了社区与队员的距离,增进了相互了解,创造了社区管理良好的基础。同时,此项活动也为队员自主开展社区少先队活动提供了一个范本,可供我校其他社团、其他学校的队员参考,丰富社区少先队活动内涵。

充分利用社区资源,通过环境呈现、橱窗宣传和成果展示等多种形式,让队员们充分展示自己的劳动成果。在成果展示时,还将活动与"社区小先生制2.0版"中"我爱老宝贝"结合,鼓励队员将种植出的果实与社区老人分享,体会关爱他人后的情感满足。除此之外,还利用社区公共空间,布置了队员们亲手制作的展板、海报等,将他们的劳动成果以生动的形式呈现给社区居民。橱窗宣传则通过社区的橱窗展示队员们的优秀作品,让更多的人了解他们的努力和成果,为他们的坚持点赞。而成果展示环节,则通过举办展览、比赛等活动,让队员们有机会在更大的舞台上展示自己的才华。可见,"社区小先生制2.0版"×任务之"蔬"香满园少先队活动课程设计,充分体现了"五育融合"课程开发中家校社协同的主体性,彰显了学生的主体地位。

第三节　生活教育理论视域下推进"五育融合"区域创新实践的融合机制创新研究

教育领域内的机制即指教育现象各部分之间的相互关系及其运行方式。[①] 有学者将教育机制根据其范围分为宏观、中观和微观三个层次,[②]其中教育机制宏观层次上的表现形态主要指决定、影响教育活动的社会总体要素作用和教育整体要素作用的关系形态;教育机制的中观层次主要指反映教育事业内部的教育活动和教学活动之间关系的活动系统和关系结构;教育机制的微观层次是指针对具体的教学和管理活动进行引导和控制的组织系统,反映某种教育思想或教学思想对具体的教学或管理行为的约束和引导。这对于我们思考生活教育理论视域下推进"五育融合"区域创新实践的融合机制有重要的借鉴意义。

---

① 孙绵涛,康翠萍.教育机制理论的新诠释[J].教育研究,2006(12):22-28.
② 王长乐.教育机制论[M].长春:吉林出版社,2001.

一、多向联动机制

（一）内涵和目的

"联动"即联合行动,是指若干个相关联的事物,当其中一个事物运动或变化时,与它相关联的事物也随之发生运动或变化。[①] 多向联动是指同时在多个层面上协调和推进工作,通过各个部门或组织的协作和联动,实现共同目标。在复杂的现代社会,各个领域的问题相互交织,需要各方协作才能解决。多向联动可以提高效率和效果,有助于整合各类资源和力量,更好地解决问题。通过多向联动机制的建立和运作,可以构建一个开放、动态、多元的教育生态系统,使得教育更加符合学生的成长需求和社会的发展要求,也能够通过不同教育主体的协作和互补,形成教育合力,共同推动教育的创新和发展。

1. 强调多元化的联动主体,共同发挥教育合力

生活教育理论强调教育应与学生的日常生活紧密相连,这要求教育过程中涉及的主体不仅仅是学校教师和学生,还包括家长、社区成员、行业专家等方方面面的利益相关体。对"五育融合"的强调也进一步要求教育过程中的主体能够覆盖德育、智育、体育、美育和劳动教育的各个方面,这意味着教育不能仅仅局限在校园内,而应该走出校园、走向社会,需要更多元更广泛的参与者发挥教育合力,如文化机构、体育组织、艺术团体和劳动实践基地等。

2. 促进教育资源的优化配置,助力学生的全面发展

多向联动机制有助于整合不同主体的教育资源,促进教育资源的优化配置,提高教育效率和质量。同时,为学生提供更广阔的学习和发展平台,使教育更加贴近学生的生活实际和经验,增强教育的实践性和生活性,有助于培养学生的创新精神、实践能力和终身学习能力,从而实现学生德智体美劳的综合均衡发展,指向教育目标的全面性。

---

① 曹娟娟."家庭、学校、社区"联动的青少年校外体育活动模式研究[D].长沙:湖南师范大学,2019.

(二) 要点和原则

1. 校家社联动,为推进"五育融合"创新实践提供探索场域

学校、家庭、社会相互协同配合、有机结合,建立一定的组织和保障措施,形成三方合力,实现资源共享、责任共担,共同为学生提供更加多元化和个性化的学习体验以及全面而丰富的学习环境,从而更好地满足他们的成长需求和社会发展的期望,助推学生全面而有个性的发展。其中,学校作为教育的主阵地,负责提供系统的学科教学和德育引导;家庭则是学生情感依托和习惯养成的重要场所,家长的参与和支持对学生的个性化发展至关重要;社区则提供了实践平台和资源,让学生有机会接触社会、参与实践,体验劳动和美育活动。通过这种联动,学生能够在不同的环境和情境中体验学习,实现知识与实践的结合,促进德智体美劳全面发展。

以宝山区中小学"三公里社区校外教育活动圈"建设为例,为深入贯彻上海市教育委员会等13个部门印发的《关于加强和改进新时代上海未成年人校外教育的意见》的文件精神,增强校外教育的时代性、创新性和科学性,丰富校内外合力育人资源,推动校外教育提质扩容、创新发展,促进社会教育和学校教育相互贯通,宝山区教育局于2022年9月26日印发《关于推进宝山区中小学"三公里社区校外教育活动圈"建设试点的工作通知》,以块为主统筹推进实践基地选点和结对工作,确保每所中小学有一至三个结对共建的社区校外教育实践基地,梳理出88个实践点位(见表4-14)。

表4-14 宝山区校外教育实践基地清单

序号	板块	名称
1	淞宝板块	半岛1919产业园
2		吴淞开埠广场
3		上海淞沪抗战纪念馆
4		上海解放纪念馆
5		宝山滨江公园
6		宝山劳模工匠风采馆

续 表

序号	板 块	名 称
7	淞宝板块	永清二村社区
8		上海宝山区海滨新村街道敬老院
9		牡丹江路第一社区
10		海滨三村社区
11		海滨四村社区
12		海滨新村第一居委
13		吴淞炮台湾湿地森林公园
14		友谊公园
15		上海玻璃博物馆
16		吴淞消防救援站
17	长江路板块	"一·二八"无名英雄纪念碑
18		淞南公园
19		金色炉台·中国宝武钢铁会博中心
20		高境庙纪念村牌坊
21		共和公园碉堡
22		上海市宝山区军队离休退休干部第二休养所
23		宝山区庙行镇敬老院
24		通河一村社区老年日间照料所
25		共和十一居委会
26		泰禾红御党群服务站
27		泗塘雨花敬老家园
28		泗塘公园

续 表

序号	板块	名称
29	长江路板块	高境镇新时代文明实践分中心
30		"泗柿如意园"劳动项目基地
31		虎林固废转运基地
32		庙行镇文化活动中心
33		通河三村民防馆
34		通河全民健身活动中心
35		张庙环境卫生服务有限公司
36		上海陶瓷科技艺术馆
37	月杨板块	上海战役月浦攻坚战纪念碑
38		宝山区月浦镇聚源桥村
39		宝山区杨行镇社区图书馆
40		宝山区月浦镇石洞口污水处理厂
41		宝山区月浦镇月狮村
42		宝山区白沙公园
43		宝山区杨行特色盆花基地
44		宝山区杨行镇三家村果蔬基地
45		宝山区杨行消防救援站
46		宝山区月浦消防救援站
47	大场板块	上海木文化博物馆
48		上海市陶行知纪念馆
49		上海大学"溯园"
50		尊木艺术馆

续　表

序号	板　块	名　称
51	大场板块	南京路上好八连
52		大场镇党群服务中心
53		嘉华苑
54		天缘华城社区
55		丰皓苑党群服务站
56		丰翔新城居委
57		乾溪五居
58		大场文化中心——创新屋
59		中环一号
60		真华菜场
61		大场人民法庭
62		大场消防救援站
63	沪太路板块	藻北小学复名缘记碑
64		上海农场场史馆
65		侵华日军小川沙登陆处（罗泾涵养林）
66		红十字纪念碑
67		顾村消防救援站
68		税务局第十二所雷锋馆
69		菊泉新城第二社区居民委员会
70		罗店镇社区党群服务中心
71		罗店镇美兰金苑养老院
72		菊泉故里

续 表

序号	板块	名称
73	沪太路板块	龙现代艺术中心
74		馨佳园十一居委
75		罗店远景村
76		顾村镇羌家村
77		顾村公园
78		罗泾塘湾村
79		罗新蔬菜种植基地
80		行知行劳动教育实践基地
81		罗南消防救援站
82		震旦职业学院
83		罗店古镇
84		上海宝山国际民间艺术博览馆
85		中国3D打印文化博物馆
86		东方假日田园
87		乐之中学车辆模型竞技场
88		上海永大菌业有限公司

结合少先队组织"15分钟幸福圈""红领巾巡讲"活动、社区少先队建设、共青团志愿者服务、学生课后服务，不断丰富"四色系·生活德育"社会实践圈教育内涵。指导学校结合不同学段、课程主题、活动场域等特点，组织学生积极参加多种形式的文明实践、社会劳动、志愿服务、职业体验以及文化艺术、科普体育、手工技能等实践活动，引导青少年亲近自然、开阔眼界、增长见识、提高素质，探索社会活动、社会实践、社会服务等多样化实践形态，进一步构建以"五育融合"全面培养的教育发展新

格局。

一方面,探索构建区域实践新模式。依托区级各部门的力量,深度进行研究式推进,形成"5+7+N"区域实践模式。"5"为区域五大学区。立足五大学区,整合区域内学校、家庭、社区、科研院所、企业及其他社会力量资源,促进各方教育责任共担、资源互联互享。吸纳热爱教育事业、具有教育专业能力的校内外辅导员队伍,聘任家长、"五老"(老干部、老战士、老专家、老教师、老模范)、各行各业专业人才、志愿者担任校外辅导员,充分发挥他们的专业知识,参与课程建设和活动指导。形成"校区、社区、园区"多元共治的教育发展格局。"7"为七大板块系列实践活动。"**红色爱国**":开展多种形式的爱国主义教育,引导学生铭记革命先烈光荣事迹,激发爱国情感,让红色薪火代代相传;"**橙色创新**":通过创新思维与科普课程,引导学生勇于尝试,不怕失败,勇于创新创造;"**黄色法治**":通过真实案例、模拟法庭等宣教形式,让学生亲身体验法治重要性,从小树立法治观念;"**绿色生态**":通过实地考察、互动实验等方式,让学生了解生态平衡的重要性,激发环保意识和责任意识;"**青色劳动**":引导学生到乡村开展以自然生态、现代农耕等为主题的新时代劳动教育,增强学生实践能力和实用技能;"**蓝色健康**":通过开展丰富多彩的体育活动,帮助学生提高体质,养成健康生活习惯;"**紫色艺术**":引导学生走进音乐、绘画、戏剧等艺术殿堂,丰富精神世界,提升艺术素养,坚定文化自信。"N"为实践点特色亮点课程。结合宝山"中国课程""山海·食育课程""行知行劳动教育课程"及校本特色实践课程,充分挖掘校外教育实践基地内涵,合力打造涵盖探究性、趣味性、吸附性、实践性的校外教育实践活动课程内容。目前正尝试以淞宝板块为样板打造7套优质共享实践课程与活动范例,让宝山学子在实践体验和创新探索中培养兴趣和特长,发展个性和能力,真正做到以行促知、知行合一。

另一方面,强化工作推进保障机制的建立健全与落实落细。一是定期评估检查。区教育局对所有实践基地点位和活动进行每两年一次的全面的质量检查和效果评估,涵盖硬件设施、课程内容等各个方面。根据考核结果,对考评优秀的实践活动基地授予荣誉称号,并对典型经验和做法进行推广和学习。对于不符合标准或存在问题的点位和活动,将反馈问题,督促整改落实,整改后仍不达标的予以摘牌调整。**二是完善评价体系。**积极探索"三公里社区校外教育活动圈"学生社会实践评价机制,对接"上海市初中学生综合素质评价信息管理系统"和"上海市初中学生社会实践电子记录平台",科学规范记录与评价,严格规范评价程序,强化有效监督,建立信息确认制度,确保公开、公平、公正。**三是强化结果运用**。对于完成实践活动要求的学生,授予结业凭证,作为其实践教育的证明;对于在社区实践中表现突出的学生、教师或对此活动提供重大支持的学校,公示表扬或者颁发荣誉证书以示表彰。

实践案例一:

小先生争当主人翁,居民区变身幸福圈——少先队社会化改革社区新样板

大场镇铂金华府居民区党支部书记　刘秋芬

宝山区大场镇铂金华府是纯商品房小区,年轻人和新上海人比较多,工作、学习压力带来的快节奏生活,使得年轻人们无暇关注社区。当"社区小先生制"推出后,原本"温水"般的社区变得像"沸水"般热闹。组建社区中队,居民区党支部书记担任指导员,兼任镇社区少工委委员。社区团干部和大华二小大队辅导员共同牵头,组建形成青年家长参与的社区辅导员队伍,主动对接社区周边资源,共同策划、组织、实施、监督各项活动开展。

结合社区特色,培育"彩虹理事会"。在几位少先队员倡议下,成立了铂金华府"彩虹理事会",打造"社区议事"平台。通过公开招募、竞聘演说,少先队员们投票选出了9名理事会成员、1名理事会主席和2名副主席,任期一年。充分尊重理事会主体作用,定期召开例会,自下而上策划议题,并寻找资源推动落地。原本不善言辞的殷同学在被推选为本届理事会主席后,带着家人共同参与社区治理,起到了模范带头作用。

倾听儿童心声,设计打造探秘小森林。彩虹理事会成员在收集青少年需求时发现,孩子们对很多绿植感到"熟悉"但"不认识",便建议在小区内开辟一个植物科普角。在社区辅导员的带领下,小先生们寻遍小区绿化带,最终选定了长约300米的S弯道。经过专业老师实地勘察,这条弯道有着二十几种植物,简直是个"迷你小森林"。理事会快速征集金点子,在社区辅导员的带领下,插木桩、挂鸟巢、做科普,有条不紊地布置。打造完的"探秘小森林"不仅成为植物科普的"充电站",更成为网红"游乐园"。

结合活力楼组建设,争当社区小先生。引导小先生在楼组中建立社区少先队混龄小队,组建"楼组同盟",一起学习、玩耍,并制定楼道值日表,大家共同来关心楼组这个"大家庭",成为"楼组小先生"的一员。倪同学作为"国学小达人",联合10余名小朋友用自己抄写的诗词和手绘装点楼道,唤醒楼组居民的国学记忆。

如今,家校社联动热了起来,小区氛围暖了起来,治理力量聚了起来,也使年轻家长改变了对社区的"初印象"。孟妈妈通过"小先生"活动,与居委的关系也逐渐熟络起来,被选为居民代表。韩爸爸主动报名加入社区辅导员,牵头制定一系列3~14岁儿童的公益课程,筹建了家门口的"培训基地",让铂金华府的孩子们在玩中学、学中长。

依托少先队社会化改革的社区探索,从单纯举办活动转变为注重机制建设和组织覆盖,从服务凝聚单个个体转变为注重引导带动整个家庭,从单项提供服务转变为注重实践育人、培育公共精神。

实践案例二:

"小先生"走进居村实践 "大课堂"引领健康成长

罗泾镇宝虹家园居民区党支部书记 周静

上海宝山区罗泾镇宝虹家园穿梭着一批"社区小先生",他们投身于"关爱老伙伴"计划,服务独居老人;化身"社区美容师",清理美化楼道;勇当"文明守护者",服务社区创建……用少年的青春力量,为罗泾镇这个最大动迁小区的基层治理注入新的动能。

强化社区少先队辅导员队伍。深入挖掘社区中热爱少年儿童工作、熟悉社区、责任心强的"贤者达人",组成少先队社区辅导员队伍。其中不乏退休校长、大队辅导员、青少年社工站老师、非遗传承人等。特别是将家长的资源优势进行充分挖掘,通过"共享家长"理念撬动家长担任志愿辅导员,积极组织和参与到各项社区少先队活动中去,做到周周有活动、周周有议事。

做实社区少先队组织建设。自社区少先队成立以来,建立评价和动态管理制度,每周一活动一议事,引导队员从热爱社区、关心他人开始。在宝虹家园少先队红领巾之家,通过"一事一议、一议一案",小先生们开展了"青春活力楼组"打造议事会,由小先生家长做楼组议事长,通过社区少先队中队长和副中队长带动小伙伴进行座谈交流,让孩子们当家做主,参与社区治理。小先生们还商议开展了社区爱心义卖活动,将义卖所得的款项捐给慈善基金会。

整合资源打造少先队实践基地。宝虹家园以罗泾镇乡村振兴、五村联动为契机,充分开展村居联动工作,与共建单位新陆村共同打造"宝虹家园社区小先生成长实践基地"。新陆村作为上海市美丽乡村示范村,以蔬香新陆、研学拓展为目标,将重点打造成集农业种植、休闲采摘、科普于一体的综合新蔬菜基地和学生研学基地。通过整合资源村居共建孵化,2023年3月,"宝虹家园社区小先生成长实践基地"正式揭牌成立,当天进行植树认领的同时,还推出了宝虹家园"共享菜园",少先队员们在菜园里亲手播撒菜籽,相约将收获后的蔬菜送给小区里的独居老人。通过成长实践基地,引导小先生们成为一个个"德智体美劳"全面发展的优秀少先队员。

实践案例三:

"小先生"联动"家校社" 画好最美"同心圆"

上海市宝山区乐业小学 李琦

"社区小先生制"的推行,为少先队员的活动搭建了新的平台,拓展了新的空间,小先生们在社会大学校里学习、实践、成长,学校少工委与居民区少工委密切协作、相互支持,引导少先队员在争当"社区小先生"的过程中全面健康成长。

共同完善队伍建设,增强小先生的归属感。为更好地服务对口社区少先队员的健康成长和全面发展,学校大队辅导员加入共建居村的小先生联络群中,发挥自己的身份优势,尽己所能出谋划策,促进社区小先生的活动开展。学校与4家对口社区完成了居村少工委组建,学校少工委成员担任居村少工委双主任之一。同时,随着社区少先队中队、混龄小队的正式成立,除了学校里的少先队小骨干,还有不少队员也可以在社区中队里承担任务,发挥他们的特长,增强了少先队员的光荣感与归属感。

共同开展主题活动,培养小先生的文化内涵。 每逢中国传统节日,少先队员都不在学校,回归到自己的社区中,为了让社区小先生们感受到浓郁的节日氛围,弘扬中华民族传统文化,学校少工委会提前和共建村居共同策划元宵节、重阳节、清明节等主题活动,让他们切实感受到了蕴含在传统节日中的深厚文化内涵。共同搭建劳动基地,锻炼小先生的劳动实操。学校少工委与社区进行劳动实践基地的共建,精心筹划了劳动实践基地——乐和田园。聘请社区辅导员和校内劳动导师担任劳动辅导员,社区的劳动导师们定期为队员开设农耕大讲堂,小先生们还成立了小课题研究组呵护自己责任田的小菜苗。劳动实践基地的建立提高了小先生们的劳动技能和实践水平,丰富他们的生活体验。

共同商议"金点子",发挥小先生的主体地位。 为了充分发挥少先队员的主体性,学校少工委每季度召集校内少先队员代表,开展一次社区小先生"金点子"交流活动。少先队员们结合自己的小先生经历,提出了不少"金点子",其中学校一名少先队员的"金点子"还被宝山区推行社区小先生制"金点子"征集活动评为"优秀金点子"。"可以多组织开展体育锻炼类的活动,认识更多的小伙伴""可以组织到乡村参观实践,探秘农作物的生长""可以制作各类口号牌,增加活动的趣味性"……通过及时和社区沟通,让一个个"金点子"变为现实,亲子运动会、探访乡村振兴、手绘爱心集市海报和宣传标语等形式精彩多样,优化了社区小先生的活动。

2.大学—中小学(幼儿园)—校外教育机构联动,为推进"五育融合"创新实践提供专业支持

通过整合大学—中小学(幼儿园)—校外教育机构等不同教育阶段和教育形式的资源与优势,通过资源共享、专业指导、项目合作、学生实践等不同方式,为学生提供更全面、更连贯的教育体验,共同推进"五育融合"的创新实践。具体而言:第一,大学可以将其丰富的教育资源,如图书馆、实验室、专家讲座等,与中小学和校外教

育机构共享,为学生提供更广泛的学习资源和更深入的学习体验。第二,大学教育专家和研究人员可以为中小学和校外教育机构提供专业指导和支持,为教师提供专业培训和发展机会,帮助他们设计和实施指向"五育融合"的有效策略,实现学生的全面发展。第三,大学可以与中小学和校外教育机构共同开展教育研究项目,探索"五育融合"的最佳实践和创新方法,并将研究成果应用于教学实践中。第四,大学学生可以通过实习、志愿服务等方式参与到中小学和校外教育机构的教学活动中,中小学生也可以有机会进入到大学和社区的不同场域,将所学知识应用于现实生活中的复杂问题解决,增强社会责任感和实践能力。

以**上海大学附属小学**为例,为了落实学校"融合共成长 携手追幸福"的办学目标,探索"丰富课程 多元发展"的基本路径,给予学生多元立体的学习体验,培养学生的跨文化理解意识,感受不同国家的语言魅力,学校依托上海大学外国语学院,整合资源,优化平台,成立了上海大学附属小学"小小蓝宝少年外语学院"。

小课堂,大能量。通过多语种的学习,让学生尽早接触非英语国家的文化,从而增进对世界多元文化的理解;小课堂,大天地。"小小蓝宝少年外语学院"是小朋友们学习和展示的大舞台,是连接小学和大学、中国和世界的彩虹桥;小课堂,大团队。让我们用教育的情怀携手构建上大大教育、大平台、大家庭,丈量世界的宽度,思考教育的深度,传播人文的温度,一起追寻属于我们上大人的幸福!

——上海大学附属小学校长 朱燕

语言就是桥梁,我们将在其建设的道路上贡献中国的智慧,希望孩子们能成长为祖国的栋梁,奉献自己的才华与才智。

——上大外国语学院院长、上大附小"小小蓝宝少年外语学院"名誉院长 尚新

感谢学校全力支持上海大学基础教育集团教育工作,学校在学生发展、师资培养、学校内涵发展等方面做了很多努力,也获得一定成效,希望学校能进一步建设多元文化活动,促使学生能在实践体验中找到自己的兴趣与人生发展方向,最终成长为能担当时代大任的人才。

——上海大学基础教育处副处长 肖青峰

第四章 区校行动：生活教育理论视域下推进"五育融合"区域创新实践的探索

再如，在上海大学附属小学与上海大学附属嘉善实验学校体育组的联合教研活动中，邀请上海大学体育学院曾朝恭教授做专题微讲座《怎么让学生爱上跑步》，他浅显易懂地分享了跑步的科学原理、当前先进的理念以及高效的训练手段、趣味的锻炼方法使学生爱上跑步。上海大学体育学院卢高峰副书记为学校体育教育教学工作提出了希望：学校体育必须围绕科学性、全面性、兴趣性、安全性有序开展。同时，活动还邀请宝山区教育局学生发展中心体育专干张勇、宝山少体校校长马革、宝山区教育学院资深体育教研员陆宝英等专家，以及宝山区手球联盟校的部分体育老师一起相聚上大附中体育馆，共研学校青年体育教师张健执教的一堂"掷手可热"的手球社团展示课。这只是一次活动的微小缩影，但呈现了区域内学校与大学、校外教育机构联动的努力与行动，在日常教育教学工作中能够有意识地寻求大学、校外教育机构的专业支持与过程指导，为学校的教育改革各项工作指明方向、保驾护航。

3. 教育局—教育学院—中小学（幼儿园）联动，为推进"五育融合"创新实践提供组织保障

通过教育局—教育学院—中小学（幼儿园）的联动，形成一个强有力的组织保障体系，为"五育融合"创新实践提供持续的动力和支持，确保教育改革的深入实施和教育目标的达成。具体而言：第一，教育局在联动机制中扮演领导和规划的角色，负责区域教育政策制定和协调资源分配等，明确"五育融合"的教育目标和要求，确保各个学校能够获得必要的支持和指导。第二，教育学院作为教育研究和教师培训的专业机构，通过研究"五育融合"的有效策略，为中小学和幼儿园提供教学研究、课程开发、教师专业发展等方面的指导和服务。第三，中小学和幼儿园是"五育融合"创新实践的直接实施者，负责将前沿教育理念转化为具体的教育教学活动。这些学校和幼儿园通过日常教学、课外活动和社区参与等方式，将"五育融合"理念融入学生的学习和生活中。同时，他们还负责向教育局和教育学院提供实施情况的持续反馈，以便不断优化变革举措。

以宝山区罗泾镇洋桥村劳动教育基地建设为例，为深入贯彻落实《中共上海市委　上海市人民政府关于全面加强新时代大中小学劳动教育的实施意见》和《中共上海市委　上海市人民政府关于全面加强新时代大中小学劳动教育的实施意见》，构建以劳动教育为引擎、"五育融合"全面培养的教育发展新格局，打造宝山区"行知

行"劳动教育品牌,充分发挥劳动教育的综合育人作用,让学生动手实践、出力流汗、接受锻炼、磨炼意志,培养学生正确劳动价值观和良好劳动品质,宝山区教育局与罗泾镇洋桥村联合开发建设"行知行"劳动教育实验田,按照"全国劳动教育实验区"的建设要求,建立相对稳定的劳动实践基地,让学生与普通劳动者一起经历劳动过程,在出力流汗中体认劳动创造价值,牢固树立劳动最光荣、劳动最崇高、劳动最伟大、劳动最美丽的观念,营造全社会关心和支持劳动教育的良好氛围。以下是相关基本情况介绍。

罗泾镇洋桥村(图4-19)简介: 罗泾镇洋桥村是上海市美丽乡村示范村、上海市文明村、上海市卫生村,是沪苏联动沪北第一村,西与嘉定毗邻,北与江苏太仓接壤,属上海市永久基本农田保护区范围内。村域面积约1.74平方公里,其中耕地面积1 627亩、林地面积712亩。洋桥村有完善的基础设施,全面优化的人居环境,高标准

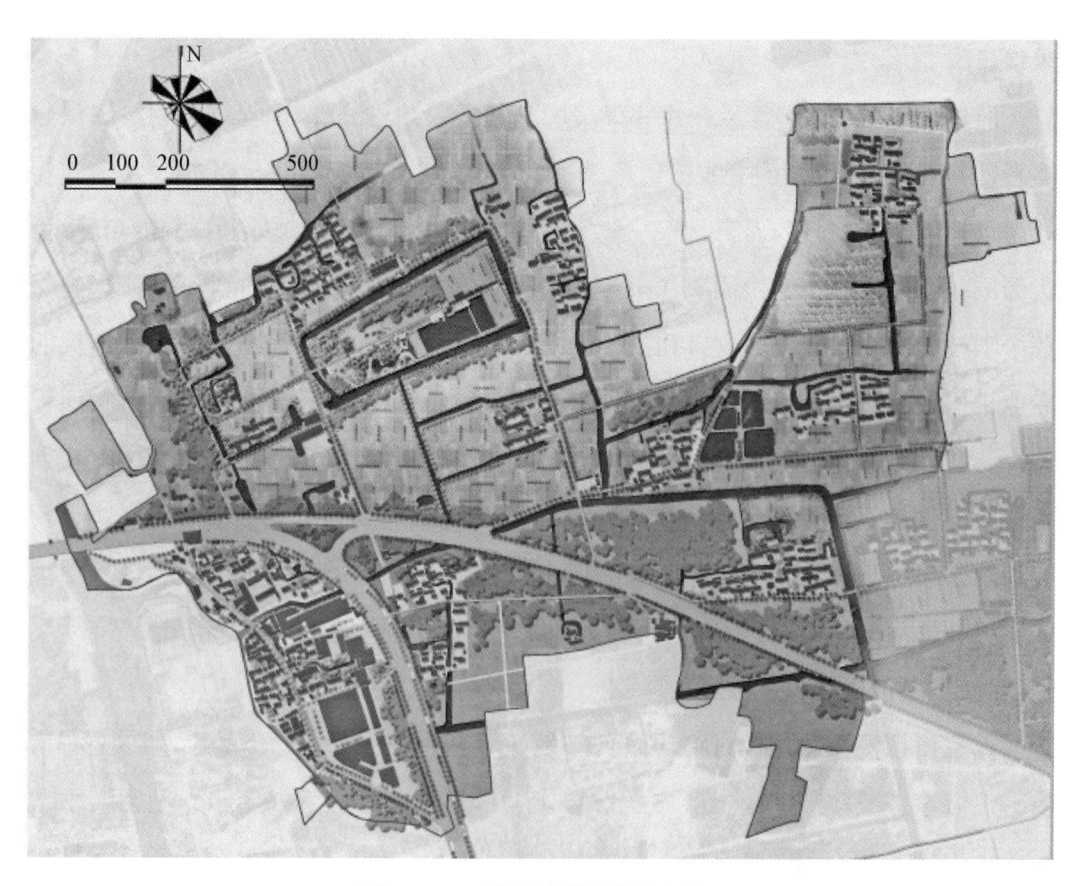

图4-19 罗泾镇洋桥村俯视图

第四章　区校行动：生活教育理论视域下推进"五育融合"区域创新实践的探索

实施水生态修复工程，实现了"水清、水净、水活、水美、水灵"的生态环境。村内规划合理，有升级改造的村级道路、公共停车场所，有适合现代农业机械化教育的农机仓库，也有现代化的稻米加工厂，对从粮食种植到大米成品的知识性和劳动性教育有非常大的帮助，因此在罗泾洋桥村设置劳动教育实验田是比较适合的选择。

该地块有几个特点：① 位于罗泾镇洋桥村，蕰川公路北面、蕰杨路东面，土地性质为农业耕地。② 为水稻种植用地，田地维护良好，灌溉设施齐全，道路交通方便。③ 靠近宽阔繁忙的蕰川公路，村级道路蕰杨路干净整齐，交通便利。④ 步行10分钟内有现代化的**稻米加工厂**；有可用作上课、休息点的**稻米工坊**；还有展示农业机械化的**农机仓库**，给实施劳动教育提供了比较完备的硬件条件。

土地使用规划：认真贯彻"十分珍惜和合理利用每寸土地和切实保护耕地"的基本国策进行土地使用。"行知行"劳动教育实验田为粮食种植用地，田地种植计划以水稻种植为主，在农田闲置时种植小麦、油菜等绿肥作物。绿肥作物的种植可大量减少化肥的施用量，实现耕地种养兼顾，良性循环；同时可以利用秋收之后的秸秆发展生态循环农业——大球盖菇。农作物的各个生长环节学生都可以参与进来，下到田间去，亲身体验植物栽培的过程，在实践中体悟劳动精神。

一是水稻种植计划。水稻是一种高产的农作物，从生长习性来看，水稻喜温喜湿。在生长过程中需要充足的光照和热量，尤其需要大量的水分，水稻生产过程相对复杂，耗费劳动力较多。水稻的种植过程很辛苦，既要天气和土地好，又要人能干，还要品种优良等。种植水稻的步骤一般有育种、选种、整理播种田地、插秧、田间管理、收割、脱粒、晾晒、加工成大米。

根据水稻生长期的不同，可将水稻分为早稻、中稻和晚稻三类。一般早稻的生长期为90～120天，中稻为120～150天，晚稻为150天以上。

根据水稻种植的规律（见图4-20）和地区气候和土壤条件，上海地区的水稻种植一般为双季稻，即在同一块稻田里，一年中种植和收获两季水稻。

根据以上信息，"行知行"劳动教育实验田的水稻种植计划为：

第一季稻：4月初至5月底播种，9月中下旬收获；

第二季稻：6月中下旬播种，10月上中旬收获。

二是油菜等绿肥种植计划。绿肥作为我国几千年农耕文化的宝贵遗产，其种植

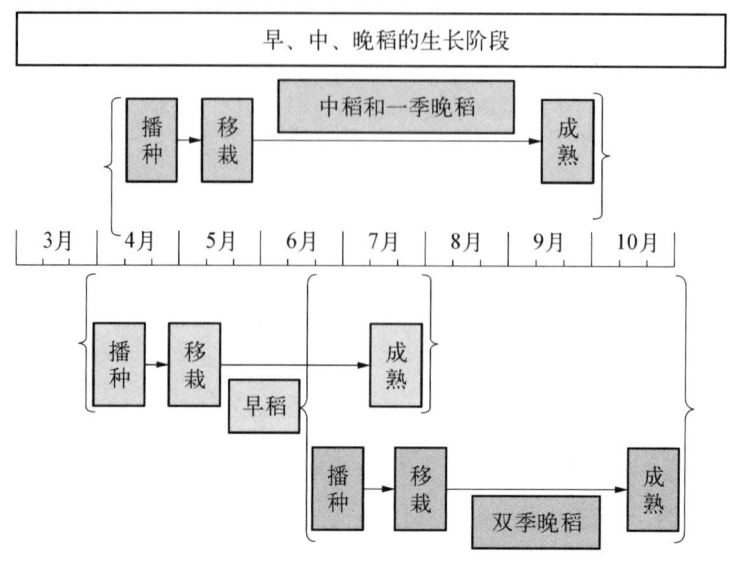

图 4-20　水稻生长周期

利用对我国农业的发展有着不可替代的地位和意义。20 世纪 80 年代以前,绿肥一直是我国农业生产中氮素、有机肥料和饲料的重要来源之一,对保障我国粮食生产起到了重要作用。现代农业对绿肥发展提出了新的要求:抗逆性强,适应性广,功能性用途宽,经济效益好,种子、肥料及管理投入少等。

油菜绿肥有着适应性强、用途广、经济价值高、发展潜力大等极其明显的优势,并且油菜绿肥扎根深,吸收利用土壤难溶性磷与钾能力远高于其他绿肥作物,可为后茬作物平衡养分、高产提供保障,尤其重要的是种子价格低,投资少,收益大,大面积种植起来非常简单,而且春季开花美,又能开发观光资源,在现代农业生产中有着超越其他绿肥的潜力。

油菜、小麦等绿肥种植计划为:每年 11 月中下旬种植;来年 3、4 月打碎入田。

三是大球盖菇种植计划。近年来随着我国水稻种植的面积不断扩大,在秋收之后秸秆被随意堆放和焚烧,造成资源严重浪费和环境严重污染。大力发展食用菌的种植,可以很好地解决上述问题。

食用菌能把大量废弃的农作物秸秆转化成可供人食用的优质高蛋白健康食品,其培养基废料(菌糠)又是农田中很好的有机肥,是延长农业产业链和促进农业生态优化的重要组成部分;同时食用菌产业又是发展高效农业的亮点,充分利用秸秆大力发展食用菌为秸秆的综合利用开辟了一条新途径,也是贯彻落实科学发展观、促进农业经济生态性循环、建设资源节约型高效生态农业、实现农业可持续发展的重要选择。秸秆在田里利用菌菇分解,还利用还田,改良土壤,增加收益;土地用养结合,生态持续和环保增收,能合理有效地利用农作物废弃物造福社会。

大球盖菇具有非常广阔的发展前景,栽培技术简单,可直接采用生料或发酵料栽培,具有极强的抗杂菌能力,栽培成功率高,栽培原料来源丰富,它可生长在植物秸秆及谷壳等培养料上,可利用稻草、麦秸、稻壳、玉米秸秆、大豆秆等农作物下脚料及栽培过食用菌的菌糠、污染杂菌的废料进行栽培。

大球盖菇种植计划为：10月下旬种植。

基地运行思路：第一,由宝山区教育局与罗泾镇签订框架协议;宝山区教育学院与罗泾镇洋桥村签订土地流转协议。第二,由宝山区教育局聘请第三方专业机构配合宝山区教育学院"劳动教育研究与指导中心"开发"行知行"劳动教育实验田系列课程,落实课程实施及评价、管理等各环节。第三,由宝山区教育局学发科统一规划,从宝山区"行知行"劳动教育基地校作试点开始,逐步推广至宝山区全体中小学、幼儿园,分批、分段、定时、定点,到"行知行"劳动教育实验田参加农业生产劳动实践,所涉及的活动经费从学校的学生综合实践活动经费列支。第四,充分利用罗泾镇"五村联动"劳动教育实践基地资源,设计"出力流汗"农耕生产劳动与现代农业体验、非遗研学活动相结合的综合性劳动教育课程,形成分学段、分季节的半日、一日、三日、五日不等的复合型课程体系,积极探索与德育、智育、体育、美育相融合的,知行合一,具有宝山特色的"行知行"劳动教育模式。

二、共享应用机制

(一)"五育融合"课程开发与实施管理办法

1. 区域"五育融合"课程开发流程

明确区域"五育融合"课程开发的原则、目标、内容、形式等;设立区域"五育融合"课程开发小组,负责区域"五育融合"课程内容的策划、设计、审核等;鼓励教师、相关专家、社会各界人士参与区域"五育融合"课程开发,形成多元化的区域"五育融合"课程开发团队。

2. 区域"五育融合"课程实施要求

制定区域"五育融合"课程实施计划,明确区域思政类共享教学进度、教学方法、评价方式等;建立区域"五育融合"课程实施监督机制,确保区域"五育融合"课程按计划有序进行;鼓励教师创新区域"五育融合"课程的教学方法,提高区域"五育融合"课程的教育教学效果。

3. 区域"五育融合"课程评价与反馈

建立区域"五育融合"课程评价体系,对区域"五育融合"课程内容、教学方法、教育教学效果进行全面评价;设立区域"五育融合"课程实施的反馈渠道,收集学生、教师、社会各界的意见与建议;根据各方主体的反馈结果,及时调整和优化区域"五育融合"课程内容、教学方法等。

(二) 区域"五育融合"课程资源共建共享机制

1. 资源共享原则

坚持公平、公正、开放的原则,实现区域"五育融合"课程资源的共建和共享;切实挖掘和发挥各学校、各机构作用,积极贡献优质区域"五育融合"课程资源,形成区域思政类资源共享的良好氛围。

2. 资源共享方式

建立区域"五育融合"课程资源库,统一进行课程资源的管理与维护;搭建区域"五育融合"课程资源的共享平台,提供便捷的课程资源共享服务;鼓励教师、学生、社会各界人士通过平台获取、使用思政课程资源。

3. 资源共享保障

设立区域"五育融合"课程资源专项资金,支持区域"五育融合"课程资源的开发、维护、更新等;建立区域"五育融合"课程资源激励机制,对贡献优质课程资源的单位、个人等及时给予表彰与奖励。

(三)"五育融合"课程教师培训与激励机制

表4-15 "五育融合"课程教师培训制度与激励机制

类别	项目	具体内容
教师培训制度	制定教师培训计划	目标设定：提升教师对"五育融合"课程的理解与掌握，增强教学设计、实施与评价能力以及现代教育技术运用能力。明确短期、中期、长期培训目标。 内容规划：涵盖思政理论最新动态、课程设计理念、教学方法与技巧（案例教学、翻转课堂、项目式学习等）、信息技术应用、职业道德教育等。鼓励跨学科学习。 方式创新：线上线下结合，集中培训与分散自学相补充。
	设立教师培训专项基金	资金筹集：政府拨款、学校预算、社会捐赠等。 使用管理：明确基金使用范围，设立专门账户，专款专用，确保透明高效。 激励措施：对积极参与培训并取得显著成效的教师给予经费补贴或奖励。
	鼓励教师自主学习与自我提升	学习资源：提供图书、期刊、数据库、在线课程等学习资源。 学习社群：建立教师学习社群，定期举办读书会、教学沙龙等活动。 时间保障：安排自主学习时间，减少非教学事务干扰。
教师激励机制	表彰与奖励	定期评选：每学期或每学年评选"'五育融合'课程优秀教师"，颁发荣誉证书及奖金。 成果展示：通过学校官网、校报、社交媒体等渠道宣传优秀教师的教学成果与经验。
	职称评定与绩效考核	职称评定加分：将"五育融合"课程教学中的表现作为职称评定的重要参考。 绩效考核倾斜：在年度绩效考核中给予更高评价，确保薪酬、福利等回报。
	教研活动参与	项目资助：提供经费支持和资源保障，鼓励教师参与课程开发、教学改革等教研活动。 成果奖励：对发表高质量论文、获得教学成果奖等的教师给予物质和精神奖励。 职业发展机会：为积极参与教研活动的教师提供更多的职业发展机会，如参加国内外学术交流、进修学习等。

三、长效保障机制

（一）内涵和目的

长效保障机制，主要是指用保障的手段，发挥保障的功能，将各方面的教育统整起来使之发挥作用。其内涵和目的主要体现在：

1. 确保"五育融合"教育实践的持续性和稳定性

长效保障机制，意味着教育活动不应仅仅是短期的、临时的措施，而应成为学校教育的常态。换言之，它要求教育政策具有前瞻性和适应性，能够随着社会变迁和教育需求的变化而不断调整和完善。因此，本研究中的长效保障机制，其核心意涵就指向区校开展"五育融合"教育改革实践能够成为常态化、长期化的变革过程。

2. 指向学生五育的综合全面发展

通过长效保障机制的建立和运行，促进学生的全面发展，即德育、智育、体育、美育和劳动教育的有机结合。这不仅有助于学生在知识技能上的提升，也有助于他们在情感、态度、价值观等方面的成长，从而培养出能够适应未来社会需求的全面发展人才。

（二）要点和原则

本研究中，主要通过出台政策文件、经费倾斜、评价倾斜等方式激活教师专业研究动力；通过研修机制运作以赋能教师专业素养发展；搭建专业化平台以提供教师共研共享专业智慧的契机。

1. 激励机制，激活教师专业研究动力

（1）出台政策文件

近年来，宝山区围绕建强培优教师队伍核心任务，大力加强教师人才队伍建设的总体规划和政策设计，大力推进教育人力资源开发与管理机制改革，从政策机制优化创新上做文章、下功夫，积极营造有利于教师成长发展的大环境。**一是研究出台人才激励政策**。制定了《宝山区陶行知创新发展区教育人才激励办法》，推出岗位成才激励、人才引进激励和特殊贡献激励三大类别。取消原来与职称挂钩的奖励，

第四章　区校行动：生活教育理论视域下推进"五育融合"区域创新实践的探索

用于高层次人才引进及重点项目团队奖励；加大对高层次人才引进奖励力度，发挥人才引进标杆效应；重奖领衔改革重点项目团队，按工作"完成度"及对区域教育"贡献度"给予团队绩优、绩勤、绩新奖励。进一步优化引才留才激励机制和成才引才环境，为外引内培教育优秀人才发挥绩效外专项经费激励导向作用。**二是完善优秀教师引进机制**。为吸引优秀教育人才到宝山从教，研究制定"优秀教师引进"和"特殊人才引进"政策，对正高级教师、省级特级教师、省级特级校长（书记）、评为省级或教育部优秀教育工作者，本市高级职称教师或本市区级以上骨干教师，本市中级职称在编教师或获得基础教育相关专业博士学位的教师，以教育局组成的专家组对其进行学科教学能力考评，择优录用，为高层次、高学历人才引进开辟通道。2022年实施至今，共引进16名优秀教师，其中正高级教师1名、高级教师6名（其中特级教师1名、省级骨干2名）。**三是建立人才考核评价新方式**。结合《上海教育现代化2035》、《宝山教育"十四五"规划》及《教育评价改革》的相关要求，我们不断更新理念，推进教育人才评价改革。注重向"扬长式""贡献度"评价方式转变，建立带教指导、课程开发、承担培训、示范辐射、数字化贡献度等评价模块，提供菜单式评价任务选择，引导高端人才、骨干教师在擅长领域纵深发展，让专业更"专"，让特长更"特"。同时，依托数字平台，探索构建"骨干人才数字画像"，建立动态考评机制，强化过程与结果考核相结合，提高人才评价的针对性、科学性。

对应本研究的落实，区教育局、教育学院联合出台《陶行知教育创新发展学校创建方案》，其中专门提到，由区教育局统一组织、整合资源，为项目学校的特色课程体系建设拓展场所等资源；项目组聘请市级专家、与区科研、教研力量共同推进学校教育教学改革。同时加强宣传、交流，促进学校特色品牌的创生。

（2）经费倾斜

仍以《陶行知教育创新发展学校创建方案》为例，区教育局对参与陶行知教育创新发展示范校建设项目的学校给予一定的经费支持（一般以5年为一个周期，相关经费管理办法另行制定），设立教师培训、资源拓展的专项经费，保障学校特色课程的持续优化。

（3）评价倾斜

仍以《陶行知教育创新发展学校创建方案》为例，区教育局建立相应的项目管理制度和绩效评价制度，对示范校建设的实践进展和绩效达成情况进行过程管理。在专业部门评估监测的基础上，将对资源保障、整体统筹、推进机制与成效等情况开展评价，推动有序实施，发挥促进学校教学方式改革、提高教育质量的作用。区教育行政部门积极探索对示范校的分类指导和评价督导机制，把评价督导结果作为学校评优评先、经费划拨和政策支持的重要依据。

2. 研修保障，赋能教师专业素养发展

2021年7月，上海市教委正式批复宝山区率先试点推进教育数字化转型。同年9月，宝山区成功申报为教育部"第二批人工智能助推教师队伍建设试点区"。为此，宝山将区域内专业校列为教育数字化转型实验校，在区域整体规划、行动的基础上对学校提出了如下建设要求（见图4-21）：利用现代信息技术，聚焦教育教学新理念、新实践、新方法的研修内容，营造多样化研修环境，满足教师泛在、自如的学习需求；建构自主共融学习范式，促进教师主动学习，实现同侪共进；创新画像式学习评价，激活教师实践、反思的内生动力。目标引领任务驱动，支持教师在知行合一中实现专业素养潜移默化的提升，协助区域培养师德高尚、专业自觉、协同发展的具有智能教育素养的高素质专业化创新型教师队伍。

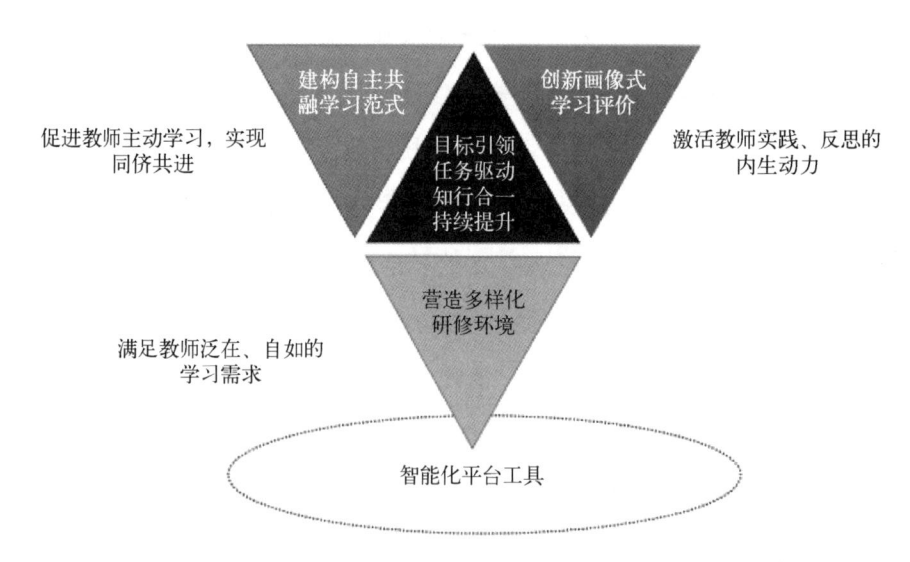

图4-21 数字化转型背景下宝山区教师队伍建设整体设计

（1）建设智能化数字环境，打造研修生态

宝山通过区域顶层架构、数字环境建设、教师研修社群创建与项目任务引领，打

第四章 区校行动：生活教育理论视域下推进"五育融合"区域创新实践的探索

造"线上线下融合、学思研做循环"区域研修生态。具体来看：首先聚焦培养高素质专业化创新型的"未来教师"这一目标，建设了命名为"未来宝"的数字基座，通过数字基础设施为教师队伍建设智能化奠定了基础。然后立足"双减""双新"政策背景，以"两个减少、一个提高"为目标（即教师低质重复劳动减少，学生学习负担减少，学习效能提高），探索人工智能支持的教学新形态。

同时，针对教师不同发展时期、不同学科类型、不同培养层次的特点与需求，结合新课改对教师提出的专业能力要求，纵向建构了以教师"成长阶梯"为轴线的学习社群，即见习教师（见习教师规培）、2~5年教师（青蓝青陶工程）、骨干教师（三级骨干团队工程）、卓越教师（卓越教师计划）；横向建构了以教师"关键能力"为基点的学习社群，如青年教师荟、硕博联盟、跨学科学习、"心家源"心理教师、教学资源建设、知识图谱建构等。每一个社群都有具体明确的研修目标与实践任务，引领教师在社群中通过共同承担学习责任、协作研究探索、积极互动分享、主动贡献智慧、集体建构经验的过程中激活专业自信，实现专业认同，提升专业能力。

（2）设计专业化评价工具，提供发展指导

根据围绕"人工智能助推教师队伍建设"所需的"数字环境建设、研修方式转变、教学范式重塑、发展模式创新"四大任务以及"十四五"教师专业发展要求，重新制定本区专业校建设指标与评价量表，做好评价内容、方法和预期效果的顶层设计，构建教师队伍建设评价的总体框架；确定评价维度，细化评价内容与标准，关注评价过程中显性与隐形要素的呈现，注重不同维度与不同指标之间的相关性分析。通过专业校交流研讨活动和常态调研，充分发挥评价的引领和诊断作用，及时指导指正专业校教师队伍建设的实践方向和操作方法，最终实现学校和教师共同追求的专业发展愿景。

同时，区域针对专业校师训负责人时有调换的问题编写了《学校师训工作实用手册》，保障专业校师训工作的专业规范性；研制了《学校学年校本研修计划表》《如何建设校本研修课程》数字微课等支架工具；定期组织开展优秀校本研修课程征集、评审与交流、"教育数字化转型背景下校本研修新实践"主题论坛等活动，助力专业校"课程化推进校本研修高品质发展"。

(3) 创生跨空间同侪研修,促进研训一体

在学习共同体理论指引下,借鉴"活动理论支持下的教师同侪研修模式",在教育部"三个课堂"基础上,创生"智慧同侪课堂",依托专业校通过打造"1+N"教育网络合作共同体,实现教师"智能手拉手":同步备课、同步上课、同步教研,通过"3124"实施路径(见图 4-22),创造跨物理空间的线上线下融合式教学教研新形态。

智慧同侪课堂的"3124"实施路径

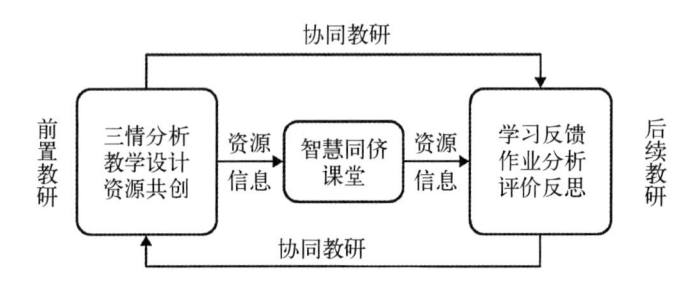

3指"三情"匹配,教师必须了解校情、学情并据此确定教情(基本前提)
1指"教研"伴生,团队协同教研贯穿智慧同侪课堂始终(专业支撑)
2指"两个交互",跨物理空间的信息和资源的双向无障碍交互(实践要素)
4指"四者"协同,需要设计者、主讲者、助教者、支持者四种角色的支撑(分工协作)

图 4-22 宝山区智慧同侪课堂"3124"实施方法与同侪研修路径

基于智慧同侪课堂的跨空间同侪研修,一方面,促进教育公平,扩大专业校优质师资辐射范围,推动薄弱学校与专业校资源共享;另一方面,促进教师在真实的任务情景中深度实践研修,通过同伴间的智慧共享,提升教师教学实践与创新能力,体现了信息技术支持下的研训一体流程再造、生态重塑,创新了教师队伍建设方式,回应了《上海市"十四五"中小学、幼儿园教师培训工作实施意见》提出的"形成数字化背景下研训一体与实践应用相结合的学习方式"要求。

3. 平台建设,共研共享教师专业智慧

以上海市宝山区陶行知教育创新发展学校建设为例,以习近平新时代中国特色社会主义思想为指导,全面贯彻党的教育方针,落实立德树人根本任务,推进教育教学改革,全面提高教育质量。立足宝山区"打造上海科技创新中心主阵地"的区域发展定位,紧紧围绕"办人民满意的教育"的根本追求,把陶行知教育思想创新发展作为落实五育并举、深化教育教学改革的重要举措;以生活教育理论、真人教育思

想等诠释新时期价值追求,回归教育本质;讲中国教育家故事,形成区域方案与宝山经验,激发学校及区域教育创新活力;以陶行知教育思想创新发展扎实推进立德树人、五育并举,培养德智体美劳全面发展的社会主义建设者和接班人。

(1) 建设愿景

通过陶行知教育创新发展学校建设,在全区建成一批传承"生活教育""真人教育""创造教育"等陶行知教育思想并结合新时期教育目标创新发展的优势学校。学校课程体系反映"五育并举"且特色突出,育人与评价方式满足学生多样化学习需求,发挥示范引领作用,推动全区甚至全市的辐射共享。

(2) 建设原则

本区陶行知教育创新发展学校建设将坚持以下三个原则:**一是特色化**。立足陶行知教育思想与新时期落实"五育并举"的天然契合点,从学校实际出发,结合自身办学传统、文化积淀、师生特点以及办学资源等因素找准学校创新发展方向;以课程体系为中心,通过理念引领性变革、内容跨学科统整、方式综合化转型、评价多元化探索、空间支持性重构、教师主体性发展、机制协同性创新等内涵建设,逐步办出新时期"陶研"特色。**二是成果化**。围绕课程体系建设,逐步探索与之相适应的运作机制、管理模式、队伍建设、资源建设、环境建设等,形成学校陶行知教育思想与新时期学校变革深度融合的典型成果,并逐步提升为学校品牌。**三是整合化**。做好学校"陶研"特色规划与区域教育体系的整合,形成稳定的制度架构和区域文化,建立并运行区域学习实践平台、重构学习空间,保障常态实施、优质推进,形成陶行知教育思想指导下的"五育融合"、新时期陶行知教育创新发展的宝山教育体系。

(3) 推进策略

本区陶行知教育创新发展示范校建设采用"学校自主规划、项目滚动推进、分阶指导提升、品牌持续优化"的工作策略。其中,学校创建阶段一般分为四步:一是自主申报阶段,即把握陶行知教育思想与学校发展的结合点,以某一方面为突破点形成特色项目;二是评建结合阶段,即学校完善陶行知教育思想指导下的整体发展规划,传承并创新陶行知教育思想的运用,回应新时期"五育并举"等要求,至少有一项学校"陶研"特色项目;三是项目学校阶段,即学校围绕"陶研"特色项目,形成面向全体学生、层次递进、实施及评价方式创新的相应课程群,并建构一定的学校发展模式,激发学校育人和办学活力;四是示范学校阶段,即学校以新时期陶行知教育思想的创新运用为主线,制订新时期落实"五育并举"、转变育人方式与评价机制的发展规划,形成系统引领和支撑学校发展的办学理念、育人目标、课程体系、教师发展、资源体系、管理机制和成果辐射。区教育局引导学校找准建设阶段,聚焦课程建设,探索新时期的学校发展方向。通过项目实践研究,总结提炼特色课程建设的一般经验和方法,指导区域课程建设;引领一批意向学校、带动一些项目学校、建设数个示范学校,主动开展新时期落实"五育并举"的学校建设,形成区域陶行知教育创新发展的不同梯队。

本区陶行知教育创新发展学校建设以"学校自主孵化、区域审核推荐、项目滚动指导、示范学校认定"四阶段路径的推进方式组织实施。具体操作层面:组织1~2次集中申报与评审,与个别申报相结合,陶行知教育创新发展学校的创建周期原则上不少于三年。

(4) 主要任务与参考指标

① "陶行知教育创新发展学校"创建

以课程建设为抓手,带动新时期学校育人目标的调整、课程内容的整合、教学实施的转型与评价方式的多元,实现落实立德树人、坚持"五育并举"、发展陶行知教育思想新时代内涵的示范校创建,将其作为学校"十四五"规划、推进学校转型发展的重要内容。

表 4-16 上海市宝山区陶行知教育创新发展示范校建设参考观测点

领域	指标	示范校建设观测点
发展基础	规范办学	严格执行教育法律、法规及有关政策,办学行为规范。
	教育质量	1. 学生学业质量较高。 2. 学生、家长对学校整体满意度较高。
	行政支持	1. 上级教育主管部门对本校的特色和定位给予高度期望。 2. 上级教育主管部门对学校特色发展所需师资配置、经费投入和督导评价给予专门支持。

续　表

领　域	指　标	示范校建设观测点
育人目标	目标清晰程度	1. 学校能够较为深入地思考融合新时期教育政策方针与陶行知教育思想的学校特色育人价值，并将其转化为学生的发展目标。 2. 学校拥有较为完善的目标体系，且能用描述性语言界定具体目标的内涵，并能对学生的共同目标和差异目标进行明确的呈现。
育人目标	目标适切程度	1. 学校能够根据学生成长阶段特点、新时期德智体美劳全面发展的要求和本校特色追求，形成校本化的育人目标。 2. 学校有证据说明所呈现的目标适合本校学生的实际特点和发展需求，且可观察、可测评、可实现。
课程体系	课程规划	1. 学校围绕特色育人目标整体规划学校课程，具有清晰的学校课程愿景、实施策略、发展路径和保障机制。 2. 课程规划较好地明确特色项目和学校发展之间的关系，体现对"五育并举"的思考与落实。
课程体系	课程结构	1. 形成不少于5门特色课程组成的特色课程群，课程群中的课程有一定的梯度层次，满足学生个性化发展需求。 2. 多个课程群之间具有整合性，与育人目标具有一致性。
课程体系	实施方式	1. 不同课型与实施方式之间形成系列化的结合点，并能开展相应的教学改进，支持育人目标的达成。 2. 课程的实施注重真实情境的创设，重视学生创新精神与实践能力的培养。 3. 充分发挥特色综合实践活动、学生社团等课程的价值，并实现常态化、结构化，实现较长周期的特色课程实施。
课程体系	成效评价	1. 建立起体现特色育人目标、可操作、有效度的学生评价方案，评价方式体现素养本位的设计。 2. 建立课程评价方案，结合学生评价与学校课程管理办法实现课程的不断迭代、优化。 3. 建立起学生发展长期跟踪与反馈数据库，检验和提升特色育人的实效。
课程体系	资源保障	1. 将课程建设作为学校发展规划的重要部分，建立起特色课程建设的学校管理保障机制和全校参与机制。 2. 学校围绕特色发展更新、重组和创新学习空间。 3. 学校主动扩展课程资源，与大学、专业研究机构、企业、社区、校外教育机构等建立稳定的活动资源联系，校外资源利用成效好。

续 表

领 域	指 标	示范校建设观测点
学校"陶研"特色项目	项目研究	1. 体现"陶行知教育思想创新发展"与新时期教育要求的融合,确定主题开展特色项目研究。 2. 在学校课程优化、教学方式变革、教师队伍培养或学生综合评价的实践层面体现一定的创新性。

② 学校"陶研"特色项目要求

其中,学校"陶研"特色项目应紧密围绕陶行知教育思想与新时期坚持"五育并举"的天然契合点,例如,新生活教育形态;生活教育与泛在学习;生活教育课程群的设计与实施;培植"生活力"视角下的学校课程建设;教学做合一与生成课堂;教学做合一与学习方式变革;"新小先生制"与部落学习等新样态;六大解放与创新创造教育;真人教育与教师德性发展;陶行知教育思想与新劳动教育;积极心理与激励教育等。

在项目实施中,按照科研引领、协同推进、扎根实践、成果打造的思路,以优化学校课程、研发特色课程、积累典型案例、提炼实践路径、形成评价工具、记录学生成长等为载体。

③ 成果要求

在5年周期后,项目学校至少形成"1+n"项成果,即"1"份课程方案+"n"份学校创新发展成果。其中,学校课程方案体现新时期陶行知教育思想创新与学校发展是深度融合,包括但不限于结构与内容统整、实施与评价转型、机制与资源拓展等内容。学校创新发展成果,是指将学校课程建设与"陶研"特色项目研究成果化、可视化,例如,激发学校育人和办学活力的行动经验与模式建构;立足陶行知教育思想与新时期育人要求天然契合点的课程群建设,及其课程纲要、教学设计、典型课例与课例分析;指向"五育并举"的课程实施路径提炼与典型课例;新时期教师队伍建设的内涵、路径研究与校本案例;提升学生综合素养的路径提炼与校本案例;学校融合评价机制的建设路径、评价工具与应用案例;指向"五育并举"学校发展的资源整合路径提炼与资源库建设等。

第四节 生活教育理论视域下推进"五育融合"区域创新实践的发展评价实践

评价不仅是对教育活动效果的考察，更是在潜移默化中反作用于教育活动的理念和样态。正确的评价理念和评价指标是教育活动发展的重要方面，但当前"甄别选拔"和"标准化纸笔测验"的评价模式让"五育融合"评价陷入了困境。[①] 基于此，我们需要：第一，明确"五育"融合评价对象，转变学生发展质量关，建构"五育"融合人才评价体系，推动育人实践变革。第二，以评价内容融合、评价主体融合、评价手段融合等助力"五育"融合育人实践。评价内容不仅要多元，做到对学生德智体美劳五个方面的全面兼顾，更要融合，实现对人的整体存在和整体发展的尊重；评价手段要多样，引入智能化评价方式，使个体"五育"融合发展的评价信息更具过程性、综合性、动态性；评价过程多主体参与，形成对个体"五育"融合发展的整体性评价。第三，弱化评价结果的"选拔"功能，强化"选择"在人才培养和学生发展中的作用，并对评价对象进行激励。

一、生活教育理论视域下彰显"五育融合"特质的学生评价机制创新

2010年3月，上海成为全国唯一的教育综合改革国家试点地区；2021年8月，教育部批复同意上海成为教育数字化转型试点区；而后，宝山区向上海市教委主动申请成为市级推进教育数字化转型实验区的试点，为上海市推进教育数字化转型发展先行探路、创新示范。在《上海市宝山区教育数字化转型实验区建设实施方案》中提出"推进教育新基建、建设区域智慧教育生态系统、推进数字基座建设、推进数字画像全面普及、创设教育智能助手、建设更多智慧教育应用场景"等六大主要任务，其中"构建学生数字画像"成为宝山区教育数字化转型的主要任务之一，也是本课题研究中探索生活

---

① 朱丽桢，段兆兵.从并举到融合："五育"融合之源、之难与之序[J].教育理论与实践，2022，42(22)：3-8.

教育理论视域下彰显"五育融合"特质的学生评价机制创新的重要举措,通过引入智能化评价方式使个体"五育"融合发展的评价信息更具过程性、综合性、动态性。

(一) 顶层设计,擘画区域学生数字画像改革蓝图

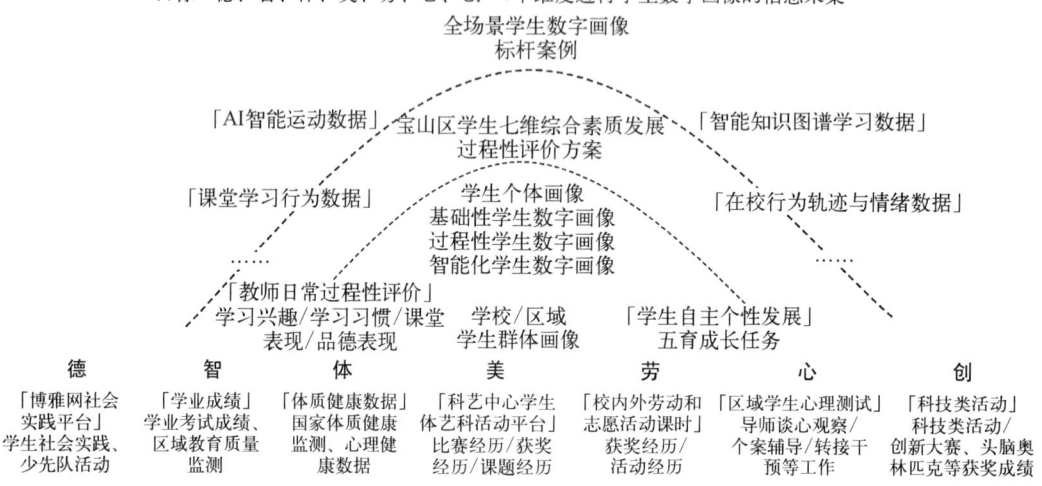

图 4-23 宝山区学生七维数字画像顶层设计

1. 搭建基于数字画像的宝山区智能学生平台

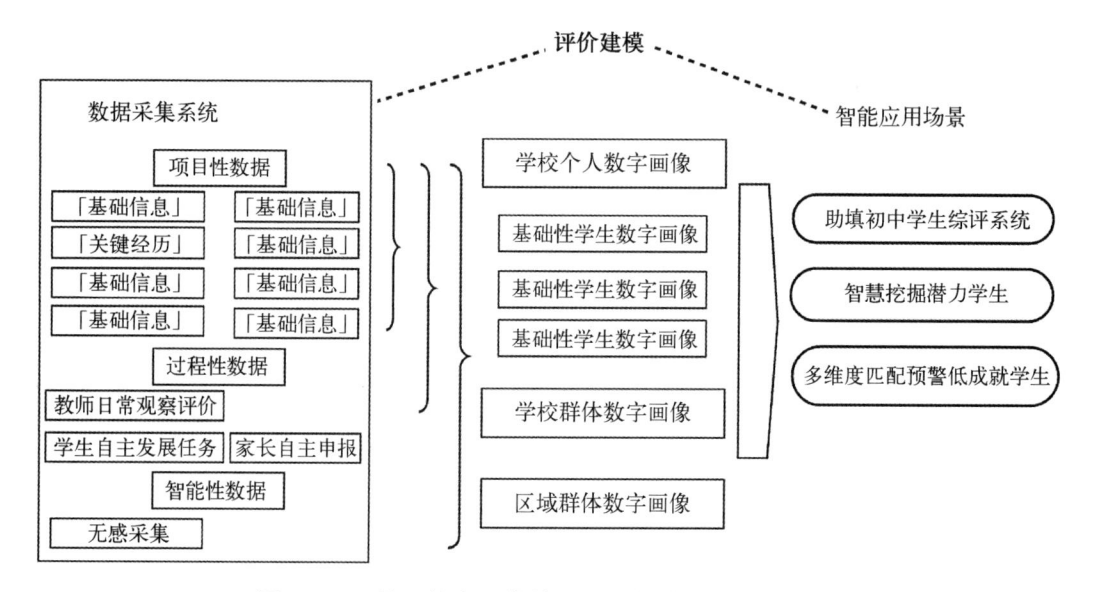

图 4-24 基于数字画像的宝山区智能学生平台构架

第四章　区校行动：生活教育理论视域下推进"五育融合"区域创新实践的探索

2. 明确工作基本原则

谁采集谁记录谁负责原则。数据采集是基础，为确保信息数据采集的真实性和有效性，采集数据人员同时要负责信息解读、信息管理及信息使用等工作。

数据汇聚共享使用原则。数据信息通过德、智、体、美、劳、心、创等七个维度来收集，每个维度同时会通过若干渠道获得信息，采集的信息在使用过程中通过终端汇聚，提供给各部门共享使用。

客观为主主观为辅原则。信息获得以可量化的客观数据为主，比如学生的获奖名次、活动时长、成绩等第等，对思想、道德和态度等层面的主观评价控制比例，建议不超过评价总量的三分之一。

积极为主消极为补充原则。对于学生评价以积极评价为主，对于需要心理干预、违反校纪校规受处理等信息给予客观记录。

分类分层有限公开原则。对于敏感数据信息的获得将遵循相关保密管理的要求，对于信息使用实行分层分类管理，建立健全相关信息公开制度和诚信制度。

(二) 分步实施，探索区域学生数字画像推进路径

1. 建立区域学生五育综合素质发展档案系统，形成基础性学生数字画像

基础性学生数字画像数据来源为批量录入的学生基础档案，区域统考、体检体测、区级及市级德育、学科、科技、体育、艺术类奖项，校级以上重要赛事与表演的获奖与经历记录。这一层次学校仅需要进行少量、阶段性的填报工作。具体来看：

围绕德、智、体、美、劳、心、创等七个画像维度，对接市级平台、调研区级平台、新增区域学生发展关键经历管理平台，形成专属于每个学生的基础性学生数字画像（见图4-25）。家长进入App端口或网页端口，可以查看学生的七维过程性获评情况，全面了解学生的健康数据、成长概览、七维成长、课程学习、荣誉获奖、职务/岗位、特长技能、活动经历等。与此同时，家长还需要通过App端口或网页端口完成学生相关信息的自主申报、作业提交、任务打卡等内容。每学期结束，平台会在期末汇总学生七维发展数据，自动形成学生学期评语。

区域基础性学生数字画像（见图4-26）数据采集时，以学校为单位作为单一上报源，由区域统一认定，以确保数据的准确规范。

图 4-25 基础性学生数字画像(单一学生)

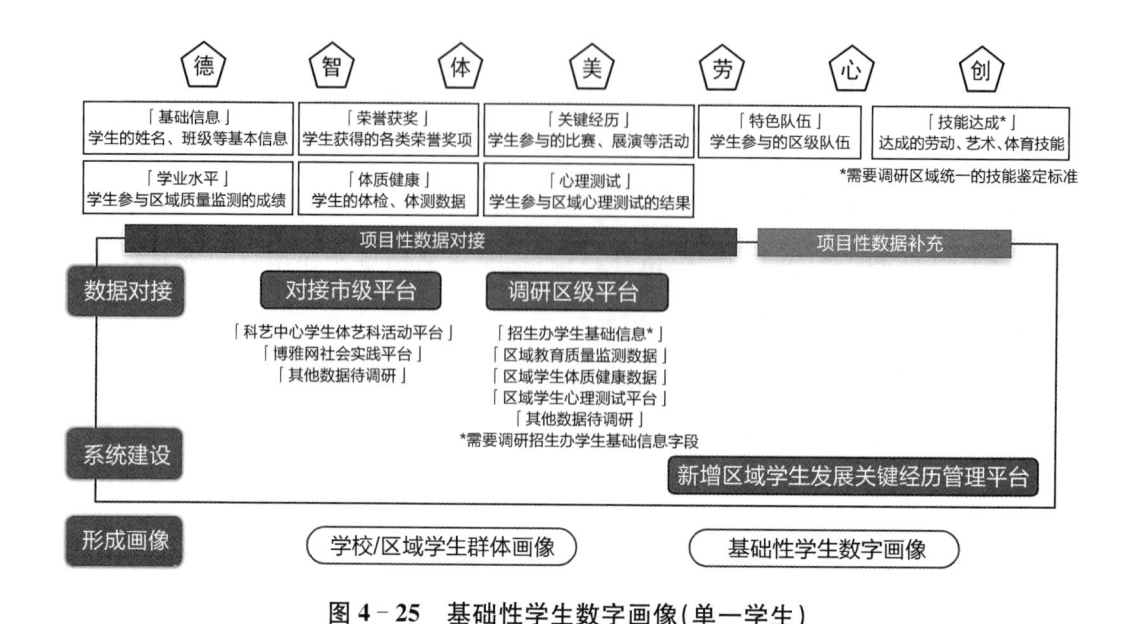

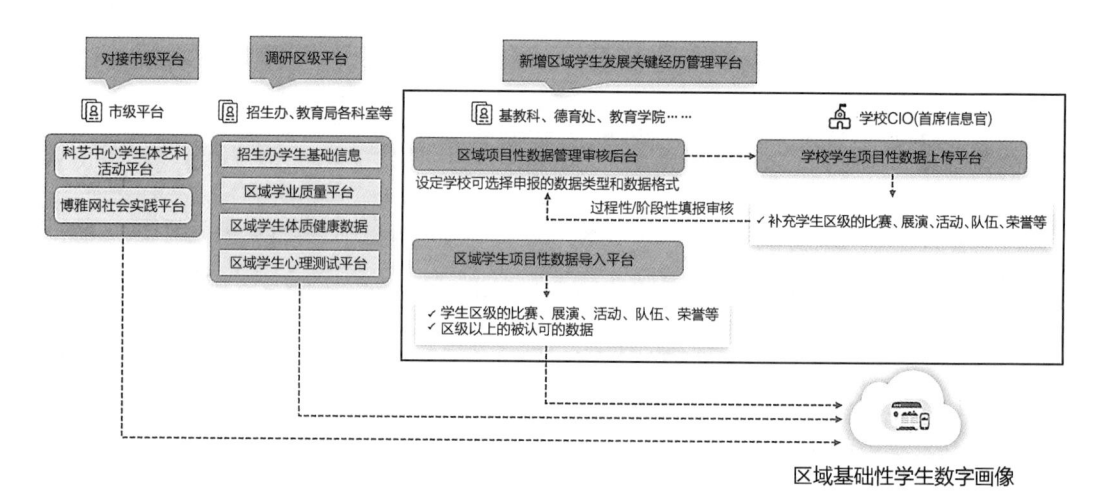

图 4-26 区域基础性学生数字画像

2. 实施过程性学生五育综合素质评价方案,形成过程性学生数字画像

过程性学生数字画像数据来源除了第一层次的基础性数据外,进一步纳入学生的过程性评价,动态描绘学生画像。区域层面需要系统梳理《义务教育课程标准(2022年版)》《中小学德育工作指南》《教育部等九部门印发关于中小学生减负措施的通知》《关于强化学校体育促进学生身心健康全面发展的意见》《关于全面加强和改进学校美育工作的意见》《综合实践活动指导纲要》《关于加强

第四章　区校行动：生活教育理论视域下推进"五育融合"区域创新实践的探索

中小学生劳动教育的意见》等系列政策文件精神，研发过程性和阶段性融合的五育评价指标。尤其是课标中的学业质量标准更是非常重要的参考指标，它是以核心素养为主要维度，结合课程内容，对学生学业成就具体表现特征的整体刻画。

过程性学生数字画像主要分为两条路径进行探索，一条路径是教师基于课程标准开展日常过程性评价；另一条路径是学生开展自主五育评价，积累个性化发展数据。主要包括教师日常观察评价、学生自主发展任务、家长自主申报等方式，具体来看：一是教师日常观察评价，主要采集学生在校的五育过程性评价数据，用于补充校级及以内的学生五育项目性数据，通过课堂实时评价打造"目标—教—学—评"的学习闭环。二是学生自主发展任务，是指学生根据个人兴趣选择自主发展任务，系统分析发展均衡，智能提供选择策略，从而实现"以评促发展"的育人方式变革。三是家长自主申报的内容，是指家长根据学生校外表现，提交校级及以内的学生五育项目性数据，作为学生画像的补充，以家庭为单位记录学生的个性经历，打造"学校—家庭—社区"联动的成长生态。

3. 探索全场景数据采集与学生画像构建，形成智能化学生数字画像

智能化学生数字画像面向具有积极研究意愿、有良好的学生工作基础，且无感数据采集系统设施基础完备、使用经验较为丰富的学校。

（三）结果运用，强化区域学生数字画像数据赋能

1. 负责部门一次记录，各级对象随时取用

基于数据规范区校分级，设置基本信息；通过填报任务区校联动，系统完成记录；根据权限设置区校分权，专注进行管理；智能汇综评经历数据，助填上海市初中学生综合素质评价信息管理系统。

2. 形成宝山区域特色学生发展成长报告

根据"基础性—过程性—智能化"三个层次学生实施的推进情况，整合形成学校学生群体画像推动学校教育教学精细化管理；整合形成区域学生群体画像，动态监测区域学生成长动态与学校育人成效；探索智能化学生数字画像，逐步形成虚实结合的未来学校。

3. 根据部门业务需求,对数据进行智能挖掘

数据对标综合素质评价的指标维度,智能分析进行学生的升学规划;跟踪学生在各类活动中的参与获奖情况,智能推荐学生发展路径;横向对比各学科学业成果,纵向对比增值趋势,挖掘潜力学生;系统通过多维匹配,自动挖掘参与度低、成就感低的学生;预警学生关联行为数据,生成宝山预警学生典型画像。

二、生活教育理论视域下彰显"五育融合"特质的学生评价方式探索

(一) 打通学习与生活场域的综合评价

1. 内涵与目的

打通学习与生活场域的自然评价,是一种教育评价方式的革新,它将学生的学习评价从传统的课堂环境扩展到更广阔的生活场景中。这种评价方式体现了陶行知先生"生活即教育"的教育理念,认为教育应当与生活紧密相连,通过实践来促进学习,实现知行合一。在这种评价体系下,学习不再是孤立于生活之外的抽象概念,而是与学生的日常经验和社会实践紧密相连的有机整体。

(1) 强调在真实生活情境中观察和评估学生的学习表现

这意味着学生学习表现的评估不再局限于考试成绩或课堂参与度,而是包括了学术知识的掌握、道德情操的培养、身体素质的提高、审美情趣的提升和劳动技能的锻炼。这种评价方式更加注重学生的主动探索和实践操作,鼓励学生将所学知识应用于解决现实问题,从而培养其创新能力和批判性思维。教育的目标不仅仅是知识的传授,更重要的是培养学生的全面素质和能力。

(2) 旨在实现德育、智育、体育、美育和劳动教育的有机融合

通过开展打通学习与生活场域的自然评价,教育者可以更全面地了解学生的学习过程和成长轨迹。同时,它也有助于培养学生的综合素质,提高他们的问题解决能力和生活适应能力,使他们成为能够适应未来社会需求的、具有社会责任感和创新精神的复合型人才。

第四章　区校行动：生活教育理论视域下推进"五育融合"区域创新实践的探索

2. 流程与关注要点

（1）综合评价设计原则

综合评价不仅是对五育融合区域实践设计与实施效果的检验，更是对"培养德智体美劳全面发展的社会主义建设者和接班人"这一根本任务的积极响应。评价综合化设计原则包括立足根本任务、全面育人导向、动态静态结合、全面反映学情、过程成果衔接、注重发展轨迹以及短期长期融合、预见未来潜力等方面，通过相互关联、相互促进，共同构成了区域"五育融合"评价体系的基石。

① 立足根本任务，全面育人导向

- 以"培养德智体美劳全面发展的社会主义建设者和接班人"为根本出发点。

在区域推进"五育融合"实践的评价设计中，将"培养德智体美劳全面发展的社会主义建设者和接班人"作为根本出发点。在评价过程中关注学生的知识掌握情况，注重其道德品质、身心健康、审美情趣以及劳动技能的全面发展。通过评价引导学生树立正确的世界观、人生观和价值观，培养学生的爱国情怀、社会责任感以及创新精神和实践能力。

- 强调评价在促进学生全面发展中的导向作用。

评价是对学生学习成果最有效的检验，是其未来发展的导向。在区域推进"五育融合"实践的评价中强调评价的导向作用，通过评价激发学生的内在潜能，促进其全面发展。评价应多元化和个性化，鼓励学生根据自己的兴趣和特长进行学习和探索，从而培养其独立思考和解决问题的能力，通过评价引导学生关注社会、关注他人，培养学生的社会责任感和公民意识。

② 动态静态结合，全面反映学情

- 动态评价关注学生学习过程中的变化与进步。

动态评价是一种关注学生学习过程中变化与进步的评价方式，它强调评价的过程性和连续性。通过动态评价，可以及时了解学生在学习过程中的困惑和难题，从而为其提供有针对性的指导和帮助。区域推进"五育融合"实践的评价中，要注重动态评价的运用，以此帮助发现学生在学习中的闪光点和潜力，从而为其提供更加广阔的发展空间和机会。

• 静态评价侧重于学生某一阶段的学习表现。

静态评价则是一种侧重于学生某一阶段学习成果与表现的评价方式,其通常是在学生学习完某一阶段的内容后进行的,以检验学生对该阶段知识的掌握情况和应用能力。静态评价具有客观性和可比性的特点,通过评价来提供关于学生学习成果的直观数据。在区域推进"五育融合"实践的评价中,结合动态评价和静态评价,关注学生的学习过程,注重学习成果,从而全面反映学生的学情。

③ 过程成果衔接,注重发展轨迹

• 过程性评价记录学生学习过程中的努力与成长。

过程性评价是一种关注学生学习过程中努力与成长的评价方式,强调评价的全面性和细致性,通过记录学生在学习过程中的点滴进步和成长历程,来反映学生真实情况。在区域推进"五育融合"实践的评价中运用过程性评价来记录,如,学生的学习笔记、课堂表现、小组讨论情况等,全面了解学生学习过程中的努力、成长,发现学生在学习中的优点和不足,为教学提供有针对性的建议和改进措施。[①]

• 成果性评价衡量学生学习成果的达成度与质量。

成果性评价则侧重于衡量学生学习成果达成度与质量,其主要指学生学习完课程或项目后进行的,以检验学生对该课程或项目知识的掌握情况和应用能力。在区域推进"五育融合"实践的评价中,过程性评价和成果性评价,分别针对学生的学习过程和学习成果,通过成果性评价,以更加直观的形式来了解学生对课程内容的掌握情况和应用能力,从而为其提供更加精准的教学反馈和指导。

④ 短期长期融合,预见未来潜力

• 短期评价关注当前学习任务的完成情况。

短期评价通常是在学生学习完某一具体任务或单元后进行的,以检验学生对该任务或单元知识的掌握情况和应用能力,通过短期评价的运用,及时检查学生的学习进度和作业完成情况,确保按时完成学习任务,及时了解学生的学习状态和学习效率,为教学提供有针对性的调整和辅导建议。

---

① 谷适炜.新课改背景下高中思想政治课教学中良好师生关系建立研究[D].牡丹江:牡丹江师范学院,2022.

第四章 区校行动：生活教育理论视域下推进"五育融合"区域创新实践的探索

- 中长期评价预测学生未来学习与发展的潜力。

中长期评价是侧重于预测学生未来学习与发展潜力的评价方式，针对学生学习完某一阶段或整个课程后进行，以评估其未来发展的潜力和可能性。在区域推进"五育融合"实践的评价中结合短期评价和中长期评价，关注学生当前学习任务的完成情况，并根据完成情况对学生未来发展做成预测，预测学生在未来学习和发展中的可能性和趋势，从而为其提供更加科学的规划和指导。中长期评价能够帮助教师更加了解学生的学习特点和兴趣所在，从而为其提供更加个性化的教学服务和支持。

(2) 综合评价实施策略

评价综合化的实施策略是确保课程目标达成、促进学生全面发展的重要保障，与此同时，评价综合化的实施策略也是确保区域推进"五育融合"实践目标达成、促进学生全面发展的重要保障。通过构建科学的评价体系、开发多元化的评价工具、合理应用评价结果，有效推动思政教育领域的改革与创新，培养德智体美劳全面发展的社会主义建设者和接班人。①

① 评价体系构建

- 确立评价目标：明确评价旨在促进学生全面发展的哪些方面。

评价综合化的首要任务是确立明确的评价目标（表 4-17），在"五育融合"视域下，评价目标聚焦于学生思政素养、道德品质、社会责任感、创新精神和实践能力等方面的提升，促进学生全面发展。

表 4-17　具体评价目标

思政素养	考察学生对马克思主义理论、中国特色社会主义理论体系的理解与认同程度，以及运用这些理论指导实践的能力。
社会责任感	关注学生是否具备强烈的社会责任感，能否积极参与社会实践，为社会做出贡献。
创新精神	鼓励学生勇于探索、敢于创新，评价其在课程学习、项目实践等方面的创新表现。

---

① 郭冰.课程思政理念下的高中数学课堂教学改革探讨[D].岳阳：湖南理工学院，2022.

续　表

实践能力	考察学生将理论知识转化为实践能力的情况,包括解决实际问题的能力、团队协作能力等。
道德品质	评价学生的道德品质,包括诚信、友善、公正、责任等核心价值观的践行情况。

● 设计评价指标。

根据评价目标,设计具体、可操作的评价指标(表4-18),评价指标要充分体现课程的特色与要求,兼顾学生的个体差异。

表4-18　评价指标

知识掌握	通过考试、作业、课堂表现等方式,评价学生对课程基本知识的掌握程度。
思维品质	通过案例分析、讨论交流等方式,评价学生的批判性思维、逻辑思维等思维品质。
情感态度	通过问卷调查、访谈等方式,了解学生对课程的态度、兴趣及情感投入情况。
行为表现	通过观察记录、实践活动等方式,评价学生在社会实践、志愿服务等方面的行为表现。
创新能力	通过项目设计、创意展示等方式,评价学生的创新思维和创新能力。

● 制定评价流程(表4-19):确保评价过程有序、公正、透明。

表4-19　评价流程

准备阶段	明确评价目标、设计评价指标、制定评价计划,并向学生说明评价的目的、方法和要求。
实施阶段	按照评价计划,运用各种评价工具和方法,收集学生的学习成果、行为表现等信息。
分析阶段	对收集到的信息进行分析、整理,形成评价报告,并向学生反馈评价结果。
改进阶段	根据评价结果,调整教学策略与方法,为学生提供个性化的学习建议,促进教学质量的提升。

② 评价工具开发

• 数字化评价工具。

随着信息技术的飞速发展,数字化评价工具在思政教育领域的应用日益广泛,其具有的优势主要如下表4-20所示。利用信息技术手段,开发在线评价系统、移动评价App,以提高评价的效率和准确性。

表4-20 数字化评价工具具有的优势

便捷性	学生可以随时随地进行自我评价和互评,教师也可以实时查看评价结果,进行数据分析。
互动性	数字化评价工具可以支持学生之间的互评和讨论,促进学习交流。
可视化	通过图表、统计等方式,将评价结果以直观的形式呈现出来,便于教师和学生了解学习进展和存在的问题。

此外,在开发数字化评价工具时,应注重其易用性、安全性和可靠性,确保评价数据的准确性和完整性。并应根据课程特点和教学需求,设计评价模块和功能,以满足不同场景下的评价需求。

• 传统评价工具。

虽然数字化评价工具具有诸多优势,但传统评价工具在思政教育领域仍具有不可替代的作用,如纸质问卷、评价量表、访谈记录等传统评价工具。其主要特点如下表4-21所示。利用传统评价工具可以更加深入地了解学生的情感态度、行为表现等方面的信息。

表4-21 传统评价工具特点

深入性	通过访谈、问卷等方式,可以深入了解学生的内心世界和真实想法。
灵活性	传统评价工具根据需求进行灵活设计,以适应不同场景的评价需求。
真实性	通过面对面交流观察,更加真实地反映学生的行为表现和情感状态。

在运用传统评价工具时,还应注重其科学性和客观性,确保评价结果的公正性和准确性。同时,还应结合数字化评价工具的优势,实现评价方式的多元化和互补性。

- 工具融合应用(表4-22)：结合课程特点，灵活运用各类评价工具。

在区域推进五育融合实践中，应灵活运用各类评价工具，实现评价方式的多元化和互补性。

表4-22 工具融合应用

线上线下相结合	将数字化评价工具与传统评价工具相结合，实现线上线下的互动和评价数据的共享。例如，可以利用在线评价系统收集学生的自我评价和互评数据，同时结合纸质问卷和访谈记录了解学生的情感态度和行为表现。
定量与定性相结合	在评价过程中，既要注重定量数据的收集和分析，如考试成绩、作业完成情况等，也要注重定性数据的收集和分析，如学生的行为表现、情感态度等。通过定量与定性的结合，可以更加全面地了解学生的学习情况和存在的问题。
过程与结果相结合	在评价过程中，既要关注学生的学习成果和最终表现，也要关注学生的学习过程和成长轨迹。通过过程与结果的结合，可以更加准确地评价学生的学习效果和进步情况。

③ 评价结果应用

- 反馈与指导(表4-23)：及时向学生反馈评价结果，提供个性化学习建议。

评价结果的应用是评价综合化的重要环节，及时向学生反馈评价结果，并提供个性化的学习建议，帮助学生了解自己的学习情况和存在的问题，从而调整学习策略和方法，提高学习效果。

表4-23 反馈与指导策略

个性化反馈	根据学生的评价结果，提供个性化的学习建议和指导。例如，对于学习成绩优秀的学生，可以鼓励他们继续深入学习和探索；对于学习成绩较差的学生，可以针对其存在的问题进行有针对性的辅导和指导。
定期反馈	定期向学生反馈评价结果和学习建议，帮助学生及时了解自己的学习进展和存在的问题。同时，也可以鼓励学生进行自我反思和自我评价，培养自我管理和自我调整的能力。
互动反馈	通过课堂讨论、小组讨论等方式，鼓励学生之间进行互评和讨论，促进学习交流和共同进步。

- 激励与表彰：对表现优秀的学生给予表彰与奖励，激发学习动力。

对表现优秀的学生给予表彰与奖励(表4-24)，激发学生的学习动力和积极性。

第四章 区校行动：生活教育理论视域下推进"五育融合"区域创新实践的探索

表 4－24　激励与表彰

设立奖项	根据评价结果，设立不同的奖项，如"优秀学生奖""创新奖""社会实践奖"等，以表彰在学习、创新、社会实践等方面表现突出的学生。
颁发证书	为获奖学生颁发证书或奖杯等荣誉证明，以肯定其学习成果和贡献。
展示成果	通过校园网站、宣传栏等方式，展示获奖学生的学习成果和优秀事迹，以激励其他学生向他们学习。

● 教学改进（表 4－25）：根据评价结果，调整教学策略与方法，提升教学质量。根据评价结果，调整教学策略与方法，提升教学质量。

表 4－25　教学改进

优化教学内容	根据评价结果，了解学生对课程内容的掌握情况和兴趣点，优化教学内容和教学方法，以提高教学效果。
改进教学方法	根据评价结果，分析学生在学习过程中存在的问题和困难，改进教学方法和手段，如采用案例教学、讨论式教学等互动性强、参与度高的教学方法。
加强师资培训	针对评价结果中反映出的问题和不足，加强师资培训和能力提升，提高教师的教学水平和专业素养。

（3）综合评价案例剖析

在区域推进五育融合实践中，评价综合化研究与实践不仅关乎课程设计的完善性，更直接影响到教学目标的实现以及学生全面发展的促进。所以反思式学生评价、项目展示评价和档案袋评价是三种具有不同特点和功能的综合评价方法，针对其各自优势，相互补充，共同构成区域推进五育融合实践的综合评价体系，通过综合完善评价方法的应用，为教育事业的发展贡献更多的智慧和力量的同时，有效推动我国教育评价体系的改革与创新。[①]

① 反思式学生评价

● 定义与特点：鼓励学生自我反思，评价自身学习行为与效果。

反思式评价是一种鼓励学生自我反思、评价自身学习行为与效果的评价方式。

[①] 谷适炜.新课改背景下高中思想政治课教学中良好师生关系建立研究[D].牡丹江：牡丹江师范学院，2022.

其强调学生的主体性,通过引导学生对自己的学习过程进行深入的自我审视,从而培养其批判性思维和自我管理能力。反思式评价关注学生学习成果,重视其在学习过程中的情感体验、认知发展和行为变化。

- 实施策略:设置反思日志、定期自我评估会议。

设置反思日志,并鼓励学生每天或每周撰写反思日志,记录自己的学习心得、困惑和收获。通过日志的撰写,使学生逐渐养成自我反思的习惯,进而提升自我认知和自我调整的能力。通过组织定期的自我评估会议,让学生有机会在小组或班级中分享自己的反思成果,利用班级会议交流,使学生可以相互借鉴、共同进步,帮助教师了解学生的学习状态和需求,从而提供更加精准的教学指导。

- 案例分析:中国系列课程中的反思式评价实践。

例如,中国系列课程中,教师引入反思式评价,在实际评价中,教师通过设置反思日志和组织评估会议的形式让学生逐渐学会如何对自己的学习行为进行反思和评价。如学生在日志中写道:"在今天的思政课上,我对于'社会主义核心价值观'的理解还不够深入,需要在下节课前进行预习和复习。"在自我评估会议上分享自己的反思成果,并得到了同学们的反馈和建议,同时也加深了学生对课程内容的理解,有效培养了学生自我反思和自我调整的能力。

② 项目展示评价

- 定义与特点:通过项目完成情况进行综合评价。

项目展示评价是一种通过项目完成情况进行综合评价的方法,强调学生的实践能力和创新能力,通过让学生参与具有挑战性的项目,来检验其综合运用所学知识解决实际问题的能力。项目展示评价关注项目的成果,重视学生在项目过程中的表现、团队协作和问题解决能力。

- 实施步骤(表4-26):项目设计、项目实施、项目展示与评价。

表4-26 项目展示评价的实施步骤

项目设计	教师根据课程内容和学生特点,设计具有挑战性、实用性和创新性的项目任务。项目任务应能够激发学生的兴趣和积极性,同时也有助于培养其综合运用所学知识解决实际问题的能力。

续 表

项目实施	根据项目任务进行分组,制定项目计划、分工合作、收集资料、设计并实施解决方案。在项目过程中,教师应提供必要的指导和支持,确保项目的顺利进行。
项目展示与评价	学生完成项目后,进行成果展示和汇报,通过展示自己的项目成果和收获,接受教师和同学们的评价和建议,评价应关注项目的创新性、实用性、团队协作和问题解决能力等方面。

• 评价标准(表4-27):创新性、实用性、团队协作。

表4-27 项目展示评价的标准

创新性	项目是否具有新颖性、独特性和创造性。
实用性	项目成果是否解决实际问题、具有应用价值。
团队协作	团队成员之间的分工合作是否协调、有效。
问题解决能力	学生在项目进行过程中是否表现出良好的问题解决能力和创新思维。

③ 档案袋评价

• 定义与功能:收集学生作品与成长记录,形成个性化评价档案。

档案袋评价是一种收集学生作品与成长记录、形成个性化评价档案的评价方式。它强调学生的个体差异和成长过程,通过收集学生的作品样本、反思记录、教师评语等,来全面反映学生的学习历程和成长轨迹。通过档案袋评价帮助教师更加深入了解学生的个体差异和学习需求,并以此为依据为学生提供个性化的学习反馈和成长建议。

• 内容构成(表4-28):作品样本、反思记录、教师评语。

表4-28 档案袋评价的内容构成

作品样本	反思记录	教师评语
学生的课堂作业、课外作品、项目报告等。这些作品可以反映学生的学习成果和创造力。	学生的反思日志、自我评估报告等。这些记录可以反映学生的学习态度、自我认知和自我调整能力。	教师对学生的作品、课堂表现等方面的评价和建议。评语为学生提供个性化的学习反馈和指导。

- 应用场景(表4-29):学期末总结、升学推荐。

表4-29 档案袋评价的应用场景

学 期 末 总 结	升 学 推 荐
在学期末,教师可以利用档案袋评价来总结学生的学习成果和成长历程。通过对比学生期初和期末的作品和反思记录,教师可以了解学生的学习进步和成长变化,从而为学生提供更加精准的学习反馈和建议。	在升学推荐过程中,教师利用档案袋评价来展示学生的学习成果和综合素质。通过展示学生的作品样本、反思记录和教师评语,向招生机构全面展示学生的学习能力和发展潜力,从而增加学生的升学机会。

与此同时,档案袋评价还可以应用于其他多种场景,如学生奖学金评定、优秀学生评选等。在这些场景中,档案袋评价可以为学生提供更加全面、客观的评价依据,从而确保评价的公正性和准确性。

(4)综合评价实践反思

评价综合化的实践探索为学生全面发展提供了有力支撑,也为教师教学能力的提升和课程质量的优化注入了新的活力。但是在实践过程中,也遇到了一些挑战,这就需要通过深入反思,结合实际实施提出具有针对的改进措施,以促进评价综合化向更高水平发展。

① 实践成效

- 学生全面发展:评价综合化的实施,使学生在德智体美劳各方面均取得显著进步,使学生全面发展得到了有效促进。

第一,德育方面,学生们通过参与多样化的评价活动,加深对课程内容的理解,培养了良好的道德品质和社会责任感,并通过积极参与社会实践、参与志愿服务,用实际行动践行社会主义核心价值观,充分展现了作为新时代青年的良好风貌。

第二,智育方面,评价综合化有效促进学生批判性思维、创新思维等高级认知能力的发展,提高学生学习效率和解决问题的能力。

第三,体育方面,通过体育课程的综合评价,使得学生们的身体素质和团队协作能力得到了显著提升。

第四,美育方面,学生们在艺术创作活动中展现了丰富的想象力和创造力,有效培养审美素养。

第五，劳育方面，学生们在劳动实践活动中表现出了积极的劳动热情，充分体会到劳动的意义和价值，有效促进了对学生劳动意识、劳动技能和劳动成就感的培养。

- 教师教学提升：教师在评价设计与实施中不断成长，教学和专业能力得到增强。

评价综合化的实践也为教师提供了新的发展机遇，在评价设计过程中，教师们通过深入研究课程目标、学生特点以及评价方式、评价方法，使自己在不断实践中有效提升了专业素养和教学能力。而通过评价实施过程，教师观察、记录、分析学生的学习表现，并有针对性地及时调整教学策略和教学方法，实现教学相长。在实践中教师之间相互合作、分享经验、探讨问题，共同提升了教学评价的整体水平。

- 课程质量优化：区域推进五育融合实践的质量与效果得到显著提升。

评价综合化的实践对区域推进五育融合实践的质量与效果产生了积极影响。

首先，通过多样化的评价方式和方法，有效丰富课程内容，提升了课程的趣味性，使学生在学习中的兴趣得到最大激发。

其次，评价综合化促进了课程目标的达成度，使得学生实际课堂学习时的知识和能力得到充分提升和掌握，有效促进学生价值观认同。

此外，评价综合化还促进了课程资源的共享和优化配置，有效提高了区域推进五育融合实践的整体水平和影响力。

② 反思与展望

- 存在问题：总结评价实践中遇到的问题与挑战，如评价标准的统一性与灵活性、评价结果的客观性与主观性等。

评价综合化的实践存在以下问题与挑战：

首先，评价标准的统一性与灵活性之间存在矛盾。为确保评价的公正性和客观性，制定了统一的评价标准，但由于学生的个体差异和课程内容的多样性，评价标准又需要具有一定的灵活性。如何平衡这两方面的需求，就需要教师在实践中思考如何更好地进行两方面的兼容问题。

其次，评价结果的客观性与主观性之间也存在一定的张力。虽然客观评价能够反映学生的真实水平和学习成果,但主观评价在反映学生情感态度、创新能力等方面同样具有不可替代的作用。如何在客观评价与主观评价之间找到平衡点,也是教师需要重点探索的问题。

• 改进措施:针对问题提出改进措施,如加强评价标准的培训与指导、引入第三方评价机构等。

针对上述问题与挑战,提出具体实践改进措施:

第一,加强评价标准的培训与指导,如组织专题培训、开展教学研讨等方式,帮助教师深入理解评价标准的内涵和要求,提高评价设计的准确性和灵活性。

第二,引入第三方评价机构。通过引入具有专业性和权威性的第三方评价机构,对课程实施情况进行客观、全面的评价,为课程质量的提升提供有力支持。

第三,加强评价结果的反馈与利用。通过建立科学的反馈机制,向学生和教师反馈评价结果,根据评价结果进行教学策略和方法的及时调整优化。

第四,充分利用评价结果,为学生制定个性化的学习计划和发展路径,促进学生全面发展。

• 未来评价综合化在区域推进五育融合实践中的发展趋势所呈现的特点:

第一,智能化评价:随着人工智能技术的不断发展,智能化评价将成为未来评价综合化的重要方向。通过利用大数据、机器学习等技术手段,实现对学生学习过程和学习成果的智能化分析和评估,为教学决策提供科学依据。

第二,个性化评价:在尊重学生个体差异的基础上,未来评价综合化将更加注重个性化评价的实施。通过制定个性化的评价标准和方法,满足不同学生的学习需求和发展特点,促进他们的个性化成长。

第三,多元化评价:未来评价综合化将更加注重评价方式的多元化和互补性。通过综合运用问卷调查、访谈记录、作品展示等多种评价方式和方法,全面、客观地反映学生的学习情况和成长轨迹。

第四,持续性评价:未来评价综合化将更加注重评价的持续性和动态性,通过建立长期跟踪评价机制,持续关注学生的学习进展和成长变化,为学生的终身学习和发展提供有力支持。

第四章　区校行动：生活教育理论视域下推进"五育融合"区域创新实践的探索

（二）指向"完整的人"发展的融合评价

1. 内涵与目的

指向"完整的人"发展的融合评价，是一种以促进学生全面发展为目标的评价体系。它强调评价应当超越狭隘的学术成就，涵盖学生的认知、情感、社会、道德和身体等各个方面的成长。这种评价体系与陶行知先生的教育思想紧密相连，特别是其"生活即教育"和"教学做合一"的理念，认为教育应当是全人教育，旨在培养具有完整人格和社会责任感的公民。

（1）强调评价的整体性

指向"完整的人"发展的融合评价体现了对学生作为一个整体的评价，它认识到学生的发展是多维度的，不仅仅局限于智力发展，还包括情感、社会交往、审美、身体和道德等各个方面。我们培养的是能够适应未来社会需求、具有创新能力和批判性思维的"完整的人"。这种评价方式强调在真实的生活和学习情境中，观察和评估学生的表现，从而更真实、全面地反映学生的能力、兴趣和潜力。

（2）关注评价的融合性

指向"完整的人"发展的融合评价旨在实现德育、智育、体育、美育和劳动教育的综合发展。它鼓励教育者设计和实施多元化的评价工具和方法，以促进学生在不同领域的均衡发展。通过这种评价，教育者可以更全面地了解学生的学习过程和成长轨迹，为学生提供更有针对性的教育支持，帮助学生认识自我、发展自我，最终实现自我价值。

2. 流程与关注要点

以宝山中学基于数据分析的"学生数字画像"研究与实践（见图 4-27）为例，学

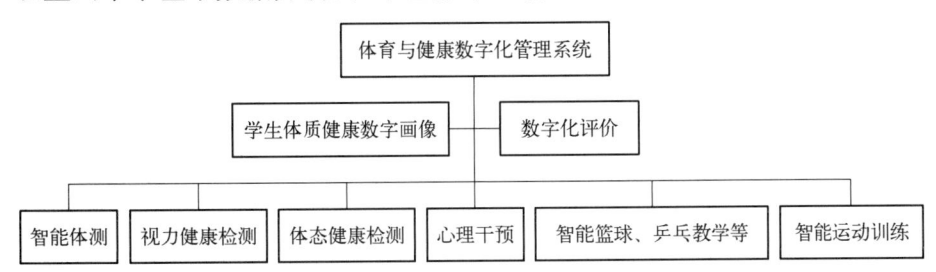

图 4-27　宝山中学基于数据分析的"学生数字画像"研究与实践

校成功构建了体育与健康数字化管理系统,整合多维数据采集,构建学生体质健康数字画像,科学展开数字化评价;完成了指向"五育融合"的数据驱动、素养导向的学校智慧课程体系的构建。

(1) 完成数字化场景应用建设及全体学生的体质健康数据采集

通过专有的 AI 计算智能硬件,结合应用图像识别、人体姿态、动作跟踪、运动轨迹分析等领先的人工智能算法,采集学生日常成长体质健康检测数据,建立学生体质健康数字画像,建立可追溯的学生体育健康管理体系,掌握真实可靠的体育健康信息。智能体质健康管理项目包括学生国家体质监测所需要的肺活量、身高体重/BMI、坐位体前屈、跳绳、立定跳远、实心球、引体向上、仰卧起坐、50/800/1 000 米/50 米×8 折返跑等项目,收集抗逆力、心理弹性等心理数据,心率变异、情绪声呐等生物反馈数据,科学地对学生进行体育与健康的个性化评估,准备为学生建立 EHSR,实现"一数一源"。学校已为 1 540 个学生构建了身心数字画像,形成了"一人一档"的基础数据,生成了整个学校的数字画板。

(2) 构建"智能诊断—智能干预—智能评价"实施路径

① 智能诊断——开具学生综合健康处方

通过智能分析引擎并结合专家知识库,从学生的体育运动、心理状况、营养膳食、身心指标体系等多维度对学生的健康进行量化评估,基于频率、强度、时间和方式四项参数,形成符合其特性的"一人一方"的综合健康处方,处方内容涵盖运动健身、营养改善、环境改善、心理调适等多方面的信息。评估结果及干预处方还会通过云空间推送给家长,形成家校共同干预管理。

② 智能干预——赋予个性多样教学锻炼

利用大数据并基于学生健康数字画像,针对不同学生身体素质及健康状况的个体特点,高效、智能推进精准教学。借助智能设备丰富教学形式,实现"线上—线下"资源的互联与共享。通过 AR、VR 和 MR 等方式开发微课程,建设数字教材资源、研究型课程自适应学习平台,推进优质教育资源建设、开放与共享。依据运动学、医学专家创建的干预、训练处方,借助个性化干预支持系统,形成"一人一空间"的健康教学资源优化整合,高效、智能的体育锻炼和支持系统。

第四章　区校行动：生活教育理论视域下推进"五育融合"区域创新实践的探索

③ 智能评价——构建数智综合评价机制

搭建学生运动激励平台，推出"健康银行"评价机制（见图4-28）。利用智能技术手段对学生的运动行为进行数据采集、存储，为学生开设"运动账户"，实现运动激励、兑换，鼓励以简单的方式投入运动健身，随时可健身，随处可锻炼。"一人一户"的"运动账户"推动学生运动数据追踪与综合素质智能评价，使学生越运动越健康、越运动越自信。

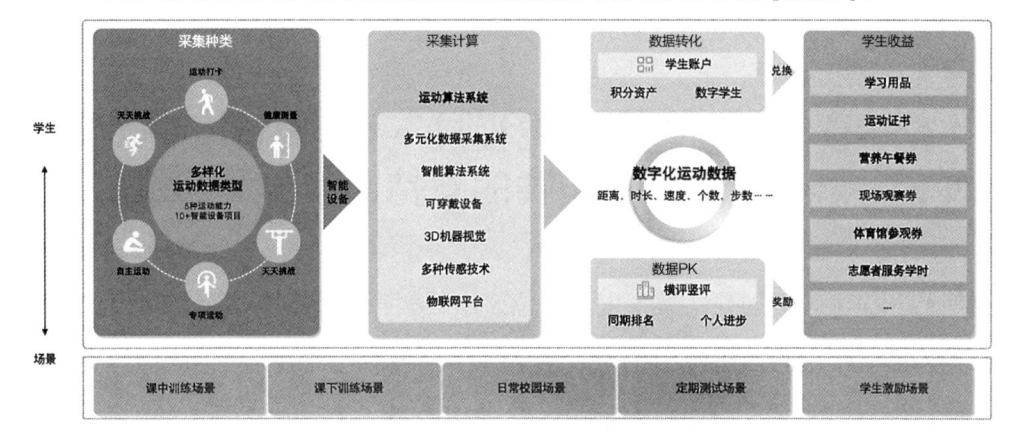

图 4-28　宝山中学"健康银行"评价机制

第五章

路径探索：生活教育理论视域下推进"五育融合"区域创新实践的支持系统和行动路径构建

第一节 生活教育理论视域下推进"五育融合"区域创新实践的支持系统构建

陶行知先生是中国现代教育史上一位杰出的教育家和思想家，他的生活教育理论深刻地影响了中国乃至世界的教育实践。生活教育理论主张"生活即教育，社会即学校，教学做合一"，关注在生活中学习，在社会中实践，强调学校与社会围墙的打破。

生活教育理论视域下推进"五育融合"区域创新实践同样关注对家校社之间藩篱的突破，关注支持"五育融合"的区域创新实践的良好生态的形成，关注在这一良好生态中的构建推进"五育融合"区域创新实践的支持系统。

如第二章里的图2-1"生活教育理论视域下推进'五育融合'区域实践的总体框架"所示，本研究基于对陶行知生活教育理论的深度发掘，探讨生活教育理论与"五育融合"区域实践的深层结合点，并力图在生活教育理论"生活即教育，社会即学校，教学做合一"三大理念引领下，在"区委教育工作领导小组"的牵头下，聚集教育局、各委办局和乡镇街道社区的力量，构建多方参与的协同平台，以健全组织、建构制度、建设队伍、融合运行、管理评估等五大行动支持协调平台的运行，保障区域"五育融合"创新实践的推进，调动学生、教师及系统外导师等多主体参与"五育融合"课程的架构与实施，实现学生德智体美劳全面发展，即"五育融合"。

第五章　路径探索：生活教育理论视域下推进"五育融合"区域创新实践的支持系统和行动路径构建

除五大行动外，在实践与研究过程中，课题组还构建了较为完备的生活教育理论视域下推进"五育融合"区域创新实践的支持系统。具体来说，支持系统包含如下要素。

一、"五育融合"生态培育系统

教育不是独立于社会之外的"空中楼阁"或"理想国"，而是处于社会之中，与社会紧密相连，即"生活即教育，社会即学校"。因此，生活教育理论视域下推进"五育融合"区域创新实践离不开良好的社会生态的形成——社会各界尤其是学校、教师和家长等对"五育融合"培养目标的正视与接纳。

为了营造推进"五育融合"区域创新实践的良好生态，宝山区形成了"五育融合"生态培育系统，力图通过多平台宣讲营造全社会认同、支持区域推进"五育融合"的社会生态。多平台宣讲是指通过多种媒介和渠道进行教育理念与实践的传播和推广，有效提升教育理念的覆盖面和影响力。具体来看，是通过"宝山教育"、电视直播、短视频平台、各大权威媒体的积极参与，构建一个全方位、立体化的信息传播网络，有效提高教师、家长、社会对陶行知生活教育理论内涵与外延的认识，助力不同主体深化对五育融合问题的领悟，促进家庭、学校和社会之间的沟通与合作，共同营造一个支持教育改革和发展的良好环境。

第一，"宝山教育"作为区域教育信息的官方发布渠道，定期发布关于生活教育理论的研究成果、教学案例和实践经验，为教师和家长提供理论指导和实践参考，成为推广生活教育理论的重要阵地。第二，利用电视直播覆盖面广、观看方便的特点，开展系列讲座、教学示范和专家访谈等节目，向公众普及生活教育理论和"五育融合"的重要性。第三，注册形成专门的公众号，包括"行知行"劳动教育公众号等，发布推文和短视频，如系列"陶行知教育创新发展项目校"和"社区小先生"等短视频，吸引年轻一代关注和参与到生活教育和"五育融合"的实践中来。第四，通过与各大权威媒体合作，如"第一教育"和"上观新闻"等主流媒体，发布深度报道、专题文章和评论，对陶行知的生活教育理论进行深入解读，提升公众对"五育融合"的认识和理解，增强公信力和影响力。

依托生态培育系统，经过五年的不懈努力，宝山人对"五育并举""五育融合"的理解更为深刻,接纳度逐步提升,在一定程度上破除了"唯分数""片面关注智育"的痼疾,在区域内形成了一个接纳、支持"五育融合"理念的良好生态。

二、"五育融合"组织保障系统

区域推进"五育融合"创新实践离不开强有力的组织保障。为避免"令出多门""各行其是"的局面,宝山区着力健全组织机制,以实现多部门协作和区域推进"五育融合"力量的整合。

健全组织,即建立有效的组织机构,确保包括学生、教师、家长、社区成员、行业专家等各方力量能够有序参与到教育实践中,根据需要成立专门的委员会、工作小组,制定明确的职责分工和合作流程。五年的研究过程中,宝山区构建形成了"区域'五育融合'工作推进专项领导小组",下设"陶行知生活教育理论研究小组""区域教育资源整合小组""陶行知教育创新发展学校建设小组""区域'五育融合'课程研发小组""区域'五育融合'实施与评价小组""'社区小先生'实施小组"等,统筹区域"五育融合"创新实践的推进。

在构建"五育融合"组织保障机制的过程中,基于"生活教育"理论,宝山区既关注"区—社区—街镇"的纵向贯通,又关注不同系统、不同部门的横向整合,以打破行业壁垒,整合力量为区域推进"五育融合"创新实践服务。以宝山区"社区小先生制"的研究与实践为例,在组织机制上,建立了由区委副书记牵头,团区委、区教育局、区民政局、区文明办、区绿化市容局等部门共同参与的"社区小先生制"区级工作联席会议制度,办公室设在区少工委,加强顶层设计、制订标准,并指导每个街镇均成立社区少工委、每个社区成立居村少工委和社区少先队组织。在社区层面,由社区党组织书记担任指导员,组建由社区团干部、学校辅导员、学生家长、骨干志愿者、"五老"、共建联建单位人员等共同参与的社区辅导员队伍,全区各级共青团干部、团青骨干参与"书记助手计划",带领社区少先队共同策划、组织、实施、监督各项活动开展,以此深化党建带团建促社建。[①]

---

① 上海市宝山区少工委.创新推出"社区小先生制"打造"少先队社区幸福圈"[J].少先队活动,2023(11):5-6.

这种纵横捭阖、跨区域、跨系统、跨部门的组织机制"网络",不仅能够打破地域和行政壁垒,还能够促进资源的优化配置和有效利用,更能够为学生的五育并举、全面和均衡发展提供无界场域,为区域推进"五育融合"创新实践提供组织保障。

三、"五育融合"制度保障系统

没有规矩不成方圆。"区域'五育融合'工作推进专项领导小组"等方略的落实离不开相应的制度,基于此,在课题推进过程中,宝山区制定了一系列支持"五育融合"的制度和政策,包括《上海市宝山区推进陶行知教育创新发展学校建设实施方案(试行)》和《上海市宝山区陶行知教育创新发展示范校(第一批)评审方案》等,确保教育实践与生活教育理论相契合,并能够落实组织机构制定的工作计划,有序推进区域"五育融合"创新实践。

以《上海市宝山区推进陶行知教育创新发展学校建设实施方案(试行)》和《上海市宝山区陶行知教育创新发展示范校(第一批)评审方案》为例,制定的目的是"为构建德智体美劳全面培养的区域教育体系,不断深化区域内学校教育教学改革,推进学校特色、多元、优质建设,促进学生五育并举,全面和谐发展",形成陶行知生活教育理论视域下区域推进"五育融合"创新实践的实验基地,先行先试区域"五育融合"课程、评价方式,并总结相关经验、梳理实施中的困惑和问题,为区域全面推进"五育融合"的创新实践打好前站。

"五育融合"相关系列制度文本的制定为区域推进"五育融合"创新实践提供了有力的制度保障,让区域全面、深度推进"五育融合"的创新实践有了"规矩",提升了区域推进"五育融合"创新实践行动的效能。

四、"五育融合"队伍建设"蓄电池"系统

教师是区域推进五育融合实践的重要主体之一。如何培养一支理解、认同"五育融合"理念,并能够有效实施"五育融合"课程,开展融合评价,具有培育"五育融合"人才的能力的教师队伍,是区域推进"五育融合"创新实践中要思考并解决的关

键问题。为了破解这一问题，课题组在研究的过程中，依托组织保障机制等，借助各方力量，构建了"五育融合"队伍建设"蓄电池"系统。

"五育融合"队伍建设"蓄电池"系统着力为培养专业的、具备培育"五育融合"人才素养的教师队伍提供保障。队伍中的教师不仅要有扎实的学科知识，还要契合"五育融合"对教师跨学科素养、创新实践能力、崇高的职业理想、终身学习等方面提出的新要求，更要有丰富的生活教育实践经验，能够引导学生在实践中学习，在学习中实践。"蓄电池"即整合各方力量，实现层级带教，让处于不同发展层级的教师都能拥有培育"五育融合"人才的素养，一方面，为区域全面推进"五育融合"创新实践提供不竭的动力；另一方面，让教师队伍中的个体教师能实现育人能力、专业素养的持续提升。

"五育融合"队伍建设"蓄电池"系统包括前文提及的区域集体研修机制、自主结对机制、主题沙龙研修机制和项目驱动研修机制，也包括整合各方力量的层级带教机制。具体包括教育系统内高层次人才的跨省市交流和外培，系统内外劳模工作室、名师工作室的层级带教，青年教师的组团式培养（即长三角青年陶行知教育研究联盟）等。

以前文提及的长三角青年陶行知教育研究联盟为例。长三角青年陶行知教育研究联盟（简称"青陶联盟"）是一个致力于传承和实践陶行知教育思想的区域性教育联盟。该联盟成立于2021年10月18日，由上海市宝山区教育局、江苏省南京市教育局、浙江省杭州市教育局、安徽省黄山市歙县教育局共同发起。联盟以长三角青年教师的育人育才素养提升为己任，并期待在长三角地区乃至更广泛的范围内，陶行知的教育思想将得到更深入的研究和更广泛的应用，从而促进教育的全面发展和进步。

联盟的工作重点包括加强平台建设、队伍建设、协同研究以及学术交流，采用"核心平台引领、研究任务驱动、多向联动实践、成果交流提升"的运行机制，以构筑新时代师德师风建设高地、陶行知教育思想研究高地、教育改革与创新发展高地，培养具有培育"五育融合"人才能力的青年骨干教师，实现实践成果、人才队伍、协同生态三项产出，进一步弘扬陶行知先生"爱满天下"的精神，深耕课堂教学，拓展育人路径，践行"五育并举""五育融合"。

"五育融合"队伍建设"蓄电池"系统为区域整体推进"五育融合"创新实践提供

第五章 路径探索：生活教育理论视域下推进"五育融合"区域创新实践的支持系统和行动路径构建

了人才保障，使得"五育融合"创新实践的整体、深度推进具有了不竭的动力。

五、"五育融合"区域教育资源支持系统

巧妇难为无米之炊。为满足区域推进"五育融合"创新实践的资源需求，"五育融合"区域教育资源支持系统即在领导小组引领下，"区域教育资源整合小组"和"区域'五育融合'课程研发小组"通过持续努力构建支持区域推进"五育融合"创新实践的区域教育资源地图，形成供区内学校自主选择的区域"五育融合"资源菜单和课程菜单；此外，还形成了资源的动态优化机制，根据环境、生态等的变化，以及区内学校对"五育融合"育人目标认识的不断深化实现对这些地图和菜单的持续完善和优化。

区域"五育融合"课程菜单（部分）示例：

钢铁中国研学课程

花挑锦绣研学课程

罗店彩灯体验课程

海上红色遗韵课程

沪之味体验课程

小陶娃体验课程

从石库门到江海之滨

红色家风润心田

……

学校和教师可从"五育融合"的育人目标出发，根据学生发展需要，择选、整合教育资源，或选择"五育融合"课程，如"中国系列课程"等，突破地域、时空界限，实施课程、组织活动。可以说，"五育融合"区域教育资源支持系统让区域全面推进"五育融合"的创新实践能够真正落到实处。

六、"五育融合"科学评价能量续航系统

"五育融合"科学评价能量续航系统，即建立一个科学的评价体系，坚持多元化

评价方式,为学校提供持续的引导和过程支持,对"五育融合"的实施效果进行评估和反馈,以便不断调整和优化教育实践,为学校提供持续的动力和能量,确保区域推进"五育融合"创新实践的持续性和稳定性。

"五育融合"科学评价能量续航系统为不同评价主体开展面向不同对象的评价提供了指引。具体包括学校发展评价、学生发展评价和教师专业成长评价。

学校发展评价包括教育主管部门开展的自上而下的评价,学校所在社区进行的自外而内的评价及学校自己开展的自我反思式评价及纳入专家资源的自我诊断式评价。将学生五育的和谐发展纳入评价标准,方式灵活。通过整合不同评价主体获得的信息,绘制学校发展图谱,为学校的可持续发展提供指引。

学生发展评价为学校建立综合性评价体系,涵盖德、智、体、美、劳各方面,确保评价不仅仅依赖于学业成绩。可以通过学生自评、互评、教师评、家长评等多主体评价方式,最大限度发挥评价的检测和激励作用。教师通过日常观察、成长记录和综合活动报告等方式,全面记录学生的成长轨迹,关注学生在学习过程中的表现,帮助他们认识自我,建立自信。在评价中更加重视学生的社会情感能力、学习兴趣和幸福感等非认知能力,关注学生的学习状态和心理健康。可以结合人工智能和大数据技术,探索开展学生学习情况的全过程纵向评价和德智体美劳全要素横向评价。利用可穿戴设备和智能平台,实时采集学生的学习和健康数据,形成学生发展的"数字画像",提供个性化的反馈和改进方案。让评价对于学生来说不再是"标尺"而是动力的来源。

教师的专业成长评价关注其在实施"五育融合"中的表现,通过评价激励他们不断提升综合素质和育人能力。

通过"五育融合"评价系统的建构及运行,及时发现"五育融合"实践推进中出现的问题并进行改进,推动区域"五育融合"创新实践的深度开展。

"五育融合"生态培育系统、组织保障系统、制度保障系统、队伍建设"蓄电池"系统、教育资源支持系统和科学评价能量续航系统的创建,形成了完备的支持系统体系,为推进"五育融合"区域创新实践提供了全方位的保障和支持,是生活教育理论视域下推进"五育融合"区域创新实践不可或缺的部分。

第五章　路径探索：生活教育理论视域下推进"五育融合"区域创新实践的支持系统和行动路径构建

第二节　生活教育理论视域下推进"五育融合"区域创新实践的行动路径探索

在实践和研究的过程中，除支持系统外，宝山区还梳理了生活教育理论视域下推进"五育融合"区域实践的路径。如图5-1所示。

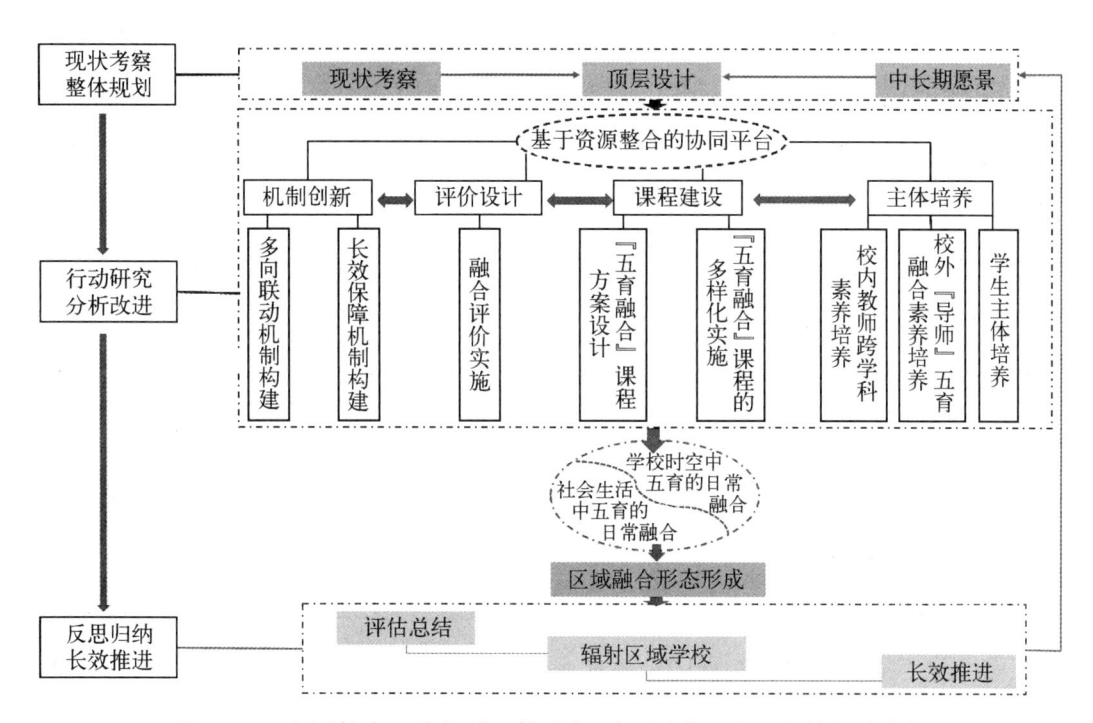

图5-1　生活教育理论视域下推进"五育融合"区域实践的行动路径

生活教育理论视域下推进"五育融合"区域实践的路径由"行动路径"和"实现路径"两部分构成。

一、行动路径

图中的外围轮廓为"行动路径"，旨在勾勒区域在推进"五育融合"的实践与研究中的行动轨迹，具体为"现状考察，整体规划—行动研究，分析改进—反思归纳，长效推进"。

"现状考察，整体规划" 是在剖析区域文化特质的基础上设计调查问卷、开展调查，剖析基于区域文化特质的"五育融合"实施的现状和困境，并将困境和问题作为生活教育理论视域下推进"五育融合"区域创新实践的突破口和生长点，在此基础上深度探索生活教育理论的内涵以及与"五育融合"的契合点，结合区域推进"五育融合"的中长期愿景，设计形成生活教育理论视域下推进"五育融合"区域创新实践的整体规划，包括实现要素、支持系统等。

"行动研究，分析改进" 是采用行动研究的方式，针对调查中出现的问题，通过"边实践边改进"的方式小步递进开展实践。行动研究的具体方式是"项目校先行，点面滚动"。首先通过"自主申报—区域评审"的方式确立首批"上海市宝山区陶行知教育创新发展项目校"。上海市宝山区陶行知教育创新发展学校，是指对陶行知教育思想有着精准理解、抓住鲜明契合点，并且经过系统实践，成为能主动适应新时期教育目标、有惠及全体学生的特色课程体系及创新育人方式、带动新时期学校育人和办学方式变革、形成陶行知教育创新发展品牌的学校。在项目校中先行先试区域"五育融合"课程、主体培养方式和评价方式等，通过阶段反思、讨论，剖析项目校试行的效果、存在的问题，并针对问题设计改进措施，进行进一步实践；实践后总结成功经验，扩大实践范围，在第二批项目校中进行实践，不断改进、优化、完善预设的课程、措施和方式等，然后逐步推广到更广泛的区域和学校，形成一个点面结合、滚动发展的模式。这种模式不仅能够确保教育改革和发展的实效性，还能够通过不断的实践和总结，形成一套可复制、可推广的成功经验，为其他地区和学校提供借鉴和参考。

"反思归纳，长效推进" 是指在实践一个阶段后汇集领导小组、学校管理者、教师、社区代表、家长和学生代表等进行阶段性的反思，评价实施效果，归纳总结推进经验，反思存在问题，并逐步扩大实践的范围，将形成的经验逐步辐射至区域所有学校，实现生活教育理论视域下推进"五育融合"区域创新实践的长效推进。

行动路径是区域实现"五育融合"整体推进的现实路径。通过"现状考察，整体规划—行动研究，分析改进—反思归纳，长效推进"的过程，逐步将区域内所有学校卷入生活教育理论视域下推进"五育融合"的区域实践中，实现生活教育理论视域下"五育融合"的区域整体推进。

第五章　路径探索：生活教育理论视域下推进"五育融合"区域创新实践的支持系统和行动路径构建

二、实现路径

与"现实路径"相对，"实现路径"是对"五育如何融合"问题的回应，是隐藏于现实路径后的底层逻辑。对"实现路径"的探索旨在围绕"五育融合"的实现要素探索"五育"在不同的时空如何实现融合的作用机制，也就是对"五育如何融合"的逻辑路径的探索。具体包括"协同平台构建—实现要素融合作用—学校与社会各自实现五育日常融合，学校与社会之间实现五育跨时空融合—区域融合形态形成"。

"协同平台构建"是指在领导小组引领下不同行业、不同主体组成的虚拟平台，在"五育融合"中发挥组织、引领、资源挖掘、整合、协调的作用，也通过平台作用的发挥，为"五育融合"提供良好的生态。

"实现要素融合作用"是指"五育融合"的实现要素，包括融合课程建设、融合主体培养、融合评价设计和融合机制创新在各自发挥作用的同时相互作用、相互影响，为"五育融合"提供不可或缺的主体、课程、评价体系和保障机制，同时又促使、确保课程、主体和评价等要素之间相互作用，为五育逐步融合提供现实可能。

"学校与社会各自实现五育日常融合，学校与社会之间实现五育跨时空融合"，是指学校时空中的"五育融合"以持续、日常而非间断、偶发的方式融合：社会生活中五育的日常融合是指社会持续为学生的真实体验与经历提供机会、各类所需资源和理解、认同，使得学生在学校学习与社会生活中的"五育融合"、和谐发展具有持续性；学校与社会之间实现五育跨时空融合是指学生学习、生活场域的全面打通，使得"五育融合"随时随地可以发生、持续。

"区域融合形态形成"是指在经历以上几个阶段后整个区域都形成认同、支持"五育融合"的良好生态，区域各学校教育呈现"五育融合"的特质，身处其中的学生实现五育融合、全面和谐发展成为可能。

"行动路径"确保"五育融合"实践和研究的现实推进，"实现路径"确保教育过程中"五育融合"的真实发生。"行动路径"和"实现路径"并行，在确保"五育融合"真实发生的同时，逐步实现"五育融合"区域实践的逐步推进，二者缺一不可，相辅相成。

第三篇章

成效展望：生活教育理论视域下推进"五育融合"的实践成效与未来愿景

上一篇章中，我们以区域推进"五育融合"的实践基础和现实困境为研究的逻辑起点，围绕融合课程开发、融合主体培养、融合评价设计、融合机制创新等实践要素，开展"五育融合"的区域推进创新实践探索，归纳"五育融合"区域实践经验，丰富"五育融合"的理论体系，形成有利于推进"五育融合"真正落地并成为常态的区域教育生态。

本篇章，我们将视角从"做了什么"和"如何做"转向"做得怎么样"，全面剖析宝山区在生活教育理论视域下推进"五育融合"区域创新实践与研究的过程中产生的实践成效，以及在此基础上的未来期望。

第六章

成效展望：生活教育理论视域下推进"五育融合"区域创新实践的收获与愿景

五年的研究过程中，宝山区在生活教育理论视域下推进"五育融合"区域创新实践与研究的过程中产生了一系列成效，体现在区域、学校、教师、学生等各个维度。梳理研究收获、汇总研究成效是对五年研究历程的总结，在总结的过程中，课题组对教育变革的复杂性与艰巨性有了更深层次的了解，也明确了后续研究的可能突破口所在。

第一节 生活教育理论视域下推进"五育融合"区域创新实践的成效

经过实践与研究，区域层面，宝山区在生活教育理论视域下推进"五育融合"的变革生态初具雏形；学校层面，践行"生活教育理论"成为共识，"五育融合"成为育人的共同追求；教师层面，不断更新教育观念，积极开展指向"五育融合"实现的实践探索；学生层面，学生的核心素养得到全面发展，真正成为学习和生活的主人。

一、区域层面：生活教育理论视域下推进"五育融合"的变革生态初见雏形

基于"五育融合"生态培育系统，通过多平台的宣传和呼吁，宝山区的学生、教

师、家长等对"五育融合"有了一定的认识。在此基础上,宝山区着力拓展"五育融合"创新实践场域,在拓宽学生学习场域的同时,让"五育融合"的理念渗透至宝山区的各个领域和各个行业;构建体现"五育融合"特质的区域共享课程,并通过课程实施方式的转变让"五育融合"理念能得以落实,让"五育融合"的价值得以彰显;创新彰显"五育融合"特质的学生评价机制,以评价为导向助推"五育融合"生态的形成。经过深度实践,宝山区在生活教育理论视域下推进"五育融合"的变革生态逐步形成。

拓展了"五育融合"创新实践的场域,让整个区域成为实现"五育融合"目标的实践场。经过五年行动,宝山区践行"社会即学校"的场域论,着力打破家校社围墙,开发形成了包括"第三空间"劳动教育基地、上海淞沪抗战纪念馆、上海宝山国际民间艺术博物馆、上海陶行知纪念馆、吴淞炮台湾湿地公园、顾村公园、宝山劳模工匠风采馆、中国3D打印文化博物馆等88个学生校外实践场域,为区域推进"五育融合"的创新实践提供了无界、可延展的场域。

构建了体现"五育融合"特质的区域共享课程,实现了课程实施方式的转变。在提升德智体美劳各育品质、尊重各学科逻辑的基础上,着力体现学科间、五育间的"融合""融通"特质。**中国系列课程**立足德育,融合它育,把培育胸怀社稷民生、脚踏祖国大地、正心知行互发、做一个大写的中国人作为建设和教育的旨归,在厚植爱国情怀的同时,让学生通过课堂学习、研学体验实践探索、微课学习、展示交流等方式,学会学习,发展多方面能力。**研究性创智课程**积极打造青少年科学教育生态,立足智育,融合它育,以原创品牌项目"宝山100"创新人才培养行动、"家庭创客"行动、"科技教育创新联合体"行动、STEM+教育发展行动为载体,构建以自下而上、校内外结合、家校社联合育人为特征的未来创新人才培养生态体系。**体育专项化课程**以"体"树人,赋能学生身心全面健康成长,以学校"阳光体育活动"为载体,让学生在运动中"享受乐趣、增强体质、健全人格、锤炼意志"。**跨学科美育课程**立足美育,融合它育,初步形成了美育融创课程群、海派文化特色跨学科融创课程群、地域特色研学活动课程群,共开发30余门跨学科美育课程,10门课程首批以区域共享形式推出。此外,以课内外双融为路径,融创课堂与主题式研学实践,有机整合,突出生活化、体验化、现代化,指向学生核心素养与创新能力培养。**行知行劳动课程**开启劳动教育

第六章　成效展望：生活教育理论视域下推进"五育融合"区域创新实践的收获与愿景

"第三空间",形成凸显"五育融合"理念,涉及生态与环境、农业与种植、食品与化工、兴农与商业、文化与治理等五大领域、18个系列的百余门课程。在实施过程中,着眼于"家校社政"同频共振,体现了陶行知生活教育理论"生活即教育"的本体论。这五类课程既各自发挥育人价值,又实现相互之间的融通,为区域开展推进"五育融合"的创新实践提供了抓手。

生活教育理论视域下构建彰显"五育融合"特质的学生评价机制,以评价为导向助推"五育融合"生态的形成。宝山区学生七维数字画像的顶层设计,能敏捷抓取学生德、智、体、美、劳、心、创等七个维度的成长变化,形成专属于每个学生的数字画像,形成对学生个体全面的、综合的评价。七维数字画像评价机制的运用,能破除"唯分数论",引领学生、家长、教师、学校和社会形成对学生发展的整体性的深刻认识,逐步理解、接受、认同"五育融合"理念,在全社会形成支持"五育并举",助力"五育融合"的良好生态。

二、学校层面：践行"生活教育理论"成为共识,"五育融合"成为育人的共同追求

在区域形成"五育融合"变革生态的过程中,学校层面的变革也在悄然发生,践行"生活教育理论"成为共识,"五育融合"成为育人的共同追求,多项立足某育融合它育的特色课程被构建并实施,以某育为抓手全面育人的模式在多所学校逐步形成。

践行"生活教育理论"成为学校共识。经过五年的点面联动式推进,通过"陶行知教育创新发展学校建设项目"等的深入实践,宝山区形成了80所落实生活教育理论、彰显"五育融合"特质的陶行知教育创新发展项目校,20所陶行知教育创新发展实验校,形成了100门凸显某育特色、渗透"五育融合"理念的学校特色课程,并逐步纳入区域五育融合共享课程菜单,践行"生活教育理论"成为学校共识,"生活教育理论"和"五育融合"实现了跨时空的联结与融合。

"五育融合"成为育人的共同追求。学校层面对"五育融合"理念和价值定位的认同度高,乐于通过特色课程的构建及课程实施方式的变革助推学生的"五育融合"全面发展,以某育为抓手,全面育人成为区域内学校的共识和共同追求。

以宝山区高境科创实验小学"绳织纵横"育人模式建构为例,基于"以体育人"理念,不断挖掘"绳"的内涵和育人价值,建构形成"绳织纵横"育人模式:以《绳舞飞扬》特色课程为基点,校内,通过阶梯式课程推进、跨学科主题学习,实现课程育人;五彩绳结考段、绳趣社团、花样竞技活动,实现活动育人。校外,通过家—校—社横向联动辐射,幼—小—中纵向衔接输送的一条绳龙协同育人方式,实现"以绳育德、以绳增智、以绳健体、以绳审美、以绳聚心"的"以体育人"教育理想。

再以宝山中学大健康教育特色课程体系为例。学校立足学生健康教育融合它育,旨在培养全面发展的人。在课题推进的过程中,宝山中学逐步构建了"慧健康""慧生活""慧学习"课程群,并着眼于课堂生态重塑,通过师生互动、生生互动,强调学生主体性、共时参与性、利他共享性,营造互动融通、和谐悦纳的氛围,收获愉悦身心的求知体验。过程中进而通过情感触动,激发学习热情,强化成就动机,最终实现成长联动——基于学趣、学识、学力,关联学生已知经验和生活实际,融合学科知识,培育思维品质,拓宽认知图谱,助力生命成长。

此外,以紫辰实验幼儿园凸显幼儿德育启蒙的"唱响童声+"特色活动为例。以"唱响童声、畅享童年"为办园理念,以灵动的音乐活动为"抓手",实现幼儿在"爱、善、礼、勇、信"五个维度的全面发展。

这三所学校只是宝山区300余所落实生活教育理论,并着力实现"五育融合",着力培养德智体美劳全面发展的时代新人的学校的典型代表。其他学校的特色课程尽管百花齐放,但仅仅是特色不同、走向"五育融合"的抓手和路径不同,其殊途同归,对"五育融合"的价值追求是一致的。

三、教师层面:不断更新教育观念,积极开展指向"五育融合"实现的实践探索

教师是实现"五育融合"的主体,是推进教育变革的有生力量。五年的实践与研究中,随着"五育融合"生态的形成与学校"五育融合"实践的深度开展,教师也在不断更新教育观念,转型教育实践,积极开展指向"五育融合"实现的实践探索。

不断更新教育观念,加深对"五育融合"内涵外延的理解。"五育融合"是一个涉

及多层面、多系统的综合素养培育体系，呼唤具有综合育人视野、思维、能力的教师，需要教师在实践中提升自身素养并高质量推进"五育融合"教育。[1] 随着研究的不断深入，我区教师对"五育融合"有了全新认识，从"培养完整的人"角度来看待"五育"的整体性、统一性，理解德育、智育、体育、美育和劳动教育有机融合对于促进学生全面发展的重要意义。也能摒弃传统上割裂式思维的桎梏，关注育人过程的关联性和整体性，努力看到每一门学科都有"五育"渗透的可能性和必要性，同时也努力尝试打破学科壁垒，看到各个学科交叉点与整合点之间的相互作用，更多地参与设计、组织跨学科主题活动或项目式学习。

转型教育实践，开展指向"五育融合"的实践探索。 "五育融合"课堂并没有一个相对统一的、固定的操作模式或程序，它需要教研团队在研讨中领悟"五育融合"的内涵，需要教师在与学生的互动中把握"五育融合"的节奏，需要学校基于自身特色构建别具一格的"五育融合"模式。[2] 换言之，"五育融合"课堂是立体的、交互的、生成的，而不是平面的、静止的、既定的。教师通过运用生活的"五育融合"力量，利用真实问题情境引导"五育融合"课堂教学实践，将德、智、体、美、劳自然而然地带入课堂、带入各种理论概念、带入学生的学习生活与问题解决日常。在五年的实践和研究过程中，宝山区的教师们克服了畏难情绪，勇于实践，敢于探索，将对生活教育理论的理解和对"五育融合"内涵的理解落实到教学实践中，不断变革教学方式，重塑课堂形态，实现课堂与教学落实"五育融合"的价值。

四、学生层面：学生的核心素养得到全面发展，真正成为学习和生活的主人

通过教师、家长调研以及对学生发展的追踪分析可以发现，区域内学生在德育、智育、体育、美育和劳动教育等方面的全面、和谐发展整体情况向好，具体体现在：学生的价值观、道德观和责任感得到了加强，为他们成为合格的社会主义建设者和接班人奠定了坚实的基础；智育不再仅仅是知识的灌输，而是转向了培养学生的批判

---

[1] 方凌雁."五育融合"呼唤综合型教师[J].内蒙古教育，2022(7)：1.
[2] 王鑫，鞠玉翠."五育融合"课堂教学实践：经验、障碍与路向[J].中国电化教育，2022(4)：85-92.

性思维、创新能力和解决问题的能力,使学生能够适应快速变化的社会和经济环境;在增强学生体质的同时,培养他们的团队合作精神和坚持不懈的意志;培养学生对美的欣赏和理解,提升了学生的审美能力和创造力;学生学会了尊重劳动、珍惜劳动成果,并发展了自我管理能力和社会责任感。同时,学生在这五育方面的发展都不是单向度的,而是核心素养的全面发展、整体提升,学生的学习不再是被动的,而是真正成为学习的主体、生活的主人。

第二节　生活教育理论视域下推进"五育融合"区域创新实践的长期愿景

　　道阻且长,行则将至;行而不辍,未来可期。生活教育理论具有长久的生命力,生活教育理论视域下推进"五育融合"区域创新实践是一个动态发展、不断迭代优化的过程。我们将正视教育变革的复杂性和艰巨性,从以下几个方面着手用力,不断推进我区的"五育融合"创新实践,实现生活教育理论视域下推进"五育融合"区域创新实践不断纵深的愿景蓝图。

一、进一步挖掘生活教育理论的内生价值

　　对陶行知生活教育理论的内涵与价值的挖掘应是不断迭代完善的过程,后续我们要对生活教育思想的内生价值进行持续的再认识和再解读,提炼出与当前教育改革相契合的核心理念,研究其在当前教育改革背景下的现实意义,以期为"五育融合"区域创新实践提供更坚实的理论指引。在此基础上,指导区校开展"五育融合"教育实践的具体应用和策略探索。

二、进一步激发学校的办学活力和变革动力

　　在"五育融合"的背景下,区域层面要着力思考如何通过政策引导、资源配置和

评价机制的优化,激发学校的创新潜能和实践动力。比如,指导陶行知教育创新发展申报学校形成典型、优质的新时期学校课程方案,彰显优质品牌,推动新理念、新要求和新任务在学校顺利转化落地,使之成为生动的教育教学实践,最终促进学生的全面发展,并将经验辐射到其他学校,实现区域内"五育融合"创新实践的纵深推进。同时,学校需要不断创新教育模式,研究如何通过课程设计、教学方法改革、教育资源的整合与利用以及学校文化的建设,打造具有"五育融合"标识又有学校特色的教育品牌,从而激活学校的变革内驱力。

三、进一步强化教师作为专业研究人员的能力建设

McDonnell & Elmore 对政府在改革中所采用的政策工具进行分类,分为"命令、诱导、能力建设、制度变革"四类,其中能力建设由于能够兼顾投入的短期结果和长期期望,被认为是未来政策成功的条件。[①] 本研究后续将聚焦于教师作为专业研究人员的能力建设,特别是跨学科素养的培育。在"五育融合"的教育实践中,教师不仅是知识的传递者,更是教育创新的推动者和实践者。我们将研究如何通过教师培训、专业发展和教研活动,提升教师的跨学科教学能力、课程开发能力和教育研究能力。这包括对教师进行跨学科知识体系的构建、"五育融合"教学策略的创新以及教育科研方法的掌握,以期培养出能够适应未来教育需求的专业化、复合型教师团队。

除此之外,宝山区还会不断审视支持系统的构建,着力挖掘、整合资源,借助教育数字化转型,不断拓展"五育融合"区域创新实践的场域,变革评价机制与方式,实现生活教育理论视域下推进"五育融合"区域创新实践的长期愿景,培养德智体美劳全面发展的社会主义建设者和接班人。

---

① 弗朗西斯·福勒.教育政策学导论[M].2版.许庆豫,译.南京:江苏教育出版社,2007.

参 考 文 献

国家文件：

1. 中共中央国务院.中共中央国务院关于深化教育改革全面推进素质教育的决定［EB/OL］.(1999－6－13)［2025－3－15］.https：//www.gmw.cn/olgmrb/1999-06/17/GB/18090%5EGM1-1706.HTM
2. 教育部等 11 部门.教育部等 11 部门印发《关于推进中小学生研学旅行的意见》［EB/OL］.(2016－12－19)［2025－3－15］.https：//www.gov.cn/xinwen/2016-12/19/content_5149943.htm

著作：

1. 白韬.陶行知的生平及其学说［M］.北京：生活·读书·新知三联书店,2014.
2. 张华.课程与教学论［M］.上海：上海教育出版社,2000.
3. 董诞黎,等.课程整合：课堂教学新变局［M］.杭州：浙江大学出版社,2012.
4. 柯清超.超越与变革：翻转课堂与项目学习［M］.北京：高等教育出版社,2018.
5. 陶行知全集编委会.陶行知全集：第二卷［M］.成都：四川教育出版社,2005.
6. 华中师范学院教育科学研究所.陶行知全集.第一卷［M］.长沙：湖南教育出版社,1984.
7. 王长乐.教育机制论［M］.长春：吉林出版社,2001.
8. James A Beane.课程统整［M］.单文经,等译.上海：华东师范大学出版社,2003.
9. 保罗·弗莱雷.被压迫者教育学［M］.顾建新,赵友华,何曙荣,译.上海：华东师范大学出版社,2001.
10. 佐藤学.静悄悄的革命：课堂改变,学校就会改变［M］.李季湄,译.北京：教育科学出版社,2014.

11. 卡尔·雅斯贝尔斯.什么是教育[M].邹进,译.北京：生活·读书·新知三联书店,1991.

12. 尼尔·波兹曼.童年的消逝[M].吴燕莛,译.北京：中信出版社,2015.

13. 弗朗西斯·福勒.教育政策学导论[M].2版.许庆豫,译.南京：江苏教育出版社,2007.

期刊论文：

1. 吴洪成,樊凯.简论民国初年教育宗旨的嬗变：由"五育并举"到"四育并提"[J].河北师范大学学报,2011(9)：23-29.

2. 孙宝华."百年未有之大变局"的背景、内涵与因应[J].党政论坛,2021(2)：44-48.

3. 李政涛,文娟."五育融合"与新时代教育新体系的构建[J].中国电化教育,2020(2)：7-16.

4. 吴遵民,蒋贵友.从松散联结到制度耦合："五育融合"理念落实的困境与突破[J].中国德育,2021(1)：31-35.

5. 刘远杰,苏敏静.五育融合的本质澄清与教学实践转向[J].教育科学研究,2023(7)：33-39.

6. 刘登辉,李华.五育融合的内涵、框架与实现[J].中国教育科学（中英文）,2020(5)：85-91.

7. 刘远杰,苏敏静.五育融合的本质澄清与教学实践转向[J].教育科学研究,2023(7)：33-39.

8. 黄书光,陶行知的学校变革探索与"生活教育"理论构建[J].四川师范大学学报,2022(3)：106-113.

9. 许丽丽,侯怀银.改革开放以来生活教育理论研究的回顾与展望[J].南京晓庄学院学报.2019(2)：1-5.

10. 宁本涛."五育融合"与中国基础教育生态重建[J].中国电化教育,2020(5)：1-5.

11. 刘登辉.詹姆斯·比恩统整思想研究[J].全球教育展望,2017,46(4)：30-39.

12. 潘希武.校本课程建设的转向及其深化[J].教育学术月刊,2023(6):12-17+26.

13. 张华.论课程实施的涵义与基本取向[J].全球教育展望,1999(2):28-33.

14. 林琳,沈书生.项目化学习中的思维能力及其形成轨迹:基于布卢姆认知领域目标视角[J].电化教育研究,2016,37(9):22-27.

15. 白长虹,王红玉.以优势行动价值看待研学旅游[J].南开学报(哲学社会科学版),2017(1):151-159.

16. 李军.近五年来国内研学旅行研究述评[J].北京教育学院学报,2017,31(6):13-19.

17. 衣新发,衣新富.研学旅行与学生创造心智培养[J].创新人才教育,2017(1):49-55.

18. 杨明全.核心素养时代的项目化学习:内涵重塑与价值重建[J].课程·教材·教法,2021(2):57-63.

19. 孙成余."项目式学习"视域下化学核心素养落地的实践应答:以"水的净化"活动设计为例[J].中学化学教学参考,2019(6):33-35.

20. 郭华.项目学习的教育学意义[J].教育科学研究,2018(1):25-31.

21. 朱琳.陶行知劳动教育思想中的具身特征与当代价值[J].南京晓庄学院学报,2023,39(1):16-21.

22. 项贤明."五育"何以"融合"[J].教育研究,2024,45(1):41-51.

23. 郭少英,朱成科."教师素养"与"教师专业素养"诸概念辨[J].河北师范大学学报(教育科学版),2013(10):67-71.

24. 周子卿.五育融合实践的教师素养提升策略研究[J].教育观察,2021,10(19):56-58.

25. 邵朝友,徐立蒙.回应跨学科素养的教师教育:欧盟经验与启示[J].当代教育科学,2018(4):42-46.

26. 顾明远.现代生产与现代教育[J].外国教育动态,1981(1):1-8.

27. 叶澜.论影响人发展的诸因素及其与发展主体的动态关系[J].中国社会科学,1986(3):83-98.

28. 王道俊,郭文安.让学生真正成为教育的主体[J].教育研究,1989,10(9):14-18.

29. 王策三.教育主体哲学刍议[J].北京师范大学学报(社会科学版),1994(4): 80-87.

30. 裴娣娜.主体教育理论研究的范畴及基本问题[J].教育研究,2004(6):13-15.

31. 郭华.我国教师专业发展的实践探索:主体教育实验18年回顾[J].北京师范大学学报(社会科学版),2010(5):21-27.

32. 湖北荆门市象山小学课题组,解玉文,周克文,周友富.以主体性品质培养为主旨的整体改革实验研究报告[J].教育研究与实验,1998(4):66-70.

33. 白媛媛,牛海彬.陶行知生活教育理论及其现代价值[J].鞍山师范学院学报,2007(1):94-96.

34. 王冰婷,王碧梅.从分立到融合:我国"五育"教育的政策话语流变[J].成都师范学院学报,2024,40(2):37-45.

35. 焦会银.教师对学生主体意识觉醒的影响及其实现:基于教师"平庸之恶"的反思[J].教育研究与实验,2021(6):42-48.

36. 孙绵涛,康翠萍.教育机制理论的新诠释[J].教育研究,2006(12):22-28.

37. 朱丽桢,段兆兵.从并举到融合:"五育"融合之源、之难与之序[J].教育理论与实践,2022,42(22):3-8.

38. 方凌雁."五育融合"呼唤综合型教师[J].内蒙古教育,2022(7):1.

39. 王鑫,鞠玉翠."五育融合"课堂教学实践:经验、障碍与路向[J].中国电化教育,2022(4):85-92.

40. 胡江霞.学生主体意识的唤醒与培植[J].中国教育学刊,2011(2):79-81.

41. Kokotsaki D, Menzies V, Wiggins A. Project-Based Learning: A Review of the Literature[J]. Improving Schools, 2016(13): 267-268.

42. 上海市宝山区少工委.创新推出"社区小先生制"打造"少先队社区幸福圈"[J].少先队活动,2023(11):5-6.

报纸:

李政涛."五育融合",提升育人质量[N].中国教师报,2020-1-1(3).

文集：

1. 陶行知.我的学历及终生志愿[M]//胡晓风等.陶行知教育文集.成都：四川教育出版社,2017.

2. 陶行知.创造一个四通八达的社会[M]//胡晓风等.陶行知教育文集.成都：四川教育出版社,2017.

3. 陶行知."伪知识"阶级[M]//胡晓风等.陶行知教育文集.成都：四川教育出版社,2017.

4. 陶行知.今后教育上基本问题之讨论[M]//胡晓风等.陶行知教育文集.成都：四川教育出版社,2017.

5. 陶行知.教学做合一下之教科书[M]//胡晓风等.陶行知教育文集.成都：四川教育出版社,2017.

6. 陶行知.生活即教育[M]//胡晓风等.陶行知教育文集.成都：四川教育出版社,2017.

7. 陶行知.生活教育论发凡[M]//胡晓风等.陶行知教育文集.成都：四川教育出版社,2017.

8. 陶行知.教学合一[M]//胡晓风等.陶行知教育文集.成都：四川教育出版社,2017.

9. 陶行知.谈生活教育：答复一位朋友的信[M]//胡晓风等.陶行知教育文集.成都：四川教育出版社,2017.

10. 陶行知.育才学校教育纲要草案[M]//胡晓风等.陶行知教育文集.成都：四川教育出版社,2017.

11. 蔡元培.对于新教育之意见[M].中国蔡元培研究会.蔡元培全集(第2卷).杭州：浙江教育出版社,1997.

12. 陶行知.乡村工学团试验初步计划说明书[C]//方与严.陶行知教育论文选辑.2版.重庆：民联书局,1947.

硕、博学位论文

1. 柏匡峰.幼儿园主题活动环境创设研究[D].桂林：广西师范大学,2011.

2. 邱缙.家国情怀的大中小学思政课一体化培育研究[D].苏州：苏州大学,2022.

3. 唐宇.高中思想政治课教学资源共享研究：以河南省S市的高中为例[D].喀什：喀什大学,2022.

4. 杨双铭.基于教赛获奖作品的技工院校教师课程思政教学能力研究[D].天津：天津职业技术师范大学,2023.

5. 曹娟娟."家庭、学校、社区"联动的青少年校外体育活动模式研究[D].长沙：湖南师范大学,2019.

6. 谷适炜.新课改背景下高中思想政治课教学中良好师生关系建立研究[D].牡丹江：牡丹江师范学院,2022.

7. 郭冰.课程思政理念下的高中数学课堂教学改革探讨[D].岳阳：湖南理工学院,2022.